U0109599

古典文獻研究輯刊

十九編

潘美月・杜潔祥 主編

第7冊

群書校補（續）
——敦煌文獻校補（第七冊）

蕭旭 著

國家圖書館出版品預行編目資料

群書校補（續）——敦煌文獻校補（第七冊）／蕭旭 著 -- 初
版 -- 新北市：花木蘭文化出版社，2014〔民 103〕
目 4+208 面；19×26 公分
（古典文獻研究輯刊 十九編；第 7 冊）
ISBN 978-986-322-867-7（精裝）
1.敦煌學 2.校勘
011.08   103013712

ISBN-978-986-322-867-7

古典文獻研究輯刊
十九編　第七冊　　　　　　　　ISBN：978-986-322-867-7

群書校補（續）——敦煌文獻校補（第七冊）

作　　者　蕭旭
主　　編　潘美月　杜潔祥
總 編 輯　杜潔祥
副總編輯　楊嘉樂
編　　輯　許郁翎
企劃出版　北京大學文化資源研究中心
出　　版　花木蘭文化出版社
社　　長　高小娟
聯絡地址　235 新北市中和區中安街七二號十三樓
　　　　　電話：02-2923-1455／傳真：02-2923-1452
網　　址　http://www.huamulan.tw 信箱 hml 810518@gmail.com
印　　刷　普羅文化出版廣告事業
初　　版　2014 年 9 月
定　　價　十九編 18 冊（精裝）新台幣 32,000 元
版權所有・請勿翻印

群書校補（續）
——敦煌文獻校補（第七冊）

蕭　旭　著

目次

第九冊

《〈敦煌願文集〉校錄訂補》訂補

一、引　言

　　黃征、吳偉編著《敦煌願文集》〔註1〕，有功學林，甚便學者。其後，黃征、趙鑫曄重新校錄了一批敦煌願文，以《〈敦煌願文集〉校錄訂補》的名稱分五次刊登在《敦煌學研究》上〔註2〕，對於敦煌願文的研究必將起到很好的推進作用。然千慮一失，智者不免。《敦煌願文集》及《〈敦煌願文集〉校錄訂補》還存在一些疏失。方廣錩在爲《敦煌願文集》作的書評中已指出「《願文集》錄校的錯漏相當多……本書的手民之誤也相當突出」〔註3〕。對於《願文集》，作者之一黃征與曾良、洪玉雙曾合作發表過訂補文章〔註4〕，吳新江、張生漢、張小平、龔澤軍、趙鑫曄也先後著文匡補，趙君更在黃征

〔註1〕　黃征、吳偉《敦煌願文集》，嶽麓書社1995年版。下文引用簡稱爲《願文集》，並標注頁碼。

〔註2〕　黃征、趙鑫曄《〈敦煌願文集〉校錄訂補》，《敦煌學研究》2006年第1期，總第1輯，第105～155頁。黃征、趙鑫曄《〈敦煌願文集〉校錄訂補續（二）》，《敦煌學研究》2006年第2期，總第2輯，第216～250頁。黃征、趙鑫曄《〈敦煌願文集〉校錄訂補續（三）》，《敦煌學研究》2007年第1期，總第3輯，第77～89頁。黃征、趙鑫曄《〈敦煌願文集〉校錄訂補續（四）》，《敦煌學研究》2007年第2期，總第4輯，第51～103頁。黃征、趙鑫曄《〈敦煌願文集〉校錄訂補續（五）》，《敦煌學研究》2008年第1期，總第5輯，第1～39頁。

〔註3〕　方廣錩《〈敦煌願文集〉書評》，《敦煌吐魯番研究》第2卷，北京大學出版社1997年版，第388頁。

〔註4〕　黃征、曾良、洪玉雙《敦煌願文補校》，收入《新世紀敦煌學論集》，巴蜀書社2003年版。

指導下以《敦煌願文集》的研究作爲博士學位論文〔註5〕。我也曾與趙鑫曄博士合作撰寫了《敦煌願文集》中最後部分的《〈兒郎偉〉校補》〔註6〕。《兒郎偉》之外前面部分的校補，我作有長文《〈敦煌願文集〉校補》〔註7〕。對於《校錄訂補》，目前未見關注的文章。《校錄訂補》誤錄、誤校、失校、誤點的情況頗多，亟須再作訂補。兹以黃征、趙鑫曄所錄爲底本進行訂補〔註8〕。

二、訂　補

I.《〈敦煌願文集〉校錄訂補（一）》訂補

（1）口（光）翼翼，福攘攘（穰穰），空虛有量無福長（P.2358，此爲卷號，下同）

按：缺文及「穰穰」皆據 P.2255、P.2326 校。P.2976：「福祿穰穰，功名不墜；藉甚洋洋，保其終始。」亦作「穰穰」。「穰穰」爲本字，《爾雅》：「穰穰，福也。」茂盛、眾多貌。字或作「禳禳」、「攘攘」、「瀼瀼」，《詩·執競》：「降福穰穰。」《潛夫論·正列》、《記纂淵海》卷71引作「禳禳」，覆刻涂本《鹽鐵論·論菑》引作「攘攘」，華氏本作「瀼瀼」。《初學記》卷14張華《感婚詩》：「駕言遊東邑，東邑紛禳禳。」《御覽》卷157引作「穰穰」。《辯正論》卷4：「鴻基永永，降福穰穰。」

〔註5〕　吳新江《〈敦煌願文集〉校點獻疑》，《古漢語研究》2001年第3期。張生漢《敦煌願文校讀札記》，《河南廣播電視大學學報》2002年第4期。張小平《〈敦煌願文集〉校補》，《西域研究》2003年第2期。龔澤軍《敦煌願文校補五十例》，《圖書館雜誌》2005年第2期。趙鑫曄《敦煌願文〈齋琬文一卷並序〉典故考釋》，收入《中國古代文學文獻學國際學術研討會論文集》，鳳凰出版社，2006年版。趙鑫曄《〈敦煌願文集〉校勘札記》，《敦煌學研究》2006年第1期。趙鑫曄《敦煌願文用典散考》，《敦煌學研究》2007年第1期。趙鑫曄《敦煌願文詞語考釋札記》，《敦煌學輯刊》2006年第2期。趙鑫曄《敦煌印沙佛文與燃燈文校錄補正》，《古籍整理研究學刊》2007年第6期。趙鑫曄《敦煌印沙佛文與燃燈文校錄補正（續）》，《敦煌學研究》2007年第2期。趙鑫曄《敦煌願文段落及術語考辨》，《東亞文獻研究》創刊號，2007年12月出版。趙鑫曄《敦煌佛教願文研究》，南京師範大學2009年博士學位論文。
〔註6〕　蕭旭、趙鑫曄《〈兒郎偉〉校補》，《東亞文獻研究》第2輯，2008年6月出版。
〔註7〕　蕭旭《〈敦煌願文集〉校補》，收入《群書校補》，廣陵書社2011年版，第889～1080頁。
〔註8〕　本文的完成，得助於趙鑫曄博士早先惠賜的部分資料，謹致謝忱。

宋、元本作「穰穰」。同源詞尚有「囊囊」、「勷勷」、「鬤鬤」、「儴儴」，中心詞義皆爲多貌、亂貌。無，P.2255 同，《願文集》第 349 頁據 P.2326 校作「妙」。「妙福」爲願文常用詞。

（2）賓鉢羅樹下，長爲禪悅之林；阿耨達池，永條（滌）塵勞之水（P.2358）

按：此卷「池」字下當據北圖 8363、8672、P.2526 同句補「中」字。

（3）雖月蓋之供已被，而純陀之會由（猶）闕（P.2358）

按：被，P.2255、P.2326 作「殷」。「被」讀爲備，S.4474：「其菩薩乃四弘德被，十地功口（充）。」P.2341：「榮國榮家，忠孝兼被。」《願文集》第 184、792 頁校「被」爲「備」。P.2702《春秋後語》：「無被故也。」《戰國策・西周策》「被」作「備」，王恒傑讀被爲備[註9]。並其例。

（4）於是解紛苦海〔者〕，於焉息浪；往無不利者，斯焉取辭哉（P.2358）

校記：紛，原校甲卷（引者按：指 P.2255）作「修」。原卷實作「紛」，與甲卷不同，而原卷未出校記。「解紛」於義較長，義爲排解紛亂與糾紛。《史記・滑稽列傳序》：「天道恢恢，豈不大哉！談言微中，亦可以解紛。」張守節正義：「至於談言微中，亦以解其紛亂，故治一也。」（1～109）〔註10〕。

按：「解修」是，P.2326 同。《大乘悲分陀利經》卷 5：「未得法身者，解修一切身說。」解，悟解。修，修行。

（5）功業積於丘山，德量〔口〕於巨海（P.2358）

校記：口，原文當於此脫一字，內容俟補（1-110）。

按：S.1164：「功業高於雲山，德量深於巨海。」則缺字可補「深」字。

（6）榮班日益，宦（官）位時遷（P.2358）

按：P.2854、P.2631：「榮班日漸，寵位時增。」S.4544：「榮班歲厚，寵位時增。」S.5957：「恩榮日重，東海窮而不窮；寵位時增，西溟盡而不盡。」

〔註9〕 王恒傑《春秋後語輯考》，齊魯書社 1993 年版，第 80 頁。

〔註10〕黃征、趙鑫曄所作的校記省稱爲「校記」。括弧中短杠前的數字「1」表示黃征、趙鑫曄《〈敦煌願文集〉校錄訂補》五篇文章中的第一篇，短槓後的數字「109」表示此文在當期《敦煌學研究》上的頁碼。以下仿此。

則此字當爲「寵」字誤書。

（7）伏願桂林毫（豪）族，雄派靈苗；猒名官〔而〕慕聖尊，蘊良規
　　而清梵宇（P.2358）

　按：雄，北圖 836 同句誤作「碓」。《願文集》第 662 頁校「碓」作「嫡」，
　　誤。

（8）由是兩州飲其聖化，群勝霑雨露之恩（P.2358）

　按：飲，當作「欽」。P.2481：「蕃漢欽崇，道俗欽化者也。」勝，當作「臣」。

（9）見龍藏之掩扃，粉壁之尚素（P.2358）

　按：扃，當作「扃」。掩扃，關閉。P.2341：「關幽楗于龍宮，啟玄扇（扃）
　　于鹿苑。」《願文集》第 511 頁校「扇」作「扃」，是其比。

（10）五乘之奧義尋周，嵜襟益閏（潤）；萬論之精華踏底，爽朗心懷
　　　（P.2481）

　按：尋，讀爲循。循周，猶言周循。

（11）其有張法教網、澇（撈）人天魚、越四瀑流、登菩提岸者，其惟
　　　諸法師之德也（P.2481）

　　　校記：澇，當校爲「撈」，承上文「法網」。此兩句大意爲用佛法救拔出輪
　　　迴於人道、天道中的生靈（1-112）。

　按：澇，讀爲撈，《般若燈論釋》卷 11：「張大教網，撈漉天人。」宮本「撈」
　　作「澇」。《受菩薩戒法》卷 1：「以八教網，撈人天魚。」又考《華嚴
　　一乘教義分齊章》卷 1：「張大教網，置生死海，漉人天魚，置涅槃岸。」
　　《法華文句記》卷 1：「《華嚴》云：『張佛教網，亙（絚）法界海，漉
　　天人魚，置涅槃岸。』」《五燈會元》卷 16：「布大教綱，攦人天魚。」
　　《宗鏡錄》卷 11：「立五行門，廣闢賢愚之路；張八教網，遍攦人天之
　　魚。」「攦」、「漉」亦撈也。

（12）夫都（覩）相興善者，无出於應〔化〕之身；攘（禳）祛禍者，
　　　莫過千（于）佛頂心呪（P.2613V）

　　　校記：原文此句當脫一字，茲補作「化」。「應化之身」即應眾生之機緣、

教化眾生而化現的佛身（1-117）。

按：S.2146：「夫睹相興善者，無出於應化之身；穰（禳）災怯（袪）禍者，莫過乎佛頂心咒。」正作「化」字。據 S.2146，此卷「獲（禳）」下當補「災」字，「千」當爲「乎」字形訛。

（13）若論護國匡邦，无過斯幡傘（P.2613V）

按：此卷「斯」上脫「建」字，或「豎」字。「幡」當作「幢」，形之訛也。S.2146：「若論護國匡邦，無過建斯幢傘。」〔註 11〕又「豎幢傘用臻乎福利。」

（14）是時也，三楊（陽）令月，寒色猶威；白馬初春，看垂楊而未暖（P.2613V）

校記：寒色猶威，據下文句式，疑此句當脫二字，似可補作「〔望〕寒色〔而〕猶威」。白馬初春，此句句義待攷（1～117）。

按：「寒色猶威」不當補字。P.2854：「今者春楊（陽）令月，寒色猶威。」S.2146：「今者春陽令月，寒色猶威。」是其例。S.2146：「是以三陽令月，啓三福於釋尊；四季初辰，豎四門之利〔口〕。」P.2854「今囑（屬）三春令月，四序初晨（辰）。」S.6417：「今囑（屬）三春令月，四序初晨（辰）。」S.4544：「今囑（屬）三春令月，四序初分。」「白馬初春」、「三陽令月」皆指初春而言，「白馬初春」即「四序（季）初辰」，「白馬」疑「四序」之誤。

（15）其菩薩也，四弘德備，十地功圓（P.2613V）

按：圓，P.2631 同，P.2058、S.1441、S.5638 作「充」，並通。指功德具備。

（16）恕己奉公，忠勤効上（P.2613V）

校記：忠，甲卷（引者按：指 P.2613）寫作「中」，此據乙卷（引者按：指 P.2631）改。「勤」，乙卷寫作「勖」（1-119）。

按：勖，當即「勖」字，《集韻》：「勖，勤也。」P.2631 括注「勖」爲「勤」（1-120），未是。宋·宋庠《授柴宗慶開府……封制》：「忠勖並劭，戩

〔註 11〕《願文集》第 452 頁誤點作「若論護國，匡邦無過，建斯幢傘」。

祿爾宜。」

（17）〔□〕延萬歲，壽應（膺）千年（P.2613V）

按：缺字可補「福」。P.2850：「亦願厶官闔家福延萬葉諸（之）福會也。」
　　S.4245：「諸幼郎君昆季，福延萬春。」

（18）於是巍巍寶塔，願滅千袂（殃）；赫赫魚燈，福清萬劫（P.2613V）

按：《玉篇》：「袂，禍也，古文殃。」S.343：「惟願蕩〔千〕袂，增萬善，
　　淨業長，道芽生。」亦作此字。

（19）千梁偃蹇，上接仙途；數仞降基，傍通李徑（柰徑）（P.2631）

　　　校記：李徑，即李樹眾多之地。然文中所指為寺廟，應可校為「柰徑」。
　　　　　佛寺又稱為「柰苑」，即庵羅樹園，說《維摩經》之處也。佛寺中常種植
　　　　　柰樹，故作「柰徑」更為貼合文意（1-122）。

按：降，讀為隆。S.3929：「是以五土分平，迥開靈剎；三峴特秀，勢接隆
　　基。」唐‧楊炯《後周明威將軍梁公神道碑》：「連州跨郡，邁陶氏之隆
　　基；開國承家，掩張門之累葉。」「李徑」即李樹之徑，以隆基數仞，
　　故云傍通。「柰徑」不辭。

（20）法王降達（迹），為拯生靈；八相權宜，三身利樂（P.2631）

　　　校記：達，當為「迹」字之誤書。「降迹」即誕生（1-123）。

按：所校是也，P.2854、S.5957同句作「降誕」。《釋迦氏譜》卷1：「自法王
　　降迹，照臨忍方。」

（21）鳴鍾（鐘）鼓而龍吟，〔奏〕笙歌而鳳儛（P.2631）

　　　校記：原文當於此脫一字，茲據上句「鳴鐘鼓」之義補作「奏」（1-123）。

按：所校是也，S.5957同句正有「奏」字，P.2854同句作「吹」，亦通。

（22）〔善〕既備兮无虧，禍必馳兮掃盡（P.2631）

　　　校記：原文此字殘缺下半部分，僅剩「恫」可認。茲據P.3765《二月八日
　　　　　文》「善既備兮無虧」認定為「善」（1-123）。

按：所校是也，P.2854、P.3765、S.5957同句正作「善」字。

（23）抑四魔而登正〔覺〕，居三界而獨稱尊（P.2631）

　　　校記：覺，原文當於此脫一字，茲補作「覺」（1-124）。

　按：所校是也，P.2854、P.6006、S.2146、S.6172 同句正有「覺」字。抑，
　　　P.2854、P.6006 同，S.2146 作「御」，S.6172 作「斷」。「抑」爲「御」
　　　字形誤。《說無垢稱經疏》卷 1：「外御四魔，不令侵橫。」作「斷」
　　　亦通。《方廣大莊嚴經》卷 5：「以金剛智除斷四魔。」

（24）今者春楊（陽）令月，地拆（坼）〔□〕芽；鳥向含春，風搖翠
　　　柳（P.2631）

　　　校記：原文當於此脫一字，內容俟補（1-124）。

　按：缺字 P.2854、P.6006、S.2146、S.6172 並作「萌」。向，P.2854 同，S.2146
　　　作「嚮」，S.6172 殘缺。「向」、「嚮」並讀爲「響」，P.6006 正作「響」。
　　　P.2483、P.3765：「入松枝而暫向，飄炬燭以摧明。」〔註12〕 P.2341、S.5573
　　　「向」作「響」。亦其例。

（25）春風創扇，寒起（氣）抽威；殘雪尚滿〔於〕郊原，春氷欲笑於
　　　池沼（P.2631）

　按：抽，收也、減也。笑，讀爲消。《老子》第 67 章：「似不肖。」敦煌
　　　寫卷、道州龍興觀碑「肖」作「笑」〔註13〕。P.3791《新集嚴父教》：
　　　「逢人先作小。」S.4307「小」作「嘆」。P.3375V、上圖 028《歡喜
　　　國王緣》：「這度清鸞纔失伴，後迴花小爲誰春？」上圖 016「小」作
　　　「笑」〔註14〕。唐・白居易《不致仕》：「少時共嗤誚，晚歲多因循。」
　　　唐・韋縠《才調集》卷 1 作「嗤笑」。並其相通之證。

（26）玄雪掩藹，郁玉業（葉）而臨川；素雪飄飄，散瓊花而遍野（P.2631）

　按：「玄雪」當作「玄雲」。掩藹，暗淡貌。漢・徐幹《哀別賦》：「仰深沉

〔註12〕Φ263＋Φ326 同，唯「摧」作「堆」。
〔註13〕參見朱謙之《老子校釋》，中華書局 1984 年版，第 270～271 頁。
〔註14〕王重民等校「小」爲「雀」，潘重規從之，非也。黃征、張涌泉讀爲「俏」，
　　　亦未安。項楚謂「作『笑』是」，尚未得通借之指。王重民等《敦煌變文集》，
　　　人民文學出版社 1957 年版，第 773 頁。潘重規《敦煌變文集新書》，文津出
　　　版社有限公司中華民國 83 年初版，第 756 頁。黃征、張涌泉《敦煌變文校注》，
　　　中華書局 1997 年版，第 1095 頁。項楚《敦煌變文選注》，中華書局 2006 年
　　　版，第 1605 頁。

之掩藹兮，重增悲以傷情。」掩，讀爲晻。《文選‧王仲宣誄》：「榮曜當世，芳風晻藹。」呂延濟注：「晻藹，盛貌。」字亦作「菴藹」，《文選‧蜀都賦》：「豐蔚所盛茂，八區而菴藹焉。」劉良注：「菴藹，茂盛貌。」

（27）輕飄瑞雪，凝（疑）柳葉之驚飛；碎玉踈林，似梅花之透落（P.2631）

按：透，亦驚也。《方言》卷 2：「透，驚也。宋衛南楚，凡相驚曰獡，或曰透。」郭璞注：「透，式六反。皆驚貌也。」

（28）燈龕火樹，爭然（燃）九百（陌）之時；舞席歌筵，〔大〕啟千金之夜（P.2631）

校記：九百，當校爲「九陌」，泛指都城大道和繁華鬧市。S.2831 亦作：「燈籠火樹，爭然（燃）九陌之時。」原文當於此脫一字，茲據 S.2831：「舞席歌延（筵），大啓千燈之夜」，補作「大」（1-126，引者按：S.2831 當爲 S.2832）。

按：筵，當作「筵」，形之誤也。

（29）蹤行白飯之成（城），似訪朱髦之跡（P.2631）

校記：跡，原卷此字有殘缺，據所剩之字跡及 S.2832《二月八日》：「疑〔口〕白飯之城，似訪朱騘（騘）之跡。」可以斷定爲「跡」字（1-127）。

按：髦，當作「鬃」，字或作鬃、騣、鬣。

（30）動植霑恩，傅（普）天咸化（P.2631）

按：傅，讀爲溥。

（31）夫覺體潛融，絕百非於實相；法身凝湛，圓萬德於真儀（P.2631）

按：湛，S.1441、S.5548 同，S.343V 作「寂」。

（32）然而獨拔繁（煩）籠，上（尚）現變雙〔林〕之疾；孤超塵累，猶辭丈室之痾（P.2631）

校記：林，原卷缺寫，據願文常用語補（1-129）。

按：S.343V、S.1441、S.5548 正作「雙林」。籠，S.5548 同，S.343V、S.1441

作「羅」。疾，S.1441、S.5548 同，《願文集》第 54 頁校曰：「疾，爲『滅』字形訛。S.343 即作『滅』。」

（33）學表驅烏，名彰救蟻（P.2631）

按：「驅烏」典出《四分律》卷 34：「爾時阿難，有檀越家死盡，唯有一小兒在。將至佛所，頭面禮足，在一面坐。佛知而故問：『此是何等小兒？』阿難以此因緣具白世尊。世尊告言：『何故不度令出家？』答言：『世尊先有制，不得度年減十二者。是以不度。』佛問阿難：『此小兒能驅烏，能持戒，能一食不？若能如是者，聽令出家。』阿難報言：『此小兒能驅烏，能持戒，能一食。』佛告阿難：『若此小兒，盡能爾者，聽度令出家。』」「救蟻」典出《雜寶藏經》卷 4：「昔者有一羅漢道人，畜一沙彌，知此沙彌却後七日必當命終，與假歸家，至七日頭，勅使還來。沙彌辭師，即便歸去，於其道中，見眾蟻子，隨水漂流，命將欲絕，生慈悲心，自脫袈裟，盛土堰水，而取蟻子，置高燥處，遂悉得活。」中土亦有「救蟻」之典，出《類聚》卷 97 引《齊諧記》：「當陽董昭之，嘗乘船過錢塘江中央，見有一蟻，著一短蘆，走一頭，迴復向一頭，甚遑遽。……昭意甚憐此蟻，中夜，夢一人烏衣，從百許人來謝云：『僕不愼墮江，慙君濟活。僕是蟲王，君若有急難之日，當見告語。』後昭之遇事繫獄，蟻領群蟻穴獄，昭遂得免。」

（34）屢投藥食，未沐瘳除（P.2631）

按：食，P.2854、S.343V 同，《願文集》第 5 頁據 P.2255 校作「石」，是也。

（35）伏惟我大中皇帝陛下祚乘大業，聖備无疆；克修永固，誕應天命（P.2631）

按：乘，讀爲承，S.4642 正作「承」。備，讀爲被，猶言及也。P.2237：「化盡沙界，德被無疆。」P.2255：「官僚善被無疆，尊宿資福有識。」並其證。S.2146：「然後薄霑動植，遍及無疆。」正作「及」字。

（36）位烈（列）〔□〕中，權臨困（閫）外（P.2631）

校記：□，原文當於此脫一字，內容俟補（1-130）。

按：當「中權」連文，缺字在「臨」字上。中權，猶言中樞。缺字疑補「威」字。

（37）全（詮）戒者，律；詮定者，經；詮惠（慧）者，論。則知戒為
佛法平（首）也，眾善因之而生；定為功德聚（叢）林，萬德因
之而長；口（慧）乃昏衢明鏡，菩提因之而證（P.2631）

校記：平，當爲「手」之形近誤書，「手」又爲「首」之同音借字。《禪戒
訣》：「夫諸佛大化三無漏學，而戒學居其首。」（1-130）

按：平也，P.2542V 同句作「平地」〔註15〕。則「也」爲「地」字缺訛。作
「平地」是，正與下「因之而生」相應。《法苑珠林》卷 87 引《薩婆多
論》：「一戒是佛法平地，萬善由之生長。」證，P.2542V 同句作「詮」。

（38）是知三學被而如猶鼎之三足並（P.2631）

按：並，原卷作「至」，屬下句。P.2542V 作「是知三子被時，如猶鼎之三
足，一不可廢矣」。子，當爲「學」字缺訛。被，讀爲備。而，當作
「時」。三學，指戒、定、慧。《華嚴經行願品疏》卷 4：「而皆明戒者，
彰知所得無尋解脫。由持如來別解脫戒，爲依地故。前吉祥雲法門是
定。海雲是慧。此中明戒具足。三學如天三光，如鼎三足，闕一不可
入菩薩道。」也稱「三法」，《俱舍論頌疏記》卷 5：「三法更互相持，
猶如鼎之三足。」

（39）王宮孕靈，示有生於千界；踰城〔夜〕遁，求无上之三身（P.2631）

校記：原文當於此脫一字，茲補作「校」（1-135，引者按：「校」爲「夜」
字誤書）。

按：S.5957 正作「夜遁」，S.1441 先寫「夜遁」，又圈去改作「半夜」。示，
S.1441、S.5957 作「寔」，借字。

（40）翠柳變於南枝，青氷融於北岸（P.2631）

按：青，當爲「春」之誤書。S.4625：「是時也，銀河開浪，萌芽喜北岸之春；
玉澗玲瓏，柳絮舞南枝之蕊。」〔註16〕是其證。S.1441 縮寫作「柳絮南
枝，冰開北岸」，S.2146 則縮寫作「絮拆（坼）南枝，冰開北岸」〔註17〕。

〔註15〕《願文集》第 199 頁注〔九〕誤錄作「自地」。
〔註16〕《願文集》第 529 頁校「浪」作「朗」，非也。
〔註17〕P.2974 作「絮（絮）析（坼）南枝，永（冰）開比（北）岸」。

（41）因一知十，顏子之為人；萬卷五行，應君之立性（P.2631）

按：因，原卷作「問」，讀爲聞。典出《論語・公冶長》：「子謂子貢曰：『女
與回也孰愈？』對曰：『賜也何敢望回。回也聞一以知十，賜也聞一以
知二。』」《後漢書・左雄傳》：「昔顏回聞一知十。」

（42）母儀騰秀，惠（慧）間（問）馳芳（P.2631）

按：間，原卷作「聞」。S.4992 同句作「問」，當讀爲「聞」。聞，聲譽，
名聲。本卷下文：「惟願振芳聲於鳳闕，垂令問於當今。」「問」亦借
字。惠，讀爲蕙。S.2832：「口儀摧（擢）秀，蕙問馳芳。」《宋書・
后妃傳》宋・顏延之《元皇后哀策文》：「俾我王風，始基嬪德。蕙問
川流，芳猷淵塞。」蕙，香草名，比喻芳美。蕙問（聞），喻指婦女
美好的名聲。

（43）猒榮華而慕道，隱俗修真；迷（追）佉母之勝緣，潛通大道
　　　（P.2631）

按：迷，原卷作「継」，而左邊「糹」旁不甚清晰，故誤認作「迷」。本卷下
文「継續僧輪」，字形正同。P.2854、S.4992、S.5637 同句亦作「継」字。
敦煌寫卷「繼」字多作「継」形。S.388《正名要錄》：「繼、継：右正
行者揩（楷），註腳稍訛。」

（44）所冀久留慈訓，育子擇隣（P.2631）

按：留，讀爲流，P.2854 正作「流」。

（45）邀屈聖凡，用酬厥德（P.2631）

按：《集韻》：「屈，請。」P.2854、S.5637 正作「邀請聖凡」。

（46）為世〔間之〕依〔足〕，寔六趣之舟檝矣（P.2631）

校記：原文此句有脫漏。據 S.6417《亡尼》：「爲世間〔之〕依足，六趣之
舟檝矣」補入（1-135）。

按：趙鑫曄校 S.6417 曰：「足，原卷作『是』，通『寔』，當屬下句，P.2631
即作『寔六趣之舟檝矣』。『依』通『醫』，下可補『王』字。S.5639：『釋
迦大聖，爲三界之醫王。』P.2058：『伏聞三寶，是出世醫王。』」Д x01309

＋Дx01310＋Дx01316＋Дx02969＋Дx03016＋Дx03024＋Дx03153＋
Дx03159：「爲出世依□，食（寔）六趣之舟檝矣。」趙鑫曄校作「爲
出世依（醫）〔王〕」，云：「王，據 P.2058『伏聞三寶，是出世醫王』句
補。」諸卷並作「依」字，不可遽改。疑「依」下脫「止」字。依止，
猶言依託。《四明尊者教行錄》卷7：「備乎此三，而揚聖化，即世間之
依止也。」正作「依止」。《四分律刪繁補闕行事鈔》卷 2：「諸行之歸
憑，賢聖之依止者，必宗於戒。」《法華文句記》卷4：「此是法華之理
本，諸教之端首，釋義之關鍵，眾生之依止，發心之憑仗，權謀之用體，
迷悟之根源，果德之理本，一化之周窮，五時之終卒。」《集沙門不應
拜俗等事》卷1：「爲愛習之良資，作塵勞之依止。」皆同一文例。

（47）願歌咀同歡，親羅共慶（P.2631）

　　校記：據下句「親羅」之義，疑「歌咀」當讀作「哥姊」（1-135）。

　按：咀，當據 P.4062 作「唄」，形之誤也。

（48）天香梵（焚）熏，接金雲而作蓋；海供前引，連玉樹以成林（P.2631）

　按：引，當作「列」，形之誤也。P.4062 作「烈」，借字。

（49）幽顯普誘，聖凡周會（P.2631）

　按：誘，當據 P.4062 作「該」。普該，普遍、普洽。爲藏經之常用詞。

（50）奪明師子之威容（P.2631）

　按：「明」字衍，P.4062、S.5637 無此字。

（51）鶴林供主等使八纏根朽（P.2631）

　按：此句未完，P.4062 下尚有「四智花開；萬善薰修，六度圓滿」十二字，
　　　可據補足。

（52）惟公緇林挺秀，白葉（業）逾芳貞；道冠前超，德苻（符）今□
　　　（P.2631）

　　校記：□，此字原形作「俴」，不詳，俟攷（1-135）。

　按：P.3172：「然索教授公，僧中俊哲，儕侶白眉；行潔冰霜，德符令俊。」
　　　則「今俴」當校爲「令俊」。S.2832：「吾君有俀鵲三隻。」「俀」即「俊」，

與此卷形近。P.4061 作「道冠前英，德扶（符）今（令）哲」。

（53）夫有生則滅，四諦之初門；陟器偕口，三界之尋則（P.2631）

校記：口，此字原卷作「毇」，未詳，俟攷，疑爲「毀」。陟器，不詳（1-136）。

按：「毇」確是「毀」字草書。S.2401：「毇辱六親，兼及尊長。」于淑健曰：「『毇』當爲『毇』字之訛。左右異位又作『煋』。《龍龕手鏡》：『煋，同毀。』」〔註18〕字形相近，可以參校。陟，當作「涉」。唐・陳子昂《冥寞君古墳誌銘》：「始知有形必敝，涉器則毀。」可以助校。P.2974：「既居行幕，路陟玄冬。」《願文集》第 678 頁校「陟」作「涉」，是其比。偕，讀爲皆。《詩・豐年》：「降福孔皆。」《左傳・襄公二年》、《說苑・貴德》引並作「偕」。是其例。涉器皆毀，猶言只要是器物，都會毀壞。

（54）豈謂宿殃不次，忽染洪災；貝氏無微（徵），奄歸巨室（P.2631）

校記：「貝氏」不詞，俟攷（1-136）。

按：S.2832：「豈期積善無徵，奄同風燭。」《北齊書・高季式傳》：「何期報善無徵，奄從物化。」《舊唐書・李晟傳》：「豈圖藥餌無徵，奄至薨逝。」皆「微」當作「徵」之證。「貝氏」疑當作「貝字」，指佛經。「貝」指貝多葉。唐・黃滔《大唐福州報恩定光多寶塔碑記》：「金文貝字，搆重重兮。」貝字無徵，是說念誦佛經，也無徵效。

（55）而遊魂无纖介（芥）之祉，來蔭闕資成之用（P.2631）

按：纖介，細微。《戰國策・齊策四》：「無纖介之禍。」吳師道《補正》：「『介』、『芥』通。」

（56）齒跡蘭闐，標情柰苑。恭惟四得（德），与四弘而兼勵；習對六終，將六行而齊美（P.2631）

校記：闐，原文字形如此，俟攷。亦疑當作「闒」（1-136）。

按：齒跡，猶言齊跡，並列其足跡。蘭闐，即「蘭陵」，指蕭衍。《歷代三寶

〔註18〕于淑健《〈大正藏〉第八十五卷（敦煌卷）研究》，南京師範大學 2006 年博士學位論文。

紀》卷 11：「蕭衍，蘭陵人，受齊禪。」

（57）理應長明佛日，継續僧輪（倫）（P.2631）

按：「輪」字不當改作。「輪」蓋即轉輪法王之輪也。

（58）何期一朝分產，魂消割倚之前；五福無殷，命掩懸口之下
　　　（P.2631）

　　　校記：割倚，未詳何義，俟攷。口，此字原卷作「疘」，俟攷（1-136）。

按：P.2543V：「一朝分產，魂消剖蚌之前；五福無征，命奄懸孤（弧）之
　　下。」《願文集》第 201 頁校云：「剖，甲卷（引者按：指 P.2526）作
　　『部』，茲據乙卷（引者按：指 P.2543V）改。又『蚌』字二卷原形右
　　邊皆作『半』。孤，乙卷作『疘』。按：當作『弧』，懸弧謂產子。」
　　〔註19〕所校並是。則「割倚」當作「剖蚌」，喻分娩。「疘」當即「弧」
　　字。殷，當作「征」。S.2832：「豈期積善無征，奄同風燭。」

（59）不為（謂）五蔭（陰）成軀，六情被體（P.2631）

按：被，讀爲備。已詳上。

（60）虔虔口纇之心，恍恍崇成（誠）之願（P.2631）

　　　校記：口，此字原卷作「稽」，未詳何字（1-136）。

按：「稽」疑「稽」字。S.4642：「請眞容而稽纇，紫磨金姿；延彩像以
　　虔恭，白豪玉色。」北圖 329 號：「遂乃稽纇虔誠，釋發弘願。」皆
　　其證。

（61）莫不泉壤之悲，升遐之痛（P.2631V）

按：遐，讀爲霞〔註20〕。

（62）竊聞法〔口〕虛寂，本自無生；聖體多方，權形萬類（P.2631V）

按：缺文疑補「身」字。P.2854：「竊以法身虛寂，弘濟之利無涯；道體幽
　　玄，廣運之功回測。」

〔註19〕「奄」字《願文集》第 196 頁括注爲「掩」，非也。奄，氣息弱也。《後漢書・
　　　侯霸傳》：「命奄然而終。」
〔註20〕參見蕭旭《漢書校補》，收入《群書校補》，廣陵書社 2011 年版，第 247 頁。

（63）〔瑩〕明珠于濁水，則性海波瀾；泫甘露于稠林，則俄（我）山
　　　清嶠（P.3084）

　按：俄，S.5957作「我」，並讀爲硪。《說文》：「硪，石巖也。」指山石高峻。
　　　字或作峨、峩、礒、義、隒、嶬。峨山，高峻之山。

（64）悅真賀（駕）於四衢（P.3084）

　按：悅，S.5957同，讀爲稅，字或作說、脫。《方言》卷7：「稅，舍車也。」
　　　《史記・李斯列傳》：「吾未知所稅駕也。」《索隱》：「稅駕，猶解駕，
　　　言休息也。」P.2838、P.2226同句正作「稅眞駕於四衢」，《願文集》第
　　　500頁校「稅」爲「悅」，償矣。S.6417同句作「稅眞假（駕）於四衢」，
　　　《願文集》第480頁校「稅」爲「脫」。

（65）擊法鼓於大千，振鴻鍾（鐘）於百億（P.3084）

　按：鴻，S.5957同，S.343作「鳴」。「鳴」爲形誤。《破邪論》卷1：「撞華
　　　夏之鴻鐘，集蕃僧之僞眾。」

（66）則我金山天子先奉为國泰人安，無離征戰之名；五稼豐登，保遇
　　　堯年之樂（P.3084）

　按：離，S.5957作「聞」。離讀爲罹。

（67）按圖而廣運睿謨，理化而珠（殊）方〔欵〕塞（賽）（P.3765）

　按：S.5957作「欵塞」。「塞」字不當改。欵塞，也稱作「欵關」。《史記・太
　　　史公自序》：「海外殊俗，重譯欵塞。」《集解》引應劭曰：「欵，叩也。
　　　皆叩塞門來服從也。」

（68）無扁（偏）無黨（儻），運慈悲而育黔黎；須休勿休，當囑累而
　　　弘政（正）法（P.3765）

　按：無扁無黨，S.5957、Φ263＋Φ326同，P.2838作「無偏無儻」。《願文集》
　　　第494頁亦校「黨」爲「儻」，皆非也。《書・洪範》：「無偏無黨，王道
　　　蕩蕩。」須，讀爲雖。《書・呂刑》：「雖畏勿畏，雖休勿休。」《傳》：「雖
　　　見畏，勿自謂可敬畏；雖見美，勿自謂有德美。」

（69）堂構克隆，折新（析薪）傳葉（P.3765）

　　　校記：折新，當校爲「析薪」，指繼承父業，典出《左傳・昭公七年》：「古

人有言曰：其父析薪，其子弗克負荷。」（1-143）

按：葉，S.5957作「華」，P.2838作「業」。「業」字是。

（70）井植雙桐樹，門縈（營）五柳（P.3765）

按：「樹」字衍，S.5637無「樹」字。縈，S.5957、Φ263＋Φ326同，S.5637作「榮」。榮，讀爲縈，環繞。

（71）梵吼三天，梁飛新吹（炊）（P.3765）

按：梁飛，《類聚》卷43引劉向《別錄》：「漢興以來，善雅歌者魯人虞公，發聲清哀，蓋動梁塵。」《白帖》卷61引《七略》：「歌者有虞公，發聲動梁上塵。」「吹」字不當改，正與「梁飛」典相應。

（72）竊以惠（慧）鏡揚輝，三明者志（智）炬；勝場流濁，摧八難者法輪（P.3765）

按：「三明」二字上當據P.3545同句補「朗」字。流濁，S.1441同，P.3545作「疏躅」，二卷互校，當作「疏濁」。

（73）於是光照慈〔光〕，諒無幽而不燭（P.3765）

按：P.3545作「於是廣煦（照）慈光，諒無幽而不燭」。「光照」之光，讀爲廣。

（74）赫弈（奕）難名，傾哉罕測者也（P.3765）

按：弈，當據P.3545作「矣」，與下句「哉」字對舉成義。

（75）遂則宏開月殿，豎曉（燒）燈輪（P.3765）

按：宏，當據P.3545作「橫」，音之誤也；與下句「豎」字對舉成義。

（76）神力難思，言不側（測）者矣（P.3765）

按：「言」字上當據北圖8454、S.5957同句補「名」字。《願文集》第628頁注〔四〕反據此卷刪「名」字，非也。S.5561：「大哉法王，名言所不測也。」S.343、S.5993、S.5997、P.2226、P.3765並有此語，可爲旁證。

（77）然今亡者壽盡今生，隨緣設化（P.3765）

校記：原文於此「化」下衍一「花」字，此徑刪除（1-144）。

按：原卷「花」字旁有刪除符號。隨緣設化，Φ263＋Φ326 同，P.2178、
P.2483、S.5573、北圖 7133 同句作「形隨物化」，S.6417 作「刑（形）
隨物化」，S.5957、P.3840 作「形隨勿（物）化」，Д x06022 作「口隨
物化」。「設化」當作「沒化」，爲「物化」之音轉〔註 21〕。唐・張九
齡《故果州長史李公碑銘》：「盤桓參佐，未復公侯，道非吾行，德無
必貴，遂以沒化，豈命也夫？」《太平廣記》卷 40 引《原化記》：「公
歎異之後，忽辭云：『某久此爲客，將有沒化之期，但益悵然。』」二
例「沒化」亦爲「物化」音轉。P.2915：「自遊魂不歸，奄從設花。」
《校記》：「設花，義未明，疑此當作『沒化』，即死亡之義。」（4-86）
所校是也。「奄歸物化」、「奄從物化」爲願文常用語。「沒」當讀爲「物」，
故可言「隨」、言「從」。《文選・回車駕言邁》：「人生非金石，豈能
長壽考？奄忽隨物化，榮名以爲寶。」李善注：「化，謂變化而死也。
不忍斥言其死，故言隨物而化也。」

（78）逐（遂）能卜善地以安墳，選吉祥而置墓（P.3765）

按：能，P.2178、P.2483、S.5573 同，S.5957 作「以」，並讀爲乃。祥，P.2483、
S.4694、S.5742、S.5573 同，S.6417 二見，一作「辰」，一作「晨」，S.5957
作「晨」，P.2178 作「神」，並當以「辰」字爲是。「晨」、「神」爲借字，
「祥」爲「神」形誤。P.2854：「況于四序初神，三春上律。」P.3172、
P.3765、S.5957 作「晨」，《願文集》第 513 頁校「晨」、「神」爲「辰」
字。P.2237：「乃于新年啓正之日，初春上月諸神。」P.2767V「諸神」
作「之辰」。亦其例。

（79）惟願八大菩薩，遙降日宮；三城（世）如來，延（遠）乘蓮坐
（P.3765）

校記：「三城」不詞，茲據 S.5957《臨壙文》中的同句改作「三世」
（1-144）。

〔註 21〕「蠠沒」音轉作「密勿」，是其比。參見方以智《通雅》卷 7、卷 36，收入《方
以智全書》第 1 冊，上海古籍出版社 1988 年版，第 274、1091 頁。又參見段
玉裁《説文解字注》，上海古籍出版社 1981 年版，第 506 頁。又參見朱駿聲
《説文通訓定聲》，武漢市古籍書店 1983 年版，第 416 頁。又參見姜亮夫《詩
騷聯綿字考》，收入《姜亮夫全集》第 17 卷，雲南人民出版社 2002 年版，第
337～338 頁。

按：延乘，S.5957、S.6417 作「遠乘」，P.2341 作「遠垂」。「垂」爲「乘」形誤。

（80）於是天神執蓋，下接幽魂；地祇（祇）捧花，上乘其足（P.3765）

按：乘，S.5957、S.6417 同，當讀爲承，亦接也。P.2341 正作「承」。《慧琳音義》卷 82「猥承」條引《考聲》：「承，接也。」

（81）五蔭念念相催，六職（識）刹那不住（P.3765）

校記：六職，當校爲「六識」，原校失之。六識即眼識、耳識、鼻識、舌識、身識、意識（1-147）。

按：五蔭，S.5957 作「五陰」，P.2854 作「五蘊」，義並同。六職，S.5957 同，並當據 P.2854 作「六識」。

（82）今者姻眷思之恩蔭，隳影滅形（P.3765）

按：蔭，S.5957 作「陰」，當校爲「隆」，形之誤也。

（83）理應留光萬傾，作破闇之燈；沉影三何（河），斷迷津之境（P.3765）

按：留光萬傾，當從《願文集》第 765 頁校作「流光萬頃」。境，S.5957 同，讀爲逕、徑。P.2058 正作「逕」，S.6417 二見，亦並作「逕」。《宋書・五行志》：「干寶曰：『夫禁庭，尊秘之處，今賤人徑入，而門衛不覺者，宮室將虛，而下人蹈之之妖也。』」《搜神記》卷 7「徑」作「竟」，此亦境讀爲逕、徑之證。

（84）豈謂佛（拂）塵世表，永昇功德之〔場〕；脫屣勞（牢）籠，長居大乘之城（P.3765）

按：城，S.5957、S.6417 同，當校爲「域」，形之誤也。P.3566 正作「域」字。《中天竺舍衛國祇洹寺圖經》卷 2：「大日本國純一無雜，大乘之域，而幽顯歸于我。」

（85）智燈分於泉涇，惠（慧）日掩於山門（P.3765）

按：涇，Φ263＋Φ326 同，S.5957 作「逕」，P.2058 作「徑」，S.6417 二見，一作「逕」，一作「徑」。「涇」讀爲逕、徑。掩，S.5957、P.2058、P.3566、Φ263＋Φ326 同，S.6417 二見，一作「暗」，一作「闇」。「掩」讀爲晻，《說文》：「晻，不明也。」《漢書・元帝紀》顏注：「晻與暗同。」

（86）夫生者有為之始，想（相）續之義由（猶）存；滅名（者）无常之中，變現之緣都盡（P.3765）

按：都，當據 S.5957 作「却」，與「猶」字呼應。

（87）因凡則湛居妙海之中，高出真宗之祭（際）（P.3765）

按：因，S.5957 作「同」。祭，S.5957 作「際」。

（88）惟亡考乃堂堂美德，六郡英酋（猷）（P.3765）

按：堂堂，S.5957 作「黨黨」。S.5639：「堂堂美德，品品威儀。」宋·鄭俠《和李天與秀才》：「地不愛寶人來共，威儀黨黨君子風。」並讀為「蕩蕩」，《荀子·非十二子》：「士君子之容……昭昭然，蕩蕩然，是父兄之容也。」

（89）當時銜勅命則不顧其軀，事家眷乃存忠孝盡（盡孝）（P.3765）

按：銜，S.5957 誤作「衛」，《願文集》第 731 頁失校。

（90）母子平安，定無優（憂）嗟之苦厄（P.3765）

按：優，S.5561 作「懮」，S.5593、S.5957 作「憂」。本字為惡。《集韻》：「惡：《說文》：『愁也。』或作懮，通作憂。」

（91）母無痛惱，得盡夜之恒安（P.3765）

按：盡，當據 P.3819、S.5561、S.1441 作「晝」，形之誤也。

（92）靈折（哲）之智郎然，悟解之心日進（P.3765）

按：郎，S.5561、S.1441 作「朗」，字通；S.5993 誤作「期」。

（93）鐵圍之山，畢主（必致）於灰燼，金剛之際，弃（豈）免於煙蕪（P.3765）

按：主，S.5637 作「致」，S.5957 作「至」。主，猶言預示、註定，此為較早用例。字或作注，《搜神記》卷 3：「南斗注生，北斗注死。」煙，讀為堙，S.5957 正作「堙」。

（94）至孝等攀號靡及，雖〔叩〕地而無追；欲報何階，異（昊）上（天）罔極（P.3765）

按：S.5637、S.5957 並有「叩」字。異上罔極，S.5637 作「縱昊天而罔極」，

S.5957 作「昊上罔極」。二句爲對文，下句當補「縱」、「而」二字。昊，讀爲號。S.2832：「孫子等扣地摧絕，號天泣血。」S.5639：「志（至）孝等號天叩地，難酬訓育之恩；粉骨碎軀，豈報生身之禮？」正「號天」、「叩（扣）地」對舉。唐・李嶠《爲太平公主請住山陵轉一切經表》：「號天罔極，扣地不追。」尤爲確證。P.2341：「孤女叩地，崩五內而無追；哀子叫天，妝（粉）百身而何贖？」號亦叫也。

（95）竊聞之（諸）行無常，死（四）流湮而奔浪；視生〔滅〕法，六
　　　趣所以沉淪（P.3765）

按：湮，S.5957 作「煙」，《願文集》第 746 頁校記云：「湮，甲卷寫作『煙』，此據乙卷改。疑『湮』爲『因』之借音字。」S.6417 正作「因」字。

（96）何圖業運難排，掩（奄）歸大野（夜）（P.3765）

按：「野」字不煩改作，S.2832：「豈期風燭忽臨，奄〔歸〕垧野」。

（97）香焚百味，花散四天（P.3765）

按：味，當據 S.5957 作「和」。百和，即「百和之香」，也稱「百和香」，《御覽》卷 816 引《漢武帝內傳》：「燔百和香，燃九微燈，以待西王母。」

（98）伏惟我府主令公天資鳳骨，地傑龍胎；廣含江海之能，氣應風
　　　雲之量（P.3765V）

按：應，P.3085 作「齊」。

（99）故得名傳日下，譽播八宏（P.3765V）

按：日下，指京都。宏，讀爲紘。八紘，極遠之地。《淮南子・墜形篇》：「九州之外，乃有八殥……八殥之外，而有八紘，亦方千里。」高誘注：「紘，維也。維落天地而爲之表，故曰紘也。」

（100）耕歌野老，咸康鼓腹之歡；牧燧樵人，共樂无爲之泰
　　　　（P.3765V）

按：腹，S.5589 作缺文，《願文集》第 588 頁《校記》云：「據筆跡推測似爲『唱』字，俟考。」未得。《莊子・馬蹄》：「夫赫胥氏之時，民居不知

所爲，行不知所之，含哺而熙，鼓腹而遊，民能以此矣。」燧，S.5589
作「豎」，是也。

（101）限（但）以死生路隔，縱使泣血而何階；鶴樹既彫（凋），須自
　　　頸而莫暮（慕）（P.3765V）

按：「限」字不煩改作。「須」與「縱」同義對舉，當讀爲雖。「使」字疑爲
　　衍文。校「暮」爲「慕」，是也。宋‧眞德秀《代男正追薦母青詞》：「母
　　子恩深，劬勞莫報。死生路隔，哀慕難窮。」即「莫慕」之誼。

（102）曡輒比其風猷，道俗芳其德望（P.3765V）

校記：曡輒，「曡」當爲「靈」字之誤書，「靈輒」即「靈哲」，聰明睿智
　　　之義。前《難月文》亦有「靈折之智郎然，悟解之心日進」。「靈折」亦當
　　　校爲「靈哲」（1-154）。

按：所校非是。此卷上文同句作「尼眾畏其風猷，道俗欽其德望」。「曡輒比
　　芳」四字當據校正。

II.《〈敦煌願文集〉校錄訂補（二）》訂補

（1）玄武守水，滅波火光（P.2624）

校記：波，疑當作「彼」，形近誤字，蓋涉上而類化也（2-217）。

按：波，疑當作「破」。

（2）悟泡幻之不堅，生知口眞門。以生前造善，全口口設筵崇齋口口
　　口口之益果口口口口誓願口（下殘）（P.2665）

校記：「處（知）眞門」三字與上文義不連貫，待校。此句與下文書寫潦
　　　草至極，難以辨認，故多用口標示（2-220）。

按：P.3575：「悟泡幻之不堅，知浮生之蹔有。所以生前造善，全收七倍之
　　功；沒後崇齋，惟霑一分之益。是以豎四弘之誓願，精五力以虔誠，
　　建此逆修，於今某七。」此卷可據以校訂。

（3）延鳳邑於千秋，保龍圖於萬代（P.2679）

按：邑，當以音近借爲扆。鳳扆，指畫有鳳凰裝飾的屏風，代指帝位〔註22〕。

────────────

〔註22〕‧參見蕭旭《〈破魔變〉校補》。

「龍圖」即「河圖」。

（4）伏願敷揚至（智）述（術），鎮遏玄門；色力堅於□□，惠（慧）命延於賢劫（P.2679）

按：敷，P.2807、P.3825、S.6417 同，S.4544 誤作「激」，《願文集》第 457 頁失校。至述，S.4544、P.3825 作「智述」，原校是也。S.6417 作「政述」，P.2807 作「政術」，當讀爲「正術」。所缺二字，據 P.3825、S.6417、S.4544 同句，當作「丘山」，P.2807 作「岳山」。延，P.2807、P.3825、S.4544 作「逾」，S.6417 作「俞」，借字。賢劫，P.2807、P.3825 同，S.4544 作「退劫」，S.6417 作「退卻（劫）」，並可。

（5）伏願軒裳日進，長築台廇（廟）；榮紫時遷，貴極人臣之重（P.2679）

按：P.2820：「伏願軒轝日進，同崇台苗（廟）之榮；朱紫時遷，貴極人臣之重。」此卷有缺文，當據 P.2820 補訂作「伏願軒裳日進，長築台廇（廟）〔之〕榮；〔朱〕紫時遷，貴極人臣之重」。

（6）靈文初載於西天，瑞典後脫于東夏（P.2761）

按：脫，原卷作「臨」字。

（7）遂得慈雲遐布，鏡（警）三界之迷徒；惠（慧）日高懸，潤四生之所類（P.2761）

按：所，原卷作「众」字。

（8）伏惟府主大王雲鵬志□，岸虔揚威（P.2761）

校記：岸虔揚威，此句難解，待考（2-223）。

按：缺字原卷作「遠」。「虔」當作「虎」，「岸虎」正與「雲鵬」對舉。P.3770：「時眾虎誠。」P.2642：「大眾虔誠。」P.2915：「厥今側足捧爐虎跪所申意者。」三例「虎」字又當作「虔」〔註23〕。

（9）懷濟物之奇謀，三邊寧泰；負安民之妙耕勣，四塞無虞（P.2761）

按：原卷無「耕」字。

〔註23〕三例皆轉錄自趙鑫曄《敦煌佛教願文研究》，南京師範大學 2009 年博士學位論文，第 206 頁。

（10）皆謞叔度之來遲，盡播賈口之至晚（P.2761）

按：上句典出《後漢書‧廉范傳》：「廉范，字叔度……遷蜀郡太守……舊制：禁民夜作，以防火災，而更相隱蔽，燒者日屬。范乃毀削先令，但嚴使儲水而已。百姓爲便，乃歌之日：『廉叔度，來何暮？不禁火，民安作。平生無襦，今五絝。』」〔註24〕下句缺字當爲「父」，賈父，指賈琮，典出《後漢書‧賈琮傳》：「……歲間蕩定，百姓以安，巷路爲之歌日：『賈父來晚，使我先反；今見清平，吏不敢飯。』」〔註25〕

（11）口之無晚（P.2761）

按：原卷無此四字。

（12）加以心居口塔，憑福善而永壹燃燈；注想口江，繼口勳而化臨玉塞（P.2761）

按：口塔，原卷作「𪓐塔」，當爲「雁塔」之草書。《釋氏要覽》卷 1：「雁塔：《西域記》云：『昔有比丘見群雁飛翔，戲言知時。忽有一雁投下自殞。眾日：此雁垂誡，宜旌厚德。於是瘞雁建塔。』」壹，原卷作「瑩」字。口江，原卷作「猴江」。《玄應音義》卷 14：「彌猴江：梵言。末迦吒，此云猴。賀邏馱，此云池。在毗舍離菴羅園側。昔彌猴共集爲佛穿池。今言江者，譯人義立耳。如言恒河，亦作恒江也。」又作「獼猴池」、「獼猴河」、「猴池」、「獼猴林」、「獼猴馆」等。明‧楊愼《升菴集》卷 77 引《王勃寺碑》：「高臺與雁塔俱平，曲岍與猴池共盡。」亦用「雁塔」、「猴池」二典。繼口勳，原卷作「建功勳」。

（13）故得口口遠銜，〔口〕賽（塞）宣恩（P.2761）

按：原卷作「賽表宣恩」。銜，疑當作「御」。「賽表」讀爲「塞表」，猶言塞外。二句言遠遠地來到塞外，宣示皇恩。

（14）歷萬里之波濤，穿千山之險灧（P.2761）

按：險，讀爲瀲。瀲灧，水波蕩漾貌。

〔註24〕《御覽》卷 260 引《後漢書》、《東觀漢記》卷 18「作」作「堵」。「作」讀臧路切，音措，參見宋‧王楙《野客叢書》卷 6，收入《叢書集成新編》第 12 冊，新文豐出版公司 1985 年版，第 115 頁。

〔註25〕《類聚》卷 50 引謝承《後漢書》、《御覽》卷 465 引司馬彪《續漢書》所載歌詞並同。

（15）屈於此境，每想玄門，勿悋卑場（P.2761）

校記：勿悋卑場，此句句意俟攷。（2-223）。

按：此卷下文有「勿悋卑微，即是恩甚」語，是「場」爲「微」字誤書。

（16）繼龍樹之芳猷，顯騰蘭之勝跡（P.2761）

按：勝，原卷作「盛」。

（17）慕善□（不）及，遠惡如探湯（P.2767V）

校記：□，原文於此殘缺一字，茲補作「不」。《論語・季氏》：「見善如不及，見不善如探湯。」（2-225）

按：原卷「慕善」下有「如」字，缺字補「不」是也。

（18）龍神□□，讚美空中；凡聖咨嗟，宣功冥路（P.2767V）

按：P.3172：「龍神助護，歎美空中；地□（藏）□（資）□，□功冥路。」正可互校。此卷缺字補「助護」。彼卷「地」下一字，《願文集》補「藏」，可參。另二字當補「咨嗟」，《願文集》補上字作「資」，非也。「功」上補「宣」字。

（19）惟某長居大夜，永固昏迷（P.2767V）

按：固，讀爲錮。

（20）火宅限以重關，險路失其□□（P.2767V）

按：P.2237：「火宅恨（限）以重關，嶮路矢（失）其明敬（徑）。」此卷缺文補「明徑」二字。

（21）□□□□□□，導善見之高蹤（P.2767V）

按：P.2237：「將願俱藥王知（之）先貴，道喜見諸（之）高蹤。」則此卷缺文補「俱藥王之先貴」六字。「善見」爲「喜見」之形誤。喜見菩薩爲藥王菩薩之前身。《正法華經》卷 9：「佛告宿王華菩薩：『欲知爾時眾生喜見菩薩大士，今藥王菩薩是。』」趙鑫曄曰：「俱，當即『俱』。『俱』當通『繼』。『貴』當通「軌」，二者音近。P.2767 上句雖殘缺，但是最後一字剩餘的偏旁是『車』，是『軌』的可能性較大。『軌』即高尚的道

德規範。『道』校作『遵』，是。」〔註26〕趙君讀貴爲軌，是也；但軌當訓軌道。但，讀爲徂、迌，行也。道、導，讀爲蹈。《後漢書‧逸民傳》：「蹈老氏之高蹤。」蹈，踐也、躡也。《漢書‧揚雄傳》：「躡三皇之高蹤。」《大唐大慈恩寺三藏法師傳》卷9：「踐月蓋之高蹤。」

（22）遂能翹至想於玄門，罄誠□□□□（P.2767V）

按：P.2237：「遂能憍智相于玄門，啓成佛于正道。」則此卷缺文補「佛于正道」四字。憍，讀爲翹。智相，讀爲「至想」。誠，讀爲成。罄，當作「啓」。《願文集》第537頁失校。

（23）□□（故於）新年啟正之日，初春上月之辰（P.2767V）

校記：□□，原文於此殘缺二字，茲據發願文之習用句式補作「故於」（2-223）。

按：缺文 P.2237 作「乃于」。

（24）爰施九仞之輪，當茲□□□□（P.2767V）

按：P.2237 作「員施久忍諸倫，當于寶塔之側」，則此卷缺文補「寶塔之側」四字。員，讀爲爰。久忍，讀爲「九仞」。諸，讀爲之。倫，讀爲輪。《願文集》第537頁校「員」爲「遠」，「當」爲「黨」，並失之。

（25）梁構嵯峨，與星漢相連；桂棟橫開，□□□□□（P.2767V）

按：P.2237 作「期登乃每良惠狗，〔□〕娥以西漢相連；圭凍橫開，〔□〕律共煙假竟遠」。趙鑫曄校作「其燈乃梅梁惠構，〔嵯〕峨與星漢相連；桂棟橫開，〔□〕律共煙霞競遠」。則此卷缺文補「共煙霞競遠」五字。原卷尚存「共」字上部。

（26）□燈吐其朱焰，麗日而爭明；龍燭曜其丹輝，滿□□□□（P.2767V）

按：P.2237 作「冥明燈土其誅焰，禮日爭明；龍燭了其周暉，更義金剛」，則此卷「燈」上缺文補「冥」字，末四字除與「而」相對的字補「而」

〔註26〕趙鑫曄《敦煌佛教願文研究》，南京師範大學2009年博士學位論文，第215頁。下引趙君説未列出處者皆見此文。

或「以」外，其餘三字未詳。土，讀爲吐。誅，讀爲朱。禮，讀爲麗。了，讀爲燎，與「曜」同義。周，當作「丹」，形之誤也。《願文集》第537頁校「土」爲「吐」，「義」爲「儀」，是也；而校「誅」爲「珠」，則失之。

（27）口口口口，上通有頂之天；虛裏昤曨（玲瓏），下照阿鼻之獄（P.2767V）

按：P.2237作「空鐘（中）丸蘭，上通有頂知（之）天；虛慮令籠，下昭（照）阿毗地獄」。則此卷缺文補「空中丸蘭」四字。《願文集》第537頁「丸」錄作「九」，「令」校作「金」，並誤。趙鑫曄曰：「丸蘭，通『煥爛』。『煥爛』即光明燦爛義。P.3672《燃燈文擬》：『夜現神燈，層層煥爛而星集。』與本段義同。『慮』通『裏』，『虛裏』與『空中』同義。『令籠』、『昤曨』，通『玲瓏』，明徹貌。」趙說是也，P.2547《齋琬文》：「（上殘）其丹暉，與滿月而齊朗；空中煥爛（下殘）」，正有「空中煥爛」之語〔註27〕。「丸蘭」、「芄蘭」、「汍瀾」、「汍蘭」、「萑蘭」、「煥爛」並同源，中心詞義爲「四散」、「分散」〔註28〕。

（28）比見土龍矯首，玄寺無微；呪人轉立，往時口口（P.2767V）

按：此爲祈雨願文，典出《文選・與廣川長岑喻書》：「頃者災旱，日更增甚……土龍矯首於玄寺，泥人鶴立於闕里。修之歷旬，靜無徵效。」李善註：「《淮南子》曰：『聖人用物，若用朱絲約芻狗，若爲土龍以求雨。芻狗待之以求福，土龍待之而得食。』高誘曰：『土龍致雨，雨而成穀，故待土龍之神而得穀食。』玄寺，道場也。《風俗通》曰：『尚書御史所止皆曰寺。』故後代道場及祠宇皆取其稱焉。《淮南子》曰：『西施、毛嬙，猶俱醜也。』高誘曰：『俱醜，請雨土人也。』」呂延濟注：「土龍、泥人，竝祈雨之物也。矯，舉也。玄寺，謂祈雨祈鬼神之事故。玄寺，寺司也。鶴立者，言如鶴之望也。」此卷「微」當作「徵」，「呪人轉立」當作「泥人鶴立」，並字之誤也。原卷「呪」、「轉」二字不可辨識。「泥人」即「土人」，《後漢書・禮儀志》：「其

〔註27〕此條材料爲趙鑫曄博士檢示，謹致謝忱。
〔註28〕參見蕭旭《「煥爛」考》。

旱也,公卿官長以次行雩禮求雨,閉諸陽,衣皂,興土龍,立土人,舞僮二份,七日一變,如故事。」「往時□□」待校。原卷「往時」二字不可辨識。

(29) □□□□,自我西郊 (P.2767V)

按:此爲祈雨願文,典出《易‧小畜》:「密雲不雨,自我西郊。」則此卷缺文補「密雲不雨」四字。

(30) □音遠震,梵響遐傳 (P.2767V)

按:缺字疑補「雷」。P.2058:「動大地以驚群迷,震雷音而該(駭)群品。」也可補「德」字或「法」字。

(31) 慧雲玉葉,靉靆□□□;□□醴泉,霶霈于厚地 (P.2767V)

按:S.5957:「圓音覆圓,蓋于高天;方等振方,興於厚地。」據對文,上所缺三字疑補作「于高天」。「醴泉」上所缺二字待校。《爾雅》:「甘雨時降,萬物以嘉,謂之醴泉。」

(32) 草木霑潤,浹野抽□;菽麥承滋,弥川合穎 (P.2767V)

按:缺字疑補「芽」。「抽芽」與「合穎」對舉成義。

(33) 竊以法蓋遙臨,乘帝雲而演慶;慈舟廣運,浮聖海而通祥 (P.2767V)

按:乘帝雲,P.2940 作「承帝業」。乘,讀爲承。雲,當作「業」。

(34) 藻七淨於珠旒,果崇珠帳;發三明於金鏡,道暢金輪 (P.2767V)

按:藻,P.2940 同,《願文集》第 69 頁校作「澡」,是也。旒,P.2940 作「琉」。崇,P.2940 作「隆」,義同。下文「寶運遐崇」,P.2940 亦作「隆」字。

(35) 故使萬國之歡心能匡,得一〔□〕之淳化崇宗。所以岳鎮景祚,所以天長〔地久〕(P.2767V)

校記:□,根據上句句式,此處當脫一字。地久,原文當於此脫二字,茲補作「地久」。(2-225)。

按：二處都無脫字。P.2940 作「遐開不二之門，潛匡得一之化。崇基所以岳鎮，景祚所以天長」。文雖稍異，可以助校。此處斷句誤，當點作「故使萬國之歡心，能匡得一之淳化；崇宗所以岳鎮，景祚所以天長」。得一，猶言得道。《老子》第 39 章：「昔之得一者：天得一以清，地得一以寧，神得一以靈，谷得一以盈，萬物得一以生，侯王得一以爲天下貞。」P.2331：「惟願壽山嶽鎮，福樹松貞。」S.4511：「符五百之休征，膺千年之景祚。」

（36）垂仁被物，遐通有頂之區；積慧澄襟，普照无邊之域（P.2767V）

按：慧，讀爲惠，P.2940 正作「惠」。

（37）期逾劫石之期，祚逸恒沙之祚（P.2767V）

按：P.2940 作「基餘劫石之基，祚迭恒沙之祚」。基，讀爲期。餘，讀爲逾。逸、迭，並讀爲軼。《說文》：「軼，車相出也。」引申訓超過。《願文集》第 69 頁並失校。

（38）丹墀表慶，紫極延祥（P.2767V）

按：表，P.2940 作「叶」。

（39）就日騰暉，與星虹而等耀；望雲流彩，共樞電而同鮮（P.2767V）

按：望，P.2940 作「皇」。就，P.2940 同，《願文集》第 69 頁校作「鷺」，誤。「皇」當作「望」，與「就」對舉，皆爲介詞，猶言向。S.2832：「向日月而爲心，望星辰而作路。」望亦向也。「鷺日」不詞。Φ342V：「粵若恒星掩曜，震旦溢毫相之光；就日凝晖，干元登首出之象。」趙鑫曄亦校爲「鷺日」，未確。

（40）卒土懷尘，口口口口（P.2767V）

按：卒，原卷作「率」。P.2940 作「率土懷生，咸思薦壽」，缺字可據補。「尘」當作「生」，形之誤也。《大唐大慈恩寺三藏法師傳》卷 9：「天枝廣茂，瓊葉增敷，率土懷生，莫不慶賴。」後蜀·杜光庭《胡常侍修黃籙齋詞》：「普天含識，率土懷生，俱承道德之緣，永樂雍熙之化。」

（41）樂之以星歌妙曲，奠之以香乳瓊漿（P.2807）

按：星，讀爲清。上圖 028《歡喜國王緣》：「若論舞勝當如品，縱合清歌每

動頻。」宋‧史浩《南浦》：「對茲美景，清歌妙曲，千鍾芳酒。」

（42）今者孌（集）道俗二眾，其（祈）禱四王（P.2807）

按：孌，原卷作「𦝼」，讀爲孌。《釋名》：「孌，孿也。」《玉篇》：「孿，孿綴也。」猶言聯屬、集合。字或作攣，《集韻》：「攣，聚也，擇也。」黃生曰：「《冥通記》：『於時子良攣屐橫在牀前。』攣，洛官切，聚也，擇也。此似是脫屐之意，用攣字不知何義，恐是二屐交搭，故爲聚意也。」〔註29〕今吳語猶謂攏聚爲攣。趙鑫曄謂「𦝼」即「率」，茲所不取。

（43）冀靈神而降臨，庶成持（城池）〔以〕保艾（乂）（P.2807）

按：「艾」字不煩改作。《詩‧南山有臺》：「樂只君子，保艾爾後。」《傳》：「艾，養。保，安也。」《釋文》：「艾，五蓋反，養也。」並本《爾雅》。

（44）不思力也，大矣哉（P.2807）

按：據願文慣用語，「不思」下脫「議」字。

（45）車騎雷動，士女星羅；崩騰一川之中，含（合）踏四野之外（P.2807）

按：校爲「合」是也。合，讀爲匼，周匝也。

（46）是〔以〕推歲時而展慶、挨茲辰以崇善者（P.2807）

按：推，原卷作「催」。

（47）景之美矣，時漸芳焉；風走水（冰）銷，光臨照氣（P.2807）

校記：照氣，義未明，俟攷（2-232）。

按：照氣，疑同「照記」、「照期」，《淮南子‧齊俗篇》：「天地之所覆載，日月之所照記。」《淮南子‧繆稱篇》：「感乎心，明乎智，發而成形，精之至也，可以形勢接，而不可以照記。」《文子‧精誠》作「照期」。字或作「昭記」，《淮南子‧繆稱篇》：「目之精者，可以消澤而不可以昭記。」字或作「照記」，《鹽鐵論‧相刺》：「天設三光以照記，天子立公卿以明治。」朱起鳳曰：「『昭記』即『昭告』之義。照與昭古通，期、記一聲之轉。記乃記之省。」〔註30〕王利器曰：「『照記』與『昭

〔註29〕黃生《義府》卷下，《字詁義府合按》，中華書局 1954 年版，第 254 頁。
〔註30〕朱起鳳《辭通》，上海古籍出版社 1982 年版，第 1722 頁。

記』、『照記』同，也就是『昭告』的意思。」〔註31〕光臨照記，言三光昭告萬物也。

（48）先奉口益梵釋四王、龍天八部（P.2807）

按：缺字補「資」。P.2915：「先將資益釋梵四王、龍天八部。」

（49）鬥諍修羅，征旗永㪿（斷）；散枝大將，護國護人（P.2807）

按：「㪿」爲「料」俗字，此當爲「折」形誤。S.4537 作「旌旗永折」。枝，S.4537 作「諸」，P.2915 作「支」。「諸」爲音轉字，唐代西北方言中 i 與 u 常相通假〔註32〕。《願文集》第 478 頁失校。「散枝」即「散支」，亦作「散脂」，北方毗沙門天王八大將之一。

（50）亡過眷屬，頂拜彌陀；合道場人，恆聞正法（P.2807）

按：頂，P.2915 同，S.4537 誤作「俱」。P.3084、北圖 8672：「惟願金沙池畔，頂拜彌陀；龍花會中，瞻禮慈氏。」《願文集》第 478 頁失校。

（51）如斯不完具者，願乘法力，因緣悉得，諸相具足（P.2807）

按：完，S.4537、P.2915 誤作「寬」。乘，S.4537 作「承」，借字；P.2915 誤作「永」。《願文集》第 478 頁並失校。

（52）官補恩波，人知樂業（P.2807）

按：波，原卷作「被」，P.2915 作「彼」，S.4537 作「穴口居口」，《願文集》第 478 頁校作「官補恩波」，《校記》云：「原文此句殘缺二字，茲據北圖三五二：八四一六（騰字二十九）卷《佛說諸經雜喻因由記》中的『官補恩被（波），人知禮節』句改。」其實「彼」當校爲「被」，被及、被覆也。樂業，S.4537 作「樂節」，並當據 P.2915、北圖本作「禮節」。

（53）懷仁自納其嘉祥，副聖猶（獨）標其口弘（P.2807）

按：缺字原卷左邊殘存二點，右邊上部似「大」，下部殘損不可辨，疑爲「淹」字。梁・任昉《武帝追封衡陽王桂陽王詔》：「亡弟暢風標秀，

〔註31〕王利器《鹽鐵論校注》，中華書局 1992 年版，第 268 頁。
〔註32〕參見蕭旭《「首鼠兩端」解詁》。

特器體淹弘。」

（54）代天理物，助聖安人（P.2807）

按：P.2915 作「左（佐）天理物，事聖安人」，S.6417 作「左（佐）天利物，助聖安邊」，P.2058 作「佐天利物，助圣安人」，Дx11076 作「左（佐）天利物，助圣口口」，作「代」、作「佐」並通。典出《孟子・公孫丑上》：「要欲爲天理物，冀得行道而已矣。」利，讀爲理，《願文集》第 455 頁失校。

（55）國夫人願仙顏轉茂，桃李馳芳；播東眼於邦家，光母儀於王室（P.2807）

校記：東眼，義未明，俟攷（2-232）。

按：東眼，P.2915 同句作「煥眼」，《校記》：「煥眼，P.2807 作『東眼』，未詳，俟考。」（3-84）母，原卷作「女」。據 P.3765：「播柔服於邦家，匡母儀於王室。」則「東眼」爲「柔服」之形誤，「煥眼」爲「㦷服」之形誤。S.2832：「三眼持身。」《願文集》第 107 頁《校記》云：「眼，當爲『服』之形近訛字。」P.2820：「蘋蘩薦而香積雲開，青眼（服）集而貝多花秀。」又「香凝禪眼（服），梵遶鴻梁。」「眼」亦「服」之誤。㦷，字亦作愞、奭、㜻。《玉篇》：「㦷，弱也。」《廣韻》：「㦷，㦷弱也。愞，上同。」與「柔」義同。Ф263＋Ф326：「次則伏惟天公主夫人間生異德，弘婦道于宮門；夙蘊工頻，播母儀於王室。」〔註33〕「柔服」即婦道之一也。

（56）願捧（俸）祿彌厚，寵口逾深（P.2807）

按：缺字原卷上部「宀」清晰可辨，下部有殘損，疑補「富」字，北圖 8672：「伏願天祿彌厚，富寵日新。」

（57）勤王之智轉明，幹濟之輪（論）益遠（P.2807）

按：下句 S.4544 作「幹箭之端益遠」，P.3825 作「幹濟之端益遠」，Дx01028＋Дx02751 作「幹濟之端蓋永」。「蓋」爲「益」形誤。「轉」、「益」同義對舉，猶逾也、更也〔註34〕。「幹箭」當作「幹濟」，《願文集》第

〔註33〕「工頻」二字當有訛誤，待考。
〔註34〕參見徐仁甫《廣釋詞》，四川人民出版社 1981 年版，第 308～309 頁。蕭旭《古

457 頁失校。唐·崔致遠《徐苺充榷酒務須知》：「前件官發跡戎行，研心吏道，忠勤所至，幹濟可觀。」唐·白居易《與盧恒卿詔》：「以卿有忠勞之前効，幹濟之長才，常簡朕心，宜授此職。」「輪」字原卷模糊不可辨，似爲「義」字，上部「惘」依稀可辨，而下部有殘損，別卷同文則作「端」字。

（58）教授闍梨等伏願駕三□□□□物，嚴六度以莊懷（P.2807）

按：缺文可據 S.6417 同句補「車而利」三字，亦可據 P.2915 同句補「車而誘」三字。Дx01028+Дx02751：「駕三車如有物，嚴六度已（以）莊懷。」「如」讀爲「而」，「有」爲「誘」音誤。三車，佛教以羊車喻聲聞乘（小乘），以鹿車喻緣覺乘（中乘），以牛車喻菩薩乘（大乘），故三車喻三乘。

（59）使法門無衰變之音，釋眾保康灾（哉）之樂（P.2807）

按：音，當據 S.6417、Дx01028+Дx02751 同句校作「憂」，形之誤也。「憂」與「樂」字對舉成義。P.2058：「使千秋無衰變之憂，萬歲罷戰爭之業。」P.3825、P.3224、S.4544、S.6417：「四方無衰變之憂，郡牧有康寧之慶。」P.4079：「四方無襄（衰）變之憂，□□有康寧之慶。」並可助校。P.2915 同句作「優」，則爲「憂」之借字。

（60）播愛道之清風，扇《蓮花》之准則（P.2807）

按：准，原卷作「雅」。P.2915 同句亦作「雅」字。

（61）闍梨傾（頃）□帝鄉，以播稱揚之美；後遊沙府，更爲唱道（導）之師（P.2807）

按：「傾」字不當改作。缺字原卷作「心」。

（62）惟願辰（晨）遊鹿苑，被（披）覺藥以尋真；夕歇花臺，染戒香而奉聖（P.2807）

按：被，原卷作「柀」。S.1164：「惟願神遊奈菀（苑），欽覺□以尋眞；夕息花台，染金香而奉聖。」《願文集》第 369 頁《校記》云：「□，原

書虛詞旁釋》有補證，廣陵書社 2007 年版，第 243 頁。

文此字殘缺，似可補作『路』、『花』、『苑』一類的字。」二本可互校。
缺字補「藥」。辰，讀爲神。「神遊奈苑，托質花台」爲願文常用語，
並非「晨」、「夕」對舉爲文。「夕息」、「神遊」對舉，「夕」疑當作「心」，
形之誤也。「欽」當作「披」，形之誤也。披，剖開。

(63) 金輪展轉，長〔遊〕歡喜之園，寶筏斯桴（浮），迴沉八功之水
　　（P.2807）

　　校記：原文當於此脫一字，茲補作「遊」(2-232)。

按：缺字補「遊」可，S.1164 同句作「馳」字。下句 S.1164 作「寶筏斯遊，
　　迴沉超功德〔之〕水」，《願文集》第 369 頁《校記》云：「原文於『超』
　　上寫有『沉』字，且無刪除符號，錄文據文義刪除。」「沉」字是，「超
　　功德之水」，則與佛法無緣矣。S.2832：「故得諸垢已盡，無復煩惱之痕；
　　虛淨法身，皆沾功德之水。」「沾」字義亦相會。

(64) 故都督索公願〔足〕步金蓮，神遊寶界（P.2807）
按：缺文補「高」字，「高步金蓮」爲願文常用語。

(65) 所在親族，咸報良緣（P.2807）
按：所在，猶言到處、處處〔註35〕，S.1164 作「所有」。報，S.1164 作缺文，
　　《願文集》第 369 頁《校記》云：「原文於此殘缺一字，茲補作『沐』
　　字。」據此卷則當補「報」字。

(66) 西頭天子，居寶位而延祥；東海大王，並乾坤之寵祿（P.2812）
按：海，原卷作「府」。

(67) 蓋聞藏山易遠，空驚造物之奇；逝水不停，幾積聖人之歎。雖有
　　形爲累，歲眷延促，〔□〕以增悲，而無久住；可期在生，滅而
　　俱謝（P.2815）

　　校記：□，原文當於此脫一字。又此數句難解，俟攷(2-234)。

按：《莊子・大宗師》：「夫藏舟於壑，藏山於澤，謂之固矣。然而夜半有

〔註35〕參見徐仁甫《廣釋詞》，四川人民出版社 1981 年版，第 496 頁。又參見《漢
　　　語大詞典》（縮印本），漢語大詞典出版社 1997 年版，第 4216 頁。

力者負之而走，昧者不知也。」言生死變化之不可逃遁也。缺文疑「徒」字，或「但」字。S.5957：「但以藏舟易遠，蟾影難留；風燭一朝，慈顏萬古。」亦用《莊》典。雖一則「藏山」，一則「藏舟」，其義則同。

（68）四海失生覆之恩，萬方絕來蘇之望（P.2815）

> 校記：「覆」下寫有一「燾」字，疑爲衍字，此處不錄（2-234）。

按：當衍「生」字。《晉書・苻堅載記下》：「臣蒙覆燾之恩。」《貞觀政要》卷 10：「覆燾之恩著矣，而瘡痍未復。」「來蘇」典出《書・仲虺之誥》：「徯予后，后來其蘇。」《傳》：「待我君來，其可蘇息。」

（69）惟某王等仰劬勞之厚德，繞慟（動）九天；思一匡之大恩，痛貫六府（P.2815）

按：府，讀爲腑。

（70）皎秋月之臨鏡川，麗春叢之映霞閣（P.2815）

按：皎，原卷從白作「皎」。映，原卷從目作「暎」，爲「映」之誤。

（71）烈（列）香積於招提，津良（梁）於梵刹（P.2820）

> 校記：此句乙文同，疑於「津梁」上脫一字，似可補作「架」（2-247）。

按：補「建」字，P.2832：「公等建當來之津梁，立現世之舩栿。」

（72）公私不慌，瘴累不侵（P.2820）

> 校記：慌，此字乙文寫作「慌」，俟攷（2-246）。

按：「慌」疑即「儻」，《說文》：「儻，惛也。」《玉篇》：「儻，迷惛也。」瘴，原卷作「廗」，同「障」。《玉篇》：「廗，蔽也，亦作障。」《大般涅槃經集解》卷 1：「障累既盡，萬行歸眞。」S.5639：「伏願壽深江漢，福聳丘山；障累不橈於祥門，福慶大集于高戶。」〔註36〕

（73）遂尊卑人美，門蘭肅清（P.2820）

按：蘭，讀爲欄，字或作闌。

〔註36〕 《願文集》第 212 頁「橈」誤錄作「撓」。

（74）伏以一真堅固，永無變異之端；四大坏浮，終有疲羸之撓（P.2820）

按：坏，原卷作「坏」。《玉篇》：「坏，《說文》云：『一曰瓦未燒。』又作坯。」「坏」爲古字。

（75）法雨降時，頜葉重藪（敷）於紅藥（P.2820）

按：不煩改字。《廣韻》：「藪，花葉布也。」本字作薄，《說文》：「薄，華葉布。」《玉篇》：「薄，花葉布。」《集韻》：「薄，艸木莖葉舒布皃。」《類篇》：「藪、薄，華之通名，鋪爲華皃謂之藪，干寶說。或作薄。」「藪」、「薄」爲花葉布之專字。

（76）於是財袖（抽）五分，供備六和；牛口〔口〕海眾之前，魚梵遶蟟梁之石（P.2820）

校記：口，原文此字字形作「𢆶」，待攷。又，據下句，此字下當脫一字。「海眾」義未明，俟攷（2-246）。

按：袖，原卷從示作「祂」。「𢆶」疑「𩠐」之缺訛〔註37〕，「𩠐」即「首」古字。S.388《正名要錄》：「右字形雖別，音義是同，古而典者居上，今而要者居下：𩠐、首」此句疑作「牛首焚海眾之前」，缺字補「焚」。牛首，即「牛頭」，指栴檀香。《大方廣佛華嚴經》卷67：「摩羅耶山出栴檀香，名曰牛頭。」也稱「牛香」，P.2820：「數聲鶴馨（磬）而淒清，一炷牛香而慘悵（淡）。」海眾，指僧眾。《釋氏要覽》卷下：「海眾：《增一經》云：『眾僧如彼大海，流河決水，以入乎海。便滅本名，但有大海之名。』」蟟梁之石，當作「欐梁之后」。

「后」用同「後」。《列子·湯問》：「昔韓娥東之齊，匱糧，過雍門，鬻歌假食，既去，而餘音繞梁欐，三日不絕。」《字彙》：「遶，同『繞』。」S.5957：「魚山梵靜，梁塵故飛；虹（紅）海香停，院煙猶馥。」亦以「魚山梵」與「紅海香」對舉。

（77）覺（見）烏奔兔走，悟石火以非堅；覩歲去年來，嗟電光而不久（P.2820）

按：不煩改字。烏奔兔走，指日月輪轉。

〔註37〕此苗昱博士說。

（78）更希風雨順時，山川簇翠；桑麻合敘，境色馨香（P.2820）

按：簇，原卷作「蔟」，聚也。

（79）是以去離塵戶，來就鹿園（P.2820）

按：下文「供獻祇園之德」，原卷「園」皆作「薗」字。

（80）今朝既竭於丹誠，諸佛寧辜懇志（P.2820）

按：原卷「寧辜」下有「於」字。

（81）本冀壽同仙鶴，慶比巢蓮。奈河（何）風樹不停，溫恭難侍（待）
（P.2820）

按：此卷下文：「伏願雄飛就日，高萬里之逞（程）途；金色巢蓮，得千年
之富貴。」「巢蓮」典出《史記・龜策傳》：「余至江南，觀其行事，問
其長老，云龜千歲乃游蓮葉之上，著百莖共一根……《傳》曰：『有神
龜在江南嘉林中……龜在其中，常巢於芳蓮之上。』」《唐開元占經》卷
120 引《春秋禮演圖》：「文命將興，龜穴蓮。」S.5639：「本望龜巢紅蕊，
鶴息時田。」亦用此典。「侍」字不當改作，言無機會溫恭以侍養父母
也。難，猶言不可〔註38〕。

（82）秋風而囗樹含霜，鯉庭香墜；夜月而蘭花泣露，岱岳魂飛
（P.2820）

校記：囗，此字原卷不甚清晰，待攷。（2-247）。

按：此字原卷爲「桂」字。《論語・季氏》：「（孔子）嘗獨立，鯉趨而過庭。」
後因以「鯉庭」謂子受父訓之典。

（83）莫不蓮牟涵滔（菡萏），蕎〔薝〕氛氳（P.2820）

校記：此處當脫一「蔔」字，「蕎蔔」即鬱金香，可以作做成供佛的香
（2-247）。

按：此卷下文「優鉢羅花（發）涵滔（澹）香，殘（殟）伽河注醍醐味。」
又「僧蕭（肅）穆而龍象玉象，花涵滔（澹）而青蓮白蓮。」三「涵滔」
當同，彼二文並校爲「涵澹」，是。「涵澹」亦作「涵淡」，水激蕩貌。

〔註38〕參見徐仁甫《廣釋詞》，四川人民出版社 1981 年版，第 253～254 頁。

此指香氣四溢貌。牟，讀爲茂。《集韻》「牟」、「茂」同音莫後切，又同音莫候切。

（84）本冀蘿蔓兔絲，附金帳（帳）而保貴。豈謂玄珪趙璧（璧），俄瞬息以生（升）霞（P.2820）

按：「生」讀如字。霞，讀爲瑕，玉病也。與「玄珪趙璧」相應。P.2044：「是知黃金被爍而不變，白玉縱點〔而〕飛霞（非瑕）。」霞亦讀爲瑕〔註39〕。此卷下文「命宮不作於休祥，楚礬（璧）暫生於瑕瑿（翳）」。生霞，即生瑕翳，喻指人生病。S.4474：「豈料白圭精而被點，美玉瑩而遭瑕。」明・孫承恩《古意》：「青蠅一朝集，白璧生瑕疵。恩情中斷絕，棄我忽若遺。」二例取譬正同。

（85）梁塵落而魚梵清，貝葉開而柳煙㜷（P.2820）

校記：㜷，疑通「毿」，孟浩然《高陽池》詩：「綠岸毿毿楊柳垂。」（2-247）

按：㜷，當作「黲」。《集韻》：「黲，暗色。《說文》：『淺青黑也。』」

（86）鴻休何大，妙墨難量（P.2820）

按：何，原卷作「可」。

（87）賢室娘子伏願抑蒼梧之〔口〕恨，保紫火之貞姿；巖松不段（斷）於歲寒，玉貌長敷於婉娩（P.2820）

校記：口，原文當於此脫一字，內容俟補。紫火，義未明，待攷（2-247）。

按：《禮記・檀弓上》：「舜葬於蒼梧之野，蓋三妃未之從也。」「蒼梧之恨」即用爲恨不能從夫於地下之典。唐・杜甫《湘夫人祠》：「蒼梧恨不盡，染淚在叢筠。」亦用此典。P.4642：「請眞容而稽顙，紫磨金姿；延彩像以虔恭，白豪玉色。」〔註40〕「紫火」即紫磨也。《御覽》卷811漢・孔融《聖人優劣論》：「金之優者，名曰紫磨，猶人之有聖也。」紫火之貞姿，喻堅貞之品質。

（88）明月空淌翠啼，風飄逝水芙蓉（P.2820）

校記：原卷「淌翠」二字被墨點汙，較難辨認。此句意思待攷（2-247）。

〔註39〕參見《願文集》第163頁。
〔註40〕《願文集》第124頁卷號誤作「S.4624」。

按：啼，原卷左邊偏旁殘缺，疑是「渧」字。「翠渧」同「翠滴」，指樹葉上的水珠。宋・潛說友《咸淳臨安志》卷26：「天目山……山有銘，勒石在龍池東，銘曰：『列嶽霞上，標峰霧裏，翠滴煙巒，名不可紀。』」

（89）遂使賢夫郎傷看粉糱（蝶），痛切扉（蘼）蕪（P.2820）

按：扉蕪，疑讀爲「肺腑」。P.4062：「嗟存亡道乖，痛切心腑。」是其比。趙鑫曄曰：「『扉蕪』不辭，『扉』當爲『蘼』字之誤，『蘼』通『蘪』。『蘪蕪』爲香草。此處實用李夫人夢授漢武帝蘅蕪香之典，因蘪蕪與蘅蕪同爲香草，故相混。晉・王嘉《拾遺記》卷5：『帝息於延涼室，臥夢李夫人授帝蘅蕪之香。帝驚起，而香氣猶著衣枕，歷月不歇。』故此可作悼妻之典。」謂「扉」爲「蘼」字之誤，或有可能；而謂「蘪蕪」與「蘅蕪」相混，余未之信。

（90）飾塵（陳）香花，福嚴生界（P.2820）

按：嚴，原卷作「巗」，爲「嚴」借字。

（91）雪而九流韞學，青雲獨步成身（P.2820）

校記：「雪而」二字當有誤，俟攷（2-248）。

按：疑當校爲「〔白〕雪而九流韞學，青雲〔而〕獨步成身」。白雪，喻其高潔。青雲，喻高位。韞，讀爲薀，字或作蘊。《說文》：「薀，積也。」

（92）豈謂魂歸岱岳，僧墜璆材（P.2820）

校記：僧，原文字形如此，疑爲「價」字之省。俟攷（2-248）。

按：「僧」即「價」，原卷「價」字最後二點墨極淡。S.0214《鷰子賦》：「若欲確論宅舍，請乞陪酬宅價。」「價」即「價」，則徑省二點。價墜璆材，猶言玉碎，隱指死亡。S.5639：「玉碎荊山，珠沉逝（浙）水。」[註41] S.2832：「奚謂珠沉漢蒲（浦），玉碎荊山。」

（93）由是〔口〕昧如流，齋七今晨（辰）（P.2820）

校記：原文此句當脫一字，內容俟補（2-248）。

按：疑「昧」下脫「明」字。S.5639：「陽升陰謝，昧去明來。齋局頻頻，

[註41] 「逝」爲「浙」之誤，「浙水」、「荊山」對舉。《願文集》第207頁失校。

俄臨厶七。」〔註42〕昧明，猶言日月。

（94）信士敬為亡男初七之辰，爰建蔬（疏）羞，擢乎生界（P.2820）

按：建，原卷作「薦」。

（95）莫不蓮浮紫紺，霧慘金爐（P.2820）

按：浮，讀為秏，《玉篇》：「秏，色斑。」《廣韻》：「秏，毛色班也。」《集韻》：「秏，馬毛雜斑謂之秏。」言蓮雜紫紅色也。慘，讀為鰺，《集韻》：「鰺，暗色。《說文》：『淺青黑也。』」

（96）伏願碧琉璃水，逍遙般若之源；色究竟天，解脫履菩提之路（P.2820）

校記：疑原文此句當脫一字，似可於「逍遙」下補作「遊」（2-248）。

按：上句無脫文，下句「履」字涉「脫」字而衍。

（97）九霄而霧（婺）宿流祥，紫符（府）而仙降瑞（P.2820）

按：原卷「仙」上有「群」字。

（98）本冀煙趙懷春，偶松羅於貴旋；奈河（何）風霜暗苦，碎桃李於花鈿（P.2820）

校記：煙趙，疑當即「燕趙」（2-248）。

按：校作「燕趙」於義無取，疑讀為「煙嬌」，猶言美麗。《宣和遺事》前集：「他有三千粉黛，八百煙嬌，肯慕一匹人？」旋，當作「族」，形之誤也。松羅，即「松蘿」，也稱「女蘿」，女蘿多附生於松樹，故以喻夫妻相處和睦融洽。

（99）初七既臨，須憑巨神速，莫不延五天之上士，滿月之能仁（P.2820）

按：原卷「神速」二字作「福」，「滿月」上有「礼」字。

（100）數聲鶴罄而淒清，一炷牛香而慘悷（淡）（P.2820）

按：「鶴罄」不辭，當作「鶴磬」，蓋鶴形磬石樂器。此卷下文「踈鶴磬於銀爐，吟貝多於玉坐（座）」，正作「鶴磬」。

〔註42〕S.6417 亦有「陽升陰謝，昧去明來」之語。

（101）先用資薰亡小娘子生界（P.2820）

按：原卷「亡」下有「過」字。

（102）淡泞而雲歸仙島，絅祥（廻翔）而鳳儛儒林（P.2820）

校記：絅祥，當讀爲「廻翔」（2-248）。

按：泞，原卷作「泞」，爲「泞」字形誤。「淡泞」亦作「淡竮」、「淡佇」、「澹泞」〔註43〕。

（103）伏願雄飛就（驚）日，高萬里之逞（程）途；金色巢蓮，得千年之富貴（P.2820）

按：「就」讀如字，猶言趨向。已詳上文。

（104）賢夫人伏願曹門女戒，流懿範於香幬；道韞〔口〕風，保歡娛於繐帳（P.2820）

校記：原文於「韞」下作空格，據內容當爲漏寫，似可補作「貞」（2-249）。

按：漢曹大家，即班昭，爲曹世叔妻，《後漢書·列女傳》載班昭「作《女誡》七篇」，《文心雕龍·詔策》云：「班姬《女戒》，足稱母師也。」故云「曹門女戒」。《晉書·列女傳》：「王凝之妻謝氏，字道韞……（道韞）乃簪髻素褥，坐於帳中。（劉）柳束脩整帶，造於別榻。道韞風韻高邁，敘致清雅，先及家事，慷慨流漣；徐酬問旨，詞理無滯。」則原卷當作「風韻」，而誤在「韞」字下作空格。

（105）郎君伏願鶃鴻羽翼，翔天上之煙霞；學海波蘭（瀾），振人間之聲價（P.2820）

校記：鶃，原文字形如此，疑爲「鶃」字之誤寫。鶃雛，指鴻雁飛行有序，比喻朝官班行。唐高適《途中酬李少府贈別之作》：「鶃鴻列霄漢，燕雀何翩翩。」（2-249）

按：P.2726：「伏願鱗（麟）鴻羽翼，〔口口〕天上之煙霞；學海波蘭（瀾），早震人間之聲駕（價）。」可互校。則「鶃」爲「麟」字誤書。彼文所缺第二字可據此卷補「翔」字。又據 P.2044：「早振金聲，風懷玉閨（潤）。」《願文集》第 151 頁校「風」爲「夙」，是也。則所缺第

〔註43〕 參見蕭旭《〈維摩詰經講經文（一）〉校補》。

一字可據補「夙」字。

（106）伏惟信士學海名儒，英賢問望（P.2820）

按：問，讀爲聞。《貞觀政要》卷 4：「有虧於聞望。」

（107）萬傾波蘭（瀾），永注无窮之福（P.2820）

按：傾，原卷作「頃」。

（108）伏願禍患袪於福河深淨，灾殃散於壽岳隆高；祿位崇遯，財
帛自至（P.2820）

校記：遯，此字未詳，疑爲「遙」字（2-249）。

按：據《龍龕手鑑》，「遯」爲「遷」古字。崇遷，猶言高升。S.4474：「爲
顏（唯願）祿位日遷，榮資轉貴。」〔註44〕

（109）伏願壽逾靈桂，色不老於歲寒；福等澄江，時至來於祥慶
（P.2820）

按：至，原卷作「自」。

（110）伏願福崇山岳，壽固松雲（筠）；佇接鴛（鵷）行，高昇雲路
（P.2820）

按：佇，原卷作「佇」，爲「佇」字之譌，見《字彙》。

（111）闃寂〔而〕雲墜煙日，凄涼而鶴予松林（P.2820）

校記：予，疑此當爲「戾」字之誤書，「唳」之借字（2-249）。

按：日，原卷作「月」。

（112）如其巨善，莫可宣揚（P.2820）

按：其，原卷作「斯」。

Ⅲ.《〈敦煌願文集〉校錄訂補（三）》訂補

（1）有口（心）內發，壇會外施（P.2915）

按：P.3575：「惠心內照，檀（壇）會外施」P.2857：「惠心內朗，財施外施。」

〔註44〕《願文集》第 180 頁「爲顏」校作「唯願」。

　　S.1523：「惠心內朗，壇會外施。」「有」當據校爲「惠」，「惠」讀爲「慧」。

（2）惟願三千壚（垢）累，口口（沐法）水以雲消；八萬塵勞，拂慈光口（而）永散（P.2915）

　按：「壚」當即「塵」俗字。「雲消」、「永散」對舉，「雲」當作「長」，形近而誤。S.343：「平生垢重，休（沐）法水以長消；宿昔塵勞，拂慈光如（而）永散。」P.2341：「平生垢重，沐法水以長消；宿昔塵勞，拂慈光而永散。」皆其確證。S.2832：「因茲受吉，吉則長安；籍此除凶，凶口（則）永散。」P.2385、S.5561、北圖 836：「六塵永散，八苦長消。」亦其比。

（3）俱延鶴問（紋）之休，共襲龍光之慶（P.2915）

　按：問，S.343 同，《願文集》第 11 頁校「問」爲「聞」，至確。鶴聞，典出《詩・鶴鳴》：「鶴鳴於九皋，聲聞於野。」又「鶴鳴於九皋，聲聞於天。」毛傳：「興也。皋，澤也。言身隱而名著也。」龍光，典出《詩・蓼蕭》：「既見君子，爲龍爲光。」毛傳：「龍，寵也。」鄭箋：「爲龍爲光，言天子恩澤光耀被及己也。」上句言名聲遠著，下句言蒙受恩寵。趙鑫曄校爲「鶴紋」，謂指朝服〔註45〕，未確。

（4）夫拔山超海者，口（莫）救生滅之源；吸口口（露餐）霞者，巨（詎）免輪迴之苦（P.2915）

　　校記：原文於此殘缺二字，茲補作「露餐」（3-79）。

　按：P.2665 同句作「噏日飡霞者」，P.2542 同句作「噏日口口口」。則缺字當補「日飡」。吸日，指吸日精也。「噏」同「吸」，見《廣韻》。Дx05686+Дx05870：「喰霞吸露。」則補「露餐」二字亦可。然以同文律之，自以補「日飡」二字爲長。超，跳也。

（5）始之口（知分）身化身之謂矣。無去無來，知真不動；則口（影）現於千容，垂口乃月浮輪萬口（P.2915）

　　校記：口，原文於此殘缺一字，茲據下「化身」之義補作「分」。口，原文於此殘缺一字，茲補作「影」。垂口乃月浮輪萬口，原文此句句義未明，疑有訛誤，俟攷。（3-79）。

─────────────

〔註45〕趙鑫曄《〈敦煌願文集〉校勘札記》，《敦煌學研究》2006 年第 1 期，第 157 頁。

按：P.2665：「豈之（知）報身化身之謂聖，無去無來之謂眞。不動影現于千
容，隨念月汙（浮）于百水。」此卷有脫文，斷句亦誤，當校作「始之
□（知報）身化身之謂矣（聖），無去無來知（之）〔謂〕眞。不動則□
（影）現於千容，垂□（隨念）乃月浮輪（於）萬□（水）」。上缺字當
補「報」。「矣」原卷不甚清，似即「聖」字。垂，讀爲隨。

（6）雅範魁紅，溫儒□則而復義（P.2915）

按：此句不可解，當有脫誤。「溫儒」亦作「溫濡」，猶言溫和柔潤。《管子・
幼官》：「藏溫儒。」一本作「濡」。尹知章注：「君子所藏者溫和濡緩。」
王念孫曰：「『儒』、『濡』皆『㐵』字之誤。凡隸書從奧之字多誤從需。」
〔註46〕章太炎曰：「『儒』之與『㐵』，古蓋同字而非誤寫。」〔註47〕其
餘文字俟攷。

（7）至孝等情深地咸（陷），意重天崩（P.2915）

按：校「咸」爲「陷」，甚是。S.4536：「至孝等自惟情同地陷，意重天關
（開）。」P.4062：「□□地陷，意重天崩。」正作「陷」字。上圖028
《歡喜國王緣》：「是日已至，命即隨陷，如少水魚。」此語出《法句
經》卷上：「是日已過，命則隨減，如少水魚，斯有何樂？」《出曜經》
卷2、3同。此從咸從臽相通之證。

（8）於是清第宅，□道場，建〔齋〕延（筵），陳清供（P.2915）

按：缺字原卷殘去下半部，但可辨是「嚴」字。

（9）經稱法藥，佛號醫王（P.2915）

校記：法藥，原文寫作「藥法」，「藥」字係小字旁補，此逕乙正（3-80）。

按：原卷句首有「夫」字。P.3699正作「法藥」。

（10）歸依者，業海澄清；隨喜者，□□（刀山）落忍（刃）（P.2915）

校記：原文於此殘缺二字，茲據發願文之習用語補作「刀山」（3-80）。

按：補「刀山」可，P.3699同句作「障山落刃」。

〔註46〕王念孫《讀書雜志》卷7，中國書店1985年版，第65頁。
〔註47〕章太炎《管子餘義》，收入《章太炎全集（6）》，上海人民出版社1986年版，
　　　第頁。

（11）然今施主未能去（起）居，口（食）慮施，敬無抽滅；爰憑用資昇（身）田（P.2915）

　　　　校記：滅，疑此當爲「減」字之形近誤書（3-80）。

　按：S.343：「伏枕累夕，未能起居。雖藥食屢施，竟無瘳咸（減）；表（爰）憑法力，用益身田。」口慮施，當據校作「藥食屢施」。敬，讀爲竟。「爰憑」下脫「法力」二字。

（12）鐵圍山內，賴〔此〕光明；黑闇城中，蒙恩光遠（P.2915）

　　　　校記：此句 P.2588 作「蒙斯光照」，於義較長（3-81）。

　按：S.6417 亦作「蒙斯光照」，P.3545 作「家（蒙）斯光照」。恩，當作「思」，形之誤也。「思」、「斯」同音借字。

（13）假使自在之王，未能保難惧（娛）之劫（P.2915）

　按：難，原卷作「歡」。

（14）則祝福更蒙，興衰相奄（掩）（P.2915）

　按：祝，原卷作「禍」。

（15）豈期業竟（境）難停，忽奄（掩）風燭（P.2915）

　按：期，原卷作「其」。

（16）焚寶香，陳清供（P.2915）

　按：陳，原卷作「塵」，借字。

（17）紅蓮化生（P.2915）

　按：蓮，原卷作「連」，借字。

（18）智惠（慧）運運如（而）生，煩惱粉粉而〔落〕（P.2915）

　按：「落」字乃據 S.343 而補，檢原卷作「陵」字，猶可辨識。陵，讀爲霝，《說文》：「霝，雨零也。」《廣韻》：「霝，雨零也。」字或作零，《廣雅》：「零，墮也。」《廣韻》：「零，落也。」雨曰霝零，艸木曰零落，其義一也。引申爲凡墜落之稱。

（19）法輪常轉，佛日晔（恒）暉（P.2915）

　　校記：晔，原文字形如此，正字俟考。茲據 P.2807、S.4537 同句改作「恒」
　　（3-84）。

　按：晔，讀爲揚。P.3503：「像（向）來稱羊十念功德。」「羊」亦讀爲揚。
　　此卷「晔」涉下「暉」字類化而增「日」旁。P.2631：「惠（慧）日揚
　　暉，蘭遮五眾。」正作「揚」字。

（20）官補恩彼（波），人知礼節（P.2915）

　按：彼，原卷作「被」。

（21）口口（泉石）先以貞其心，松篁然後方其受（壽）（P.2915）

　按：原卷有「泉石」二字，「泉」字上部略殘。

（22）寶馬金纓，兩邦尊典（P.2915）

　按：纓，原卷作「瀀」，爲「纓」借字。

（23）播煥眼於拜（邦）家，光母議（儀）於王室（P.2915）

　　校記：「煥眼」，P.2807 作「東眼」，未詳，俟攷（3-84）。

　按：煥眼，當作「倮服」，已詳上文。

（24）節度宮（官）榮進月芳，延五鼎之尊；峻洽時遷，坐萬鍾之福（P.2915）

　按：此卷有脫誤，據 P.3084、S.343、S.6417、S.5957、Φ263＋Φ326、北圖
　　8672 同句，當校作「節度宮（官）榮進月（日進），芳（方）延五鼎之
　　尊；峻洽時遷，坐〔列〕萬鍾之福」。

（25）都頭掘正理物，恒行天休；平等之謀遷時，增厚禊日益禱
　　（P.2915）

　　校記：原文此上二句句義未明，俟攷。「遷時」疑當乙爲「時遷」（3-84）。

　按：掘，疑讀爲譎，猶言權變。《舊唐書・王志愔傳》《應正論》：「而中士
　　聞道，若存若亡，交戰於譎正之門，懷疑乎語默之境。」唐・皎然《詠
　　史》：「《五噫》譎且正，可以見心曲。」譎正理物，言以且譎且正之術
　　治人也。天休，天賜福佑。《書・湯誥》：「凡我造邦，無以匪彝，無即

惛淫，各守爾典，以承天休。」「行天休」不辭，「行」疑爲「沐」字誤書。S.2832：「恒沐天休，永承唐寵。」明・倪謙《和王廷器》：「逸豫每能存惕屬，行藏隨處沐天休。」謀，原卷作「諆」。《玉篇》：「諆，謀也。」字亦作彗，《廣韻》：「彗，謀也。」禩，原卷作「祿」。下句「平等之謀遷」有脫文，俟攷。「時增厚祿，日益〔虔〕禱」爲句，「時增」、「日益」同義對舉，「禱」上疑脫「虔」字。

（26）常倖（辭）解脫之律，永壽（受）人、天之樂（P.2915）

　　　校記：倖，原文字形如此，正字俟攷。茲據下句「永受」之義改作「辭」（3-84）。

　按：P.2226：「高升解脫之律（津），永謝輪〔回〕之苦。」「高」當校爲「常」，二卷「律」並當作「津」。S.4474：「希憑解脫之津，用達功德之會。」《集沙門不應拜俗等事》卷 6：「凝襟解脫之津，陶思常名之境。」宋本「津」亦誤作「律」。「倖」當與「憑」、「升」等義相近，校作「辭」，則與原義適反。

（27）願今眾生未離苦者，願令離苦；未德（得）樂者，願令德（得）樂；未發心者，願早發心（P.2915）

　按：今，原卷作「令」。

（28）飛霜裹從，朝路（露）俄謝（P.2915）

　　　校記：裹，此字原形如此，俟攷（3-86）。

　按：此字Дx06036作「哀」。

（29）何期松門之念，恨花萼而何依；棠樹之悲，痛連支（枝）莫及（P.2915）

　按：原卷「莫及」上有「而」字。

（30）息人代超忽，光蔭炬（陰遽）遷（P.2915）

　按：息，讀爲惜。《三國志・王粲傳》魏文帝《與吳質書》：「美志不遂，良可痛息。」《文選・與吳質書》「息」作「惜」。人代，猶言人世。

（31）自遊魂不歸，奄從設花（P.2915）

　　　校記：設花，義未明，疑此當作「沒化」，即死亡之義。唐張九齡《故果

州長史李公碑銘並序》:「道非吾行,德無必貴,遂以沒化,豈命也夫?」
（3-86）

按:當作「沒化」,讀爲「物化」,已詳上文。

（32）某等相（想）汝平生之訓道,攀戀無追（P.2915）

校記:原文此句當脫一字,似可於「坊」上補作「寶」字,俟攷（3-86）。

按:攀,讀爲盼。P.3718:「優俙顧攀,邈影遺〔容〕。」又「愡俙顧盼,預
戀生前。」「顧攀」即「顧盼」。

（33）佛日之日,懸大像於錯衢;天中之天,道（導）群生於凈域（P.2915）

按:錯,原卷作「昏」。

（34）雍（擁）護疆場（P.2915）

按:場,原卷作「塲」。

（35）左右官寮,〔盡〕忠孝而清正（P.2915）

按:原卷有「盡」字,又「寮」作「僚」。

（36）洗神情於性府,抱〔口口〕於靈臺（P.2915）

校記:抱,疑此當作「拋」,則下脫字當補作「煩痾」。俟攷（3-89）。

按:P.2443V:「詵神性腑,抱精碎（粹）於靈臺。」二卷正可互校。缺字趙
鑫曄據Дх04706補作「精粹」,是也。

（37）詞峯獨引,智海流深（P.2915）

按:P.2443V:「詞鋒獨列,智海孤深。」二卷正可互校。「引」、「流」當校
作「列」、「孤」。

（38）湛想口口,凝神妙凈（P.2915）

按:P.2443V:「乃湛然眞容,凝神妙淨。」則缺字可補「眞容」。「想」當校
作「然」。上博3318:「夫眞容常湛,妙盡爲之表。」亦可助校。

（39）正受東正,三昧西興;生死一通,涅槃无二者也（P.2915）

按:P.2443V:「政受政念,三昧齋興;生死一如,涅盤無二。」二卷可互

校。疑當作「正受正念，三昧齊興」。「西」爲「齊」音誤，「東」又
涉「西」而誤，「齋」爲「齊」形誤。

（40）秉尸羅而行接蹤離，開篇𦧶而心同迦葉（P.2915）

校記：𦧶，原文字形如此，疑爲「聚」字之訛書，「篇聚」指五篇八聚。
原文於「心同」上衍「雄雄」二字（下一「雄」字爲重文號），此徑刪除
（3-89）。

按：趙鑫曄曰：「『𦧶』即『取』，在句中通『聚』。」所說是也。P.2443V：
「稟尸羅而凜凜，行接波離；開篇聚以雄心，等同迦葉。」Дx00169+
Дx00170+Дx02632V：「秉尸羅而稟稟（凜凜），行接波離；開篇聚以
雄雄，心同加（迦）葉。」三卷可互校。「蹤」爲「波」字誤書。此
卷「行」上脫「凜凜」二字，「雄雄」二字不當刪除。P.2443V「雄」
當作「雄雄」，「心」字下屬，「等」、「同」二字衍其一。稟，讀爲秉。
S.2832：「凜凜丈夫，雄雄大士。」亦「雄雄」、「凜凜」對舉。

（41）鵝珠未殞，浮囊不分者哉（P.2915）

按：「分」爲「虧」字之誤。《干祿字書》：「䖖、虧：上俗，下正。」「虧」
之俗字「䖖」缺其左半，因誤爲「分」字。殞，讀爲損。P.2443V：「鵝
珠未損，浮囊靡虧者哉！」Дx00169+Дx00170+Дx02632V：「鵝珠上
護，蟲命無傷；浮囊不虧，由（油）缽終期美福。」

（42）遂邀清（請）而降臨，觀緣起而來化（P.2915）

按：遂，原卷作「逐」，爲「遂」字形誤。

（43）現身六道，流念四生（P.2915）

按：S.4642：「現身六道，留念四生。」〔註48〕流，讀爲留。

（44）是（示）跡於苦處之中，作〔法〕門像；說法於閻羅王界，引菩
薩形（P.2915）

校記：原文當於此脫一字，茲補作「法」（3-89）。

按：S.4642：「示跡於苦趣之中，作沙門像；說法于閻羅王界，隱菩薩形。」

〔註48〕 《願文集》第124頁「身」誤錄作「生」，卷號誤作「S.4624」。

處，讀爲趣。引，讀爲隱。缺文補「沙」字。

（45）其幡……雲間遊颺，挂百於高幢；霧裏光扶，騰空之獨轉。
（P.2915）

校記：挂百，義未明，「百」疑當作「日」（3-89）。

按：此卷下文「其幡……遊絲颺於霞外，連翩散於雲天。」S.4536「連翩」
作「連翻」，一聲之轉也〔註49〕。百，疑讀爲帛。掛帛於高幢即掛幢。
Дx02355 殘句「高幢一掛」即此意，亦即「連翻散于雲天」也。扶，
讀爲浮。

IV.《〈敦煌願文集〉校錄訂補（四）》訂補

（1）若夫神妙無妨（方），非籌算之能測；至理凝邈，豈繩准之所知
（P.2072）

按：「所」、「能」同義對舉。《破邪論》卷1作「所知」，《唐護法沙門法琳別
傳》卷3作「可知」。

（2）施安品物，託寫迦維（P.2072）

校記：「託寫」難通，虞世南序中作「託像迦維」，「寫」或爲「像」之借
（4-53）。

按：P.2058亦作「寫」。寫，摹畫，謂圖畫其象。《國語‧越語下》：「王命工
以良金寫范蠡之狀，而朝禮之。」虞序作「像」，義同。

（3）淨五眼於三明，具六通於萬德（P.2072）

按：《唐護法沙門法琳別傳》卷3作「淨五眼朗三明，具六通圓萬德」。

（4）而（如）斯廣讚，誰之施焉（P.2072）

按：廣，P.2058、Дx11710同，當作「慶」，此卷下文「以斯圖上（像）功
德、慶讚福因」，正作「慶」字。

（5）文波子建之蹤，武亞蹄（啼）猿之妙（P.2072）

校記：波，原校校改爲「及」。據下句「武亞蹄（啼）猿之妙」，疑「波」

〔註49〕《願文集》第312頁校「連翻」爲「連幡」，誤。

爲「彼」字之形近誤寫，P.3545 及 P.3494 中「彼岸」之「彼」皆寫作「波」。「彼」又借爲「比」，而「蹤」又爲「縱」之借（4-53）。

按：波，P.2058 同。趙鑫曄曰：「波，當認作『彼』。上文『蔭波小根』，『波』亦當認作『彼』。『彼』通『比』，《廣韻》：『比，並也。』S.5639：『比南越之佳人，亞西施之美麗。』亦『比』、『亞』相對。」所校皆誤。「蹤」讀如字，並非「縱」字之借。波，讀爲播，傳揚也。P.3618《秋吟一本》：「口（文）口子建之能，武播田文之略。」

（6）姿含萬彩，疑湛質於鷄峯；影佩千光，似再臨於鷲領（嶺）（P.2072）

按：疑，P.3494、P.3819、S.1441 同，P.2058、P.2588、S.5638、S.6923 作「凝」。「疑」字是，與「似」同義對舉〔註50〕。

（7）遂使家中傳義，世世有荆樹之風；子孝孫〔慈〕，代代有傳衣之美（P.2072）

按：傳衣，P.2588、P.3494 同。P.2058V、P.3566：「邁姜氏之傳衣，逾卜生之讓宅。」趙鑫曄曰：「『姜氏傳衣』之典可能有誤，疑爲『共被』與『傳衣』二者之雜糅。『共被』用後漢姜肱典。《後漢書·姜肱傳》：『肱與二弟仲海、季江，俱以孝行著聞。其友愛天至，常共臥起。』李賢注引《謝承書》曰：『肱性篤孝，事繼母恪勤。母既年少，又嚴厲。肱感《凱風》之孝，兄弟同被而寢，不入房室，以慰母心。』『傳』當作『傅』，此二字形近易誤，『傅衣』用後漢范丹典。P.2524《語對·朋友》：『傅衣：陳留尹包子、范丹字史雲爲友，俱貧，出入共傅一衣。』此句的原創撰寫者誤將二典合爲一，後來的傳抄者和改編者便加以沿用流傳，故此典較爲費解。P.2524《貧賤》亦收有此典。」考 S.5639：「未申獻橘之誠，空攀傳衣之意。」亦用此典，則「傳衣」當非有誤。P.2058、P.3566 已指出事主爲姜氏，自用姜肱典。「傳衣」爲朋友之典，與「子孝孫慈」無涉。「荆樹」用田眞兄弟典，見《續齊諧記》。

（8）福湊无疆，沴（珍）財轉盛（P.2072）

按：疆，原卷作「彊」。《集韻》：「畺，《說文》：『界也。』或作疆、壃、壇、

〔註50〕參見徐仁甫《廣釋詞》，四川人民出版社 1981 年版，第 243～244 頁。

彊。」P.3494 作「橿」，則爲同音借字。

（9）竊以惠（慧）鏡揚輝，朗三明者志（智）炬（P.3545）

按：炬，原卷作「矩」，爲「炬」借字。

（10）其燈乃神燈破暗，寶燭除昏（P.3545）

按：燈，原卷作「登」，爲「燈」借字。

（11）伏願威光轉盛，福力弥增（P.3545）

按：盛，原卷作「勝」。

（12）俱沐芳因，咸登覺路（P.3545）

按：沐，原卷作「休」，爲「沐」誤字。

（13）廣開方便之門，靡顯律（津）梁之路（P.3545）

按：廣，P.3128 同，S.4976V 誤作「復」。靡顯，P.3128 同，S.4976V 殘缺。靡，讀爲彌。《玉篇》：「彌，大也。」《文選・游天台山賦》李善註引劉瓛《周易義》：「彌，廣也。」《類聚》卷 18 晉・張林《陳夫人碑》：「志厲冰玉，厥德靡顯。」亦其例。

（14）贊（體）策（榮）〔華〕之非實，攬（覽）人事之虛無（P.3545）

按：原卷「華」字不殘。

（15）開月殿，啟金感（函）（P.3545）

按：原卷「開月殿」前有「是日也」三字。

（16）惟願灾殃殄滅，是福咸臻（P.3545）

按：殄，S.4976V 作「弥」，當據此卷訂正。《願文集》第 644 頁失校。

（17）煩惱稠林，惠風飄而葉落（P.3545）

按：飄，原卷作「敦」。《玉篇》：「敦，擊也。」此指吹擊。

（18）故能廣布慈雲，普冷（洽）無邊之潤；怒聞慧〔日〕，咸輝有識之緣（P.3545）

校記：怒聞慧日，此句費解，待考（4-59）。

按：冷，原卷作「泠」。咸，原卷作「葴」。《集韻》「葴」、「咸」並音胡讒切，此卷同音借用。下句 P.2341 作「遐開慧日，咸輝有識之流」。則「聞」為「開」之誤書。P.3494 正作「怒開」。又考 P.2341：「開慧日以輝昏衢，布茲（慈）雲而清火宅。」〔註 51〕S.3929：「門開慧日，窗谿慈雲。」尤足證明此卷「聞」為「開」字形誤。「開慧日」為藏經常用語。《廣雅》：「怒，多也。」猶言盛也。

（19）方頭（顯）王中之王，為四生父母，像〔身〕建六趣之律（津）梁（P.3545）

　　校記：像身，即佛像也（4-59）。

按：P.2341 作「无（天）中之天，為四生之父母；像外之像，建六趣之津梁」〔註 52〕。則「像」下當補「外之像」三字。P.3494 作「方顯王中之王，為四生父母，像身建六趣之津梁」，「身」字誤，不當據校。

（20）見火宅之相煎，早求解脫；諸仏乘之可託，預建津梁（P.3545）

按：諸，讀為知，P.3494 正作「知」字。P.3494「津梁」上衍「齋延」二字。

（21）希惠日以軋心，仰慈雲而結懇（P.3545）

按：惠，讀為慧。

（22）故得如來援手，菩薩加威（P.3545）

按：援，當從 P.3494 作「授」字。《大寶積經》卷 54：「唯願今者放光如來授手安慰。」據《佛光大詞典》，「授手」即佛伸手引導眾生入淨土之意。

（23）內外親姻，咸蒙吉慶（P.3545）

按：姻，原卷作「因」，借字。

（24）蠢動會（含）靈，但登覺路（P.3545）

按：但，當作「俱」，字之誤也。P.3494 作「俱發覺路」。北圖 8672：「然後塵沙蠢動，俱登覺路之因。」P.2255：「凡厥含情，俱〔登〕覺道。」

〔註51〕 「茲」為「慈」省借，《願文集》第 730 頁失校。
〔註52〕 《願文集》第 727 頁校「无」為「天」。

S.2146：「一切含靈，俱登覺道。」Дx00981＋Дx01311＋Д
x05741＋Дx05808V：「賴此勝姻（因），俱登覺路。」Дx01260：「有識有心，俱
登覺□。」Дx02681＋Дx12519＋Дx12521：「莫不並出纏□，俱登覺
道。」〔註53〕並是其證。「咸登覺道」、「咸登覺路」、「齊登覺道」、「同
登覺道」爲願文常用語，義同。

（25）威光之所救燭，利見難量者焉（P.3545）

按：救燭，S.5637 同。「救燭」不辭，「救」爲「照」字之誤。「照燭」爲藏
經常用語。見，S.5637 誤作「具」，《願文集》第 242 頁失校。「利見」
爲願文常用語。

（26）今已云亡（P.3545）

按：云，S.5637 誤作「之」，《願文集》第 242 頁失校。

（27）〔哀〕懇談（愍該）於貴踐（P.3545）

按：踐，原卷作「賤」；S.5637 作「錢」，爲「賤」借字。

（28）從骨起而成峯，長肋蜜（密）其如辮（P.3545）

校記：從，其義待考。辮，待考（4-60）。

按：從，《願文集》第 242 頁所錄 S.5637 作「但」，並誤。S.5637 原卷作
「促」，即「促」字，短也。《玉海》卷 149《唐骨利幹十驥》正作「促」
字。辮，《玉海》卷 149 作「辮」，《唐會要》卷 72 作「瓣」。「辮」字
是，謂其肋骨密似髮辮。《初學記》卷 29「促身」條注引甯戚《相牛
經》：「身欲得促，形欲得如卷。」〔註54〕蓋古代相牛、相馬之法亦相
類似，皆以「促身」、「促骨」爲佳〔註55〕。

〔註53〕 此殘卷之綴合，參見趙鑫曄《俄藏敦煌文獻綴合四則》，《文獻》2008 年第 3
期；又參見趙鑫曄《敦煌佛教願文研究》，南京師範大學 2009 年博士學位論
文，第 106 頁。

〔註54〕《古今事文類聚》後集卷 39 引《相牛經》、《齊民要術》卷 6 同。

〔註55〕 余詳考於《敦煌願文集校補》，趙鑫曄曾引述過拙説。趙鑫曄《敦煌佛教願文
研究》，南京師範大學 2009 年博士學位論文，第 168〜169 頁。趙鑫曄《敦煌
願文校勘總論》，《藝術百家》2009 年第 6 期，第 223 頁。

（29）其牛乃刑（形）色姝絕，力用超倫；驚舟轂以霄奔，控梅軒而風躍。轥危金（塗）而往覆（復），馭操轍以途安；入谷〔有〕據坂之功，登山足降峯之力（P.3545）

> 校記：金，據上篇《馬》「三塗」作「三金」，可知此卷寫手有將「塗」寫成「金」之習慣。操轍，義不詳，待考（4-61）。

按：姝，原卷作「妺」，S.5637 作「姝」，《願文集》第 243 頁校作「殊」，是也。驚，S.5637 同，當據 P.4062 校作「駕」，形之誤也。《願文集》第 243 頁校作「擎」，誤。舟，P.4062、S.5637 作「丹」，是。霄，S.5637 作「雷」。轥，P.4062 同，S.5637 作「躙」。《廣韻》：「轥，轥轢，車踐。」引申訓經過、超越。字或作轔、躙、躪。操轍，S.5637 作「澡轍」。「澡」當作「深」，形之誤也。陶淵明《讀山海經詩》：「窮巷隔深轍，頗回故人車。」途，S.5637 同，當據 P.4062 校作「逾」，形之誤也。《願文集》第 243 頁校作「圖」，誤。

（30）馳輪居百乘之前，在牧為萬群之首（P.3545）

按：輪，S.5637 誤作「輇」，《願文集》第 243 頁失校。

（31）履水成江，沾泥成雨（P.3545）

按：上「成」字原卷作「為」。泥，S.5637 誤作「涇」，《願文集》第 243 頁失校。「履」疑當作「飲」，「飲水為江」典出《御覽》卷 900 引常璩《華陽國志》：「牛飲江者，昔程鄭於此飲牛，江為之竭，因以名。」〔註56〕「沾泥成雨」典出《類聚》卷 8 引顧微《廣州記》：「鬱林郡北有大山，其高隱天，上有池，有石牛在池下，民常祀之，歲旱，百姓殺牛祈雨，以牛血和泥，厚泥石牛背，祠畢，天雨洪注；洗石牛背泥盡而後晴。」〔註57〕《事類賦注》卷 22「塗泥求雨」條引《廣州記》：「州有石牛，每旱，殺牛，以血和泥，泥石牛背，既畢，即雨，泥盡方止。」

（32）田單之下，長無熱尾之勞；何敬家中，永絕爭橋之用（P.3545）

按：二句用牛之典。橋，原卷作「搞」，S.5637 作「橋」。疑此卷是。搞，讀為楅，《玉篇》：「楅，持牛，不令紙觸人也。」《說文》：『以木有所逼束也。』」

〔註56〕《太平寰宇記》卷 72 引李膺《益州記》略同。
〔註57〕《御覽》卷 11、74 所引略同，又卷 900 引裴氏《廣州記》亦略同。

上句用田單火車陣之典，見《史記·田單列傳》。下句出典待考。

（33）故農功難畢，肇牽之路闕如；物化已朝（彰），何（河）漢之涯
沉影（P.3545）

按：原卷「故」下有「以」字。

（34）用巡圖院，落草動而先驚（P.3545）

按：院，原卷作「阬」，當即「院」之俗字。

（35）傾（頃）以大遊釣氣，時多障勵（癘）之災；廣運妖氣，便興疾
疫之害（P.3545）

校記：大遊釣氣，S.5637 同，《願文集》校記云「疑當作『大鈞遊氣』」，
可資參考（4-63）。

按：障，讀爲瘴，S.5637 正作「瘴」。妖氣，當從 S.5637 作「妖氛」。「大遊」、
「廣運」對舉同義。釣氣，同「瘹氣」，《廣雅》：「瘹，狂也。」《本草
綱目》卷 36 有「盤腸釣氣」之疾，《普濟方》卷 384 作「瘹氣」，也作
「吊氣」。

（36）念鯨鱗之橫海，則切齒勵聱；忿鵬翼之川（穿）天，則攘衣奮臂
（P.3545）

校記：聱，此字原卷即作此形，S.5637 作「聲」，疑當從之校改（4-63）。

按：忿，原卷作「怨」；S.5637 作「望」，望亦怨也。衣，原卷作「之」，當
作「衣」，此卷上文「念鵬翼而張天，攘衣奮臂」。勵，《願文集》第 244
頁校作「厲」。

（37）礪筴弦弓，俱懷肅煞（P.3545）

按：趙鑫曄曰：「筴，《集韻》：『策，或作筴。』然『礪策』費解，疑『筴』
通『鋏』，《玉篇》：『鋏，劍也。』『礪鋏』即磨劍也。『弦』亦作動詞
用，即給弓安弦。」鋏訓劍指劍把，「礪鋏」不辭。「筴」讀爲猎，《廣
韻》二字同音楚革切。《玉篇》：「猎，矛屬。」弦，疑讀爲誸。《莊子·
外物》《釋文》：「誸，急也，向本作弦，云：『堅正也。』」肅，S.5637
作「蕭」，古字同音通借。

（38）彈柘月而雲頹，麾白髦而草偃（P.3545）

按：彈柘月，《願文集》第 244 頁所錄 S.5637 作「綽拓月」。趙鑫曄曰：
「綽，原卷字形作『𢩃』，實爲『彈』，彈射義。拓，原卷即作此形，
當認作『柘』，柘樹枝長，可作弓，《御覽》卷 958 引漢・應劭《風俗
通》：『柘材爲弓，彈而放快。』『柘月』即指弓，因弓形似月，故用『月』
指代。唐・路季登《皇帝多狩一箭射雙兔賦》：『彎鑣郤轉，引柘月而
隨圓；金鏃斜飛，迭霜毫而俱斃。』」趙君所說是也，惟謂「柘樹枝長，
可作弓」稍失。當以其木質密緻堅韌之故也。《周禮・考工記・弓人》：
「弓人爲弓，取六材必以其時……凡取幹之道七：柘爲上，檍次之，
檿桑次之。」「柘月」也稱作「柘弓」，北周・庾信《春賦》：「金鞍始
被，柘弓新張。」

（39）野音書於太常，英名勒分種（於鐘）鼎（P.3545）

按：書，《願文集》第 244 頁所錄 S.5637 作「迷」。趙鑫曄曰：「迷，原卷
作『𠧪』，乃『書』字之草書。『野音』謂鄙野之樂調，在此句中不通。
『野』疑爲『懋』之誤寫。《玉篇》：『埜，古文野。』『懋』當是先訛
成形近之『埜』，再轉寫成『野』字。『音』當是『宮』字之訛，『宮』
通『功』。故『野音』當校作『懋功』，意謂大功。『太常』爲旌旗名，
古有功勳者，可將其功書於此旗之上。《書・君牙》：『厥有成績，紀
于太常。』孔傳：『其有成功，見紀錄書于王之太常，以表顯之。王
之旌旗畫日月曰太常。』《周禮・夏官》：『凡有功者，銘書于王之太
常。』鄭玄注：『生則書于王旌，以識其人與其功也。』校「野音」
爲「懋功」，殊爲迂曲。野，讀爲雅。音，聲譽也。野音，猶言雅譽，
故與「英名」對文。P.2631：「流雅譽於鸞台，傳高名于後代。」是其
比。「𠧪」當是「建」字。敦研 361《佛經》：「偃𫢸（蹇）自恣，鴟
蹲跂（箕）踞。」「𫢸」即「健」，其右側「建」可比勘。

（40）故於是日，賽酬鴻（弘）願，慶答恩榮（P.3545）

按：賽，讀爲塞，酬報。慶，S.5637 同，當作「庶」，字之誤也。P.2341：
「庶答鴻恩，敬崇嘉祉。」唐・柳宗元《謝除柳州刺史表》：「庶答鴻
私，以塞餘罪。」並其證。《願文集》第 244 頁失校。

（41）其厶公乃比為躬纏囹圄，倦長夜於階（監）牢；影局圓扉，靡苦
羈憕（情）〔於〕獄吏（P.3545）

校記：此卷書手習慣將「青」與「壹」相混（4-63）。

按：躬，身也。階，原卷作「陛」。《願文集》第 244 頁所錄 S.5637 作「滥」。
趙鑫曄曰：「滥，原卷字形作『泟』，實為『陛』，通『狴』，『狴牢』即
牢獄。龔澤軍《敦煌願文校補五十例》中認為『滥』為『監』之增旁字，
未確。『靡』疑為衍文，涉上『扉』字而誤衍。」局，關閉也。S.5637
作「局」，拘束也。義並得通。憕，S.5637 作「情」。「圓扉」指牢門，《文
選·三月三日曲水詩序》呂向注：「圓扉，獄也。」宋·任廣《書敘指
南》卷 18：「獄……又曰圓扉。」衍「羈」字，「苦情」為詞。《宋書·
樂志四》《巫山高篇》：「悽悽商旅之客，懷苦情。」靡，讀為縻，束縛。

（42）雖緣枉（網）羅視聽，橫執無辜（P.3545）

按：「枉」、「橫」同義對舉，當讀如字。P.3545：「雖緣枉羅視聽，橫執無
辜。」P.4062：「傾（頃）枉羅視聽，橫被推繩。」S.5637：「雖緣狂
羅視聽，橫執無辜。」Дx01309＋Дx01310+Дx01316＋Дx02969+Д
x03016＋Дx03024＋Дx03153＋Дx03159：「網羅視聽，橫被摯維。」
「狂」為「枉」形誤，「網」為「枉」借字。摯，讀為縶。「縶維」語
出《詩·白駒》：「皎皎白駒，食我場苗，縶之維之，以永今朝。」此
指束縛。推繩，審問處治。

（43）我國家有翼若（善）傳聖之動（勳），高步義（羲）軒之首（P.3545）

按：傳，P.1104V、P.2854 同，S.5637 誤作「溥」。《白虎通義·謚》引《禮
謚法記》：「翼善傳聖謚曰堯。」《獨斷》卷下同。《願文集》第 244 頁失
校。

（44）香煙霧合者（P.3545）

按：煙，原卷作「堙」，借字。

（45）咸遵復舊之榮，廣闡惟新之典（P.3545）

按：榮，S.5637 同，並當從 P.2854 作「業」。《願文集》第 245 頁失校。

（46）遽謂喬（橋）山命駕，汾水長舜；負弓劍於千齡，痛衣冠於萬寓（字）（P.3545）

按：遽，S.5637、P.2854 同，並當讀爲詎。《願文集》第 720 頁已出校，而第 245 頁失校。負，P.2854 作「掛」，S.5637 作「拊」，旁注一「負」字，《願文集》第 245 頁誤錄作「竟」〔註58〕。「拊」爲「負」之誤書，原寫手已訂正，是 S.5637 亦作「負」字。「負」謂辜負，「負弓劍」用作帝王去世之婉詞，與 P.2854「掛弓劍」意同。趙鑫曄曰：「『負』實爲『拊』之同音借字，而『拊』又爲『掛』之誤，『掛』謂懸掛閒置。……『寓』當爲『宇』之誤，因『宇』異體作『寓』，與『寓』相近。『萬宇』謂天下。」趙君謂「『拊』爲『掛』之誤」，殊爲無據。趙君又謂「『寓』爲『宇』之誤」，以字形相近說之，亦未得。敦煌寫卷中，「寓」、「宇」以同音借用。S.3071：「乾寓重光。」S.5957：「膺轉輪而馭寓。」《願文集》第 146、492 頁並校爲「宇」，是也。

（47）是時也，毒暑流金，拂晏林而自滿簫（蕭）瑟；赫曦飛火，和禪何（河）而一變天時（P.3545）

按：晏，原卷作「宴」。火，S.5637 同，《願文集》第 245 頁誤錄作「丈」。「火」當爲「炎」字之缺誤。《類聚》卷 69 引吳・閔鴻《羽扇賦》：「飛炎赫曦。」又卷 3 引晉・李顒《悲四時賦》：「悲炎節之赫曦，覽祝融之禪彎。」和，當從 S.5637 作「扣」。P.2497：「乃拜首靈覺，和誠眞境。」「和」亦「扣」之訛，此其比也。

（48）合郡順心，來赴蓮華之會；郡官啟手（首），共過鸚鵡之林（P.3545）

按：蓮，原卷作「連」，借字。郡官，當據 S.5637 讀作「群官」。啓，讀爲稽，《願文集》第 245 頁已出校。

（49）惠（慧）心內照，檀會外施（P.3575）

按：惠，P.2915、S.343 誤作「有」。檀，當據 P.2915、S.343 作「壇」。

（50）然有悟其眞理而向歸心者（P.3575）

按：原卷無「眞」字。

〔註58〕張小平《〈敦煌願文集〉校補》已及，《西域研究》2003 年第 2 期。

（51）惟公後代後（俊）德，英明悊良；治孝居身，天知礼樂（P.3575）

按：治，P.2058 同，S.4507 作「冶」，《願文集》第 321、328 頁校作「至」，
未是。治，修治。《文苑英華》卷 99 唐・皇甫松《大隱賦》：「至堯專於
治民，舜專於治孝。」

（52）含君子之風，懷悲智量。此假焚香意者，報願平安之所崇也。公
乃家傳正信，敬重福田（P.3575）

按：P.2058、S.4507 作「含君子之風懷，敬重福田」，彼二卷「懷」字當下
屬，脫 23 字，當據此卷補訂。《願文集》第 321、327 頁並失校。

（53）不勝載荷，敬樹良因（P.3575）

按：載，原卷作「戴」。

（54）傾（頃）為攝養乖宜，〔違〕和沉疾（P.3575）

校記：違，此據 P.2497 同句補（4-67）。

按：缺字Дx00915 亦作「違」。

（55）〔若〕飲醍醐之味，如□甘露之漿（P.3575）

按：缺字可據 P.2497 補「蒙」字，Дx00915：「若飲醍醐之味，如蒙□□□
□。」與此卷正可互補。

（56）設齋則餘粮果報；施食則長命因〔□〕。功德等於恆沙，福類同
於巨海（P.3575）

按：據Дx04533：「……緣，功德等〔于〕恒沙，福類同於□□」，正可據補
此卷缺字作「緣」。

（57）左青右白，妙採乹坤〔之規〕；前朱後玄，雅合陰陽之道（P.3575）

按：採，臺灣 130 作「恢」，S.2717 作「引」，P.2838、Φ263＋Φ326 作「愜」。

（58）〔早〕達苦空，深知幻化（P.3566）

按：深知幻化，P.2058V 作「深之（知）幻化」，S.5639 作「心知幻境」。

（59）駈渴愛之樊籠，非真非假（P.3566）

按：樊，S.5639、P.2058V 作「煩」。

（60）將謂壽等松年，傳名昭代（P.3566）

按：年，P.2058V 作「匀」，《願文集》第 251 頁校「匀」爲「筠」，是也。「命等松筠」爲願文常用語。

（61）如欺（斯）渴囗，爲誰作焉（P.3566）

按：缺文可補「仰」字，P.2812：「渴仰虔恭、傾心懇切者，爲誰施作？」可以助校。

（62）溫恭不囗於謙謙，眾內每傳於囗囗（P.3566）

按：上一缺字，原卷似爲「失」字之殘。下二缺字，原卷作「偘偘」。「偘偘」同「侃侃」，和樂之貌。

（63）故得藝通三史，文章懷濯囗之能；囗囗久奇，武効囗穿楊囗策（P.3566）

按：「濯」下疑補「錦」字，Φ263V＋Φ326V：「故得文場闡曉，濯錦之藝早彰；儒孝兼明，吐鳳之才夙蘊。」可以助校。《華陽國志》卷 3：「錦江，織錦濯其中則鮮明，濯他江則不好。」因稱成都所產的華美的織錦爲濯錦，又稱文章華美亦爲濯錦。《玉海》卷 201：「稱其文猶濯錦於蜀江。」「久奇」上二字原卷似「才德」之殘。「武効」與「文章」相對，當作「武功」。「策」上缺字當爲「之」。「穿」上擬補「逞」、「縱」、「展」一類字。

（64）將謂貞松恆茂，抱壯智於邦家；囗（劫）石齊囗，作六親之綱首（P.3566）

校記：劫，此據發願文常用語補（4-69）。

按：補「劫」是也，亦可補「金」字。「齊」下缺字爲「年」。「劫石齊年」、「金石齊年」爲願文常用語。

（65）夫電光遷化，歸湊无明之何（河）；露囗難停，總趣幽冥之海（P.3566）

按：缺文可補「命」字，P.2854、P.2631：「所恐露命難留，風燈易滅。」可以助校。

（66）加以違營（榮）出俗，得愛道之方縱（芳蹤）；奉戒飡（參）禪，
　　　繼蓮華之軌躅（P.3566V）

　按：Φ263V＋Φ326V 與此卷同，惟「華」誤作「葉」〔註59〕。違營，當作
　　　「威儀」，音之誤也。唐五代西北方音的梗攝跟齊祭韻常相混〔註60〕，
　　　故「儀」誤作「營」。《廣弘明集》卷 25：「禁戒守眞、威儀出俗者，
　　　僧也。」P.2631、S.6417 亦有此語。方縱，讀爲芳蹤，是也。S.343：
　　　「得愛道之先宗，習蓮花之後果。」〔註61〕「宗」亦讀爲蹤。S.5561：
　　　「繼連（蓮）色（花）以高蹤，習愛道之精軌。」S.2832：「踵愛道前
　　　蹤，繼蓮花後葉（業）」正作「蹤」字。愛道、蓮花皆比丘尼名〔註62〕。

（67）禍愆令祐，聲隔慈襟（P.3566V）
　按：令，Φ263V＋Φ326V 同，當據 S.6417、P.3562V 讀爲靈。

（68）付寒泉以窮哀，殘霜露以增感（P.3566V）
　按：付，Φ263V＋Φ326V 同，S.343、P.2915 作「附」，S.5573、P.4062 作
　　　「撫」，P.2642、作「舞」，當據 S.6417、P.3562V、P.2991 讀爲俯。趙
　　　鑫曄曰：「作『俯』是，低視之義。」殘，Φ263V＋Φ326V 同，當據
　　　P.3562V、P.4062、S.5573、S.6417 讀爲踐。

（69）邑（色）養之禮，攀枎木而無追；顧腸之思，守禪林而慶福
　　　（P.3566V）
　按：枎，S.6417 同，當據 P.3562V、S.5573、Φ263V＋Φ326V 讀爲「拱」。
　　　腸，原卷作「腹」，S.6417、Φ263V＋Φ326V 同，讀爲復。P.3562V 正
　　　作「復」。典出《詩・蓼莪》：「父兮生我，母兮鞠我。拊我畜我，長
　　　我育我，顧我復我，出入腹我。」思，Φ263V＋Φ326V 同，當據 S.6417、

〔註59〕參見趙鑫曄《敦煌佛教願文研究》，南京師範大學 2009 年博士學位論文，第
　　　50 頁。
〔註60〕例證參見蕭旭《〈玉篇〉「洌，清洌」疏證》，《傳統中國研究集刊》第 9、10
　　　合輯，上海人民出版社 2012 年 3 月出版。
〔註61〕P.2915 同，惟「蓮」作「連」；Дx00169+Дx00170+Дx02632V 亦同，惟缺「習」
　　　字。
〔註62〕《願文集》第 101 頁錄作「踵愛道前蹤，繼蓮花業心」，失錄「後」字，誤錄
　　　「葉」爲「業」，又誤以下句「心」字屬上。參見趙鑫曄《敦煌佛教願文研究》，
　　　南京師範大學 2009 年博士學位論文，第 185 頁。

P.3562V 校作「恩」。守，Φ263V＋Φ326V 同，當爲「伫」字之缺，「伫」爲「佇」字之俗譌〔註63〕，見《字彙》、《正字通》。P.4963、S.5573、S.6417 正作「佇」。P.2820：「伫接鸞行，高昇雲路。」P.2631：「伫彼熏勞，預茲作慶。」正作「佇」字。俗字亦作竚，《龍龕手鑑》：「竚，俗。佇，正。久立也，與伫同。」

（70）以茲設齋功德，口口念誦勝因（P.3566V）

按：缺字補「一一」或「焚香」，S.5957：「惟願以斯設齋功德、一一念誦勝因……」又「惟願以茲設齋功德，焚香念誦勝因……」Φ263V＋Φ326V：「惟願以斯舍施功德、焚香念誦勝因……」Дx04780：「惟願已（以）茲結壇舍施功德、一一念誦勝因……」

（71）厥今虔恭奉聖，廣闢真場；召請緇倫，幢幡匝席（P.3566V）

按：召，原卷作「延」。

（72）惟小娘子乃仙娥比質，素玉同芳（P.3566V）

按：娥，原卷作「俄」，爲「娥」借字。

（73）次為我大王已躬延壽、祿位已（與）日月齊肩，社稷恆昌、莠三農而永寶，合邑清泰、百福盈門、渴仰聖（凡）之所作也（P.3497）

按：莠，讀爲秀。寶，原卷作「實」。S.4245：「三農秀實，民歌來暮之秋。」P.3765V：「年常豐實于三農，風雨不愆於四序。」原卷「聖」下有「梵」字，「梵」借爲「凡」。

（74）伏惟我大王承時契運，繼業燈（登）皇；道邁百王，聖禹（逾）千佐（P.3497）

按：聖禹千佐，P.2915 同，P.2854 作「聖逾千古」。「佐」當作「古」，字之誤也。S.3071：「皇帝玄精啓曆，鼎運克昌；埏埴百王，範圍千古。」

〔註63〕 津藝 22《大般涅槃經卷第四》：「貯聚生穀。」「貯」即「貯」，《龍龕手鑑》：「貯，俗。貯，正。」《可洪音義》卷 12：「爲紵：正作紵。」又卷 15：「羅紵：與『貯』同。」又卷 8「所貯」，卷 15「宁袴」、「宁褲」，卷 17「紵也」，卷 18「布宁」，「貯」、「紵」、「宁」即「貯」、「紵」、「佇」。皆從「守」從「宁」相訛混之例。

唐・李嶠《進赤嘴山鵲表》：「曠千古而難逢，超百王而獨異。」即其誼。《梁書・賀琛傳》：「道邁百王，事超千載。」唐・李嶠《自敍表》：「冠千齡而首出，超百王而高視。」「千古」即「千載」、「千齡」也。皆頌帝王之語。帝王豈可與群臣（千佐）相比？故知作「千佐」必誤。蓋「古」先誤作「右」，以不辭，又改爲「佐」字。《願文集》第 604頁失校。

（75）萬方獻欵而子來，日蠻稽顙而臣伏（P.3497）

按：日，S.1137、P.2915 同，《願文集》第 607 頁校作「百」，P.2854 正作「百」字。

（76）於是燈花焰散，若空裏之分星；習炬流暉，似高天之布月（P.3497）

按：「習炬」不辭，疑當作「夕炬」。S.4506：「其燈乃良霄（宵）燈焰，若寶樹〔之〕花開；淨夜流暉，似天邊之布月。」「淨夜流暉」者，即夕炬流暉也。唐・呂溫《藥師如來繡像讚》「夕炬傳照，晨爐續煙。」

（77）神通普運，接大眾而虛空；妙力憂深，移此界而無極（P.3497）

按：P.2854：「神通普運，接大眾於虛空；妙力幽通，移此界而無動。」「憂」當作「幽」，「動」當作「極」，二卷正可互校。《願文集》第 724 頁「動」字失校。

（78）亦願藥叉大將，掃時氣而國富人安；世智（勢至）觀音，淨妖分（氛）而逞豎（P.3497）

校記：逞豎，待考（4-73）。

按：淨，讀爲靜。「逞豎」當作四字，有脫誤，待考。

（79）成（城）人賀清貞之〔謀〕，底（帝）闕播歌謠（謠）之從（訟）（P.3497）

校記：此二句據 S.6101 同句校（4-73）。

按：從、訟，並讀爲頌。P.2820：「雅訟香階。」亦借訟爲頌。

（80）故使十方哀結，懼景落而行迷；七眾悲號，痛梁壞（摧）而罔極（P.3503）

按：罔，S.1441 誤作「凶」。《願文集》第 58 頁失校。

（81）故使法場罷訓，恨兔月而西沉；禪室寂然，恐逝水之東浪（P.3503）

按：恐，當從 S.1441 作「怨」。浪，S.1441 同，猶言放縱。《願文集》第 58 頁校「浪」爲「流」，未是。

（82）香焚鶴樹之門，供薦苑藺之內（P.3503）

按：門，S.1441 同，當從 S.5637 作「間」。《願文集》第 58 頁失校。

（83）惟願灾隨殄滅，障逐雲消（P.3503）

按：殄，原卷作「弥」，爲「殄」之形誤；S.1441 作「電」，借字。《願文集》第 58 頁失校。

（84）故聖人者降神兜率，現景王城（P.6006）

按：景，爲「影」古字，P.2146、P.2542、P.2631 作「影」，P.2854 作「形」。

（85）抑四魔而登正覺，居三界而獨稱尊（P.6006）

按：抑，P.2854、P.2631 同，當據 S.2146 作「御」，已詳上文。

（86）故得威稜赫弈，疑兜率而初來；月貌嵬峩，□□□□（P.6006）

校記：此句原卷殘缺，然字數未詳，大約爲四字（4-77）。

按：依句式當缺六字。P.2854 作「隱隱振振，如從刀利之天；巍巍俄俄（峨峨），似繞加維之闕」〔註64〕，P.2631 作「隱隱振振，如從刀利之天；巍巍俄俄（峨峨），似起菩提之座」。

（87）今則尊卑霧集，執盖持花；八部雲奔，□□妙典（爭陳妙典）（P.6006）

校記：此據 P.2854 及 P.2631 補（4-77）。

按：妙典，當從 P.2854、P.2631 作「法曲」。S.2146：「笙歌竟（競）奏而啾留，法曲爭陳而槽瑛。」〔註65〕亦其證。

〔註64〕S.2146 同，惟「刀利」作「白飯（飯）」。
〔註65〕P.2974「竟」作「競」，「留」作「嚠」。

（88）廣能仁之化跡，冀彌千殊；揚大聖之辭榮，口（希）臻萬善
　　　（P.6006）

按：彌千殊，當從 P.2854、P.2631、S.2146 作「殄千殃」。

（89）駕弘衢而蕩色，臨鳳剎以高懸（P.3819）

按：駕，當據 P.2588、S.1441 讀爲架。言其幡架設於弘衢也。

（90）當今帝主，聖壽剋昌；將相百寮，盡邦形國（P.3825）

按：形，P.2058 同，P.2237、S.4536 作「刑」。形、刑並讀爲型，正也、法也。
　　《願文集》第 459 頁校「刑」爲「形」，失之。又「盡邦刑國」四字當
　　乙作「盡刑邦國」，上引諸卷並倒。《漢書‧刑法志》：「以刑邦國，詰四
　　方。」言爲邦國之典範也。

（91）惟願日臨月滿，果生奇異之神童；母子平安，定無憂嗟之厄（P.3825）

按：「厄」上當據 P.3765、S.5561、Дx10437V、Ф263V＋Ф326V 補「苦」字，
　　方成儷句。S.1441 脫「童」、「苦」二字，《願文集》第 34 頁失校。

（92）母無痛惱，得晝夜之恆字；產子仙同（童），似披蓮而化現
　　　（P.3825）

按：字，當據 P.3765、S.1441、S.5561、Дx10437V、Ф263V＋Ф326V 作「安」。

（93）加以卜兆清居，選奇福地（P.4062）

按：奇，當據 S.5637 讀爲祈。

（94）蟄欲剖而宣暄，萌欲開而翕習（P.4062）

按：暄，疑當作「喧」。

（95）香焚鶴▭▭▭ 使惠海而長波，法船恆駕（P.4062）

　　　校記：此句可據上 P.3503 補爲「香焚鶴樹之門，供薦苑薗之內」，但此句
　　　之下所缺內容未詳（4-98）。

按：所缺內容可據 S.5637 補作「香焚鶴〔樹之間，口（供）列庵園之會。
　　以茲設齋功德、無限勝因，先用莊嚴亡和尚去識：惟願從涅盤而再去，
　　佛日重興；〕使慧海而長波，法船恒駕」。P.3503「門」爲「間」之誤。

（96）戴般若而往西方（P.4062）

按：戴，讀爲載。P.3765、S.5957、Φ263V＋Φ326V 作「乘」，載亦乘也。S.6417 作「丞」，丞讀爲乘，《願文集》第 754 頁校爲「承」，猶隔。

（97）時同曉日，遵崇八敬（P.4062）

按：遵，讀爲尊。崇，此卷下文作「從」，借字。八敬，即八敬法，比丘尼尊重恭敬比丘之八種法。

（98）豈謂金娥魄散，璧月光沉（P.4062）

按：璧，原卷作「壁」，爲「璧」借字。

（99）爲（謂）保百年，何其（期）稟氣不口，春蹤（奄從）雨（P.4062）

校記：口，此字原卷殘缺，P.2385V 此字字形作「㳡」，未詳何字，待考。春蹤雨，此句 P.2385V 作「奄蹤雨」，「蹤」字當校爲「從」，「奄從」爲亡文常用語。「雨」字上或下當缺一字，待考（4-99）。

按：何其，原卷作「河期」，即「何期」。「㳡」疑「滿」字草書。S.1380《應機抄》引《傅子》：「山峭者崩，澤㳡者溢。」「㳡」、「㳡」字形極近，「㳡」即「滿」字無疑，黃石公《素書》正作「澤滿者溢」。《論衡·氣壽篇》：「皆由稟氣不足，不自致於百也。」「稟氣不滿」即「稟氣不足」也。「雨」蓋「風」字誤書，下脫「燭」字。

（100）▭▭▭▭ 獨識，一去難口；寂寂孤魂，長无曉日（P.4062）

按：S.5637：「冥冥去識，知詣何方？寂寂幽魂，趣生何路？」〔註 66〕可助校此卷。「獨識」上脫「冥冥」二字，「難」下脫「回」或「歸」字。

（101）口口口霜，先凋義菊；三春除（餘）雪，每翠芳蘭（P.4062）

校記：翠，疑當作「摧」或「悴」（4-100）。

按：翠，讀爲悴。

（102）母心切切，望口口以增悲（P.4062）

〔註 66〕 S.4992、P.2058 同，但 S.4992 脫「幽」字，P.2058 脫「方」字，又「知」借用「諸」字。Дx01200 殘作「溟溟（冥冥）去識，知詣何方？寂寂口口，口口口」。

按：缺文補「戲處」二字，然尙有脫文。S.4992、S.5637：「遂使父心切切，母意惶惶；看戲處以增悲，睹搖車而掩泣。」Дx01200：「遂使父心切切，看戲處以增悲；〔母意惶惶，睹搖車〕而掩泣。」可以助校。

（103）嗟夫有聖石之位，業無▭▭▭（P.4062）

按：此卷有衍誤，當據 P.2497 校補作「嗟夫！有金石之業，無松柏之壽」。Дx00169+Дx00170+Дx02632V 亦有「有金石之業，無松柏之壽」之殘句。

（104）嬰孩美貌，語始轉而未成；幼質妍俄（娥），欲攀床而學▭▭▭（P.4062）

按：「學」下可補「行」字。

（105）願啟（碧）池壽（受）氣，蓮（紅）蓮化生；坐臥三空，遨遊▭▭▭（P.4062）

按：「遨遊」下可補「八解」二字。P.2237：「惟願碧也（池）受氣，江（紅）蓮化生；永出三途，敖（遨）游八解。」P.2481：「放曠三空，遨遊八解。」可以助校。

（106）▭▭▭之西，儛劔天三危之北（P.4062）

校記：天，疑有誤，待考（4-100）。

按：「天」當是「于」字誤書。

（107）▭▭▭事結隨珠。寒松肅而更貞，秋水皎而逾淨（P.4062）

校記：此上可據 P.3566 補「理明秦鏡」四字。逾淨，原卷作「淨逾」，此處逕行乙正（4-101）

按：所補乃據 P.3545。P.3545、S.5637 並作「淨逾」。結，P.3545 同，當據 S.5637 讀爲洁。肅，P.3545、S.5637 作「簫」，簫讀爲肅。Дx01309＋Дx01310+Дx01316＋Дx02969+Дx03016＋Дx03024＋Дx03153＋Дx03159：「冀望理明秦〔鏡，事洁隨珠。寒〕松肅而更貞，秋水皎而〔逾淨〕。」亦可助校。

（108）加以枉觸湯▭▭▭▭（P.4062）

按：「湯」下可補「刑」或「鑊」字。

（109）惟願前除後際，永絕衍▭▭▭▭橫三灾，蔭慈雲而奄教（P.4062）

按：除，當作「際」。「前際」、「後際」爲佛學術語，謂前世與後世之邊際也〔註67〕。《雜阿含經》卷3：「如是見者，前際俱見，永盡無餘。前際俱見，永盡無餘已。後際俱見，亦永盡無餘。後際俱見，永盡無餘已。前後際俱見，永盡無餘。」P.2189：「願前盡前際，後盡未來際。」衍，原卷作「徺」，同「愆」、「愆」，其下缺字據殘存筆跡似爲「殃」字。「橫」前可補「九」字，S.4081：「年無九橫，月迷三災。」〔註68〕P.2313：「消九橫於身中，殊（誅）三灾於體外。」願文中「九橫」、「三灾」對舉之例甚多，不備舉。S.5589：「與弟子三灾九橫，遠送他方。」此則連文之例。奄教，原卷作「電散」。

（110）口患消除，甘露恆清（P.4062）

按：缺字可補「憂」，臺灣130：「憂患消除，慶流後胤。」

（111）於是馳誠勝境，歷想玄津（P.4062）

按：歷，讀爲瀝。P.2940：「投寶地以翹誠，叩金園而瀝想。」是其證也。瀝想，猶言竭想，此詞傳世典籍未見，《漢語大詞典》未收。P.3362V：「是以虔誠勝福，歷想妙因。」亦用借字。S.1441：「於是翹成（誠）善誓（逝），歷款能仁。」字亦借作力，S.5561：「於是翹城（誠）善逝，力款能仁。」《願文集》第53、690頁校「歷」、「力」爲「瀝」，甚是，Дх04706正作「瀝欵能仁」。《楚辭·九章·抽思》：「歷茲情以陳辭兮。」歷亦當讀爲瀝，傾竭也、表露也〔註69〕。

〔註67〕丁福保《佛學大詞典》未收「前際」，釋「後際」爲「（雜語）與『後邊』、『後方』等同」，恐未確。

〔註68〕《願文集》第174頁讀「迷」爲「靡」，我則讀爲「彌」、「弭」。

〔註69〕王逸注訓爲「發」，近之。王泗原曰：「歷，同『瀝』。」最得。朱熹曰：「歷，猶列也。」錢澄之從朱說。姜亮夫解爲「逢」、「至」。湯炳正曰：「歷，經歷。」諸說並失之。王泗原《楚辭校釋》，人民教育出版社1990年版，第166頁。朱熹《楚辭集注》，廣陵古籍刻印社1990年版，第105頁。錢澄之《莊屈合詁》，收入《錢澄之文集》之三，黃山書社1998年版，第278頁。姜亮夫《楚辭通故（一）》，收入《姜亮夫全集》卷1，雲南人民出版社2002

（112）火風不適，地水乖宜（違）（P.4062）

　　校記：宜，據 S.4474、S.5639「地水乖違」，可知乃「違」字之借。
　　　　（4-101）。

　按：P.3566V、S.5561、北圖 836 亦作「地水乖違」，然「宜」當讀如字，不
　　　得借爲「違」。乖宜，猶言失當。

（113）惟願永捨无明，長辭音亞（瘖啞）；斷傍生之惡趣，受勝果
　　　　□□□□□（P.4062）

　按：音亞，S.4081 正作「瘖啞」。「勝果」下可據 S.4081 補「於人天」三字。

（114）此牛膚色姝絕，力用超倫□□□□（P.4062）

　按：姝，S.5637 同，《願文集》第 243 頁校爲「殊」，是也。P.3545 誤作
　　　「妹」。

（115）心鏡逾明，身由益淨（P.4062）

　按：由，原卷作「田」。

（116）是日也，炎風入坐，畏景□延（P.4062）

　按：坐，原卷作「座」。「延」與「座」對舉，當讀爲筵。缺字原卷作「𪜀」，
　　　當即「臨」字省書。S.2352：「𪜀去之時，宮人睡著，綵〔女〕婚（昏）
　　　迷。」「𪜀」較「𪜀」右側上部多出一筆。唐‧王勃《別道王宴序》：「英
　　　王入座，牢醴還陳；高士臨筵，樵蘇不爨。」亦以「臨筵」、「入座」對
　　　文，正同一機杼。

（117）幡蓋駢□□□□逸（P.4062）

　按：「駢」下可補一「羅」字，P.2497：「香花廣備，幡蓋駢羅。」

（118）贊普永垂暢化，四海一家；恆扇仁風，三邊鎮□□□□（P.4062）

　按：「鎮」下可據 P.2915、P.3765、S.5957、Φ263V＋Φ326V 同句補一「靜」
　　　字，P.2807、Дx01028＋Дx02751 作「淨」，借字。

　　年版，第 570 頁。又姜亮夫《重訂屈原賦校注》，收入《姜亮夫全集》卷 6，
　　　第 386 頁。湯炳正《楚辭今注》，上海古籍出版社 1996 年版，第 143 頁。

（119）但厶一介微末，識性庸疏；補已之學宿虧，潤▭▭▭▭（P.4062）

　　　　校記：「補已」費解，待校（4-102）。

　按：已，讀爲益。

（120）富弁▭▭▭▭ 蒙眾驅馳，濫霑此座（P.4062）

　按：「富弁」不辭，「弁」疑爲「牟」誤書。牟，讀爲侔，齊等。

（121）康口久忘，眼▭▭▭▭（P.4062）

　　　　校記：此字「欲」之草書，待考（4-102）。

　按：康口，原卷作「鹿願」，借爲「鹿苑」，指鹿野苑，釋尊成道後初轉法輪
　　　之地也。鹿苑久忘，言久未禮佛也。

（122）在生有幸，得遇明師，即以所疑，望憑開口（P.4062）

　按：即，原卷作「聊」。「憑」、「口」二字原卷不可辨識，末字決非「口」字，
　　　則可必也，所錄蓋非。

（123）▭▭▭▭ 鐘振響，聲徹大千；法鼓鄿（彰）音，超於西域
　　　　（P.4062）

　按：響，原卷作「嚮」。

（124）但厶一介庸末，是事无知，口若折草量天，豈知▭▭▭▭（P.4062）

　按：口，原卷作「喻」。「折草量天」是藏經常用比喻。

（125）闡三藏之玄口，口口生於火宅（P.4062）

　按：「玄」下可補「津」字，「生」上爲「四」字無疑，另一字可補「引」
　　　或「出」、「超」、「濟」、「拔」等字。《南海寄歸內法傳》卷 1：「引四
　　　生於火宅，拔三有於昏城。」《廣弘明集》卷 14：「濟四生于火宅。運
　　　六舟於苦海。」

（126）詞鋒▭▭▭▭（P.4062）

　按：鋒，原卷作「峯」。

（127）▭▭▭▭ 雙，時同曉日（P.4062V）

　按：原卷「雙」字旁補寫一字，但不可辨識，可據 P.4062 同句補作「福智雙
　　　修」。

（128）日月遞遷，俄經三□（P.4062V）

按：缺字原卷作「月」。

（129）悲道樹而先推（摧），痛禪河□□□（而永竭）（P.4062V）

按：推，原卷作「催」。

V.《〈敦煌願文集〉校錄訂補（五）》訂補

（1）是以佛住王時，剜身爇炬；菩薩行行，然臂為燈（P.2178）

校記：剜，原從手旁，據重抄者改。「行行」費解，然各遍抄文皆同（5-3）。

按：「挽」、「剜」同音借字。《論語・先進》何晏《集解》：「鄭曰：『行行，
剛強之貌。』」

（2）伏惟某官，溫良蘊德，金石土心（P.2178）

校記：土，各遍抄文皆同，義難解。據 S.6210、P.3770 皆有「金石固心」
之句，或為「固」字之誤（5-3）。

按：土，讀為吐，生出也。Φ342V：「宣（萱）蘭蘊得（德），金石吐心。」
正作「吐」字。《白虎通・德論》：「土在中央者，主吐含萬物，土之
為言吐也。」S.4901《韓朋賦》：「萬物土花，不違天時。」S.2922、
P.2653「土」作「吐」。北圖 6851：「福同春卉，土葉生花。」《願文
集》第 623 頁校為「吐」，S.5957、P.3765 正作「吐」。皆其例。Дх.11038：
「厶乙今聞貴社眾會，忽臨華翰之芳，異累不群，土奇誕質。」「土
奇」即「吐奇」。S.2204：「寒多樹葉土成條，太子樂消遙。」亦其例。
項楚謂「土」是「玉」字形誤〔註70〕，非也。Дx02763V：「玉潤蘊德，
金石為心。」P.3172：「行茂青蓮，心同金石。」P.2226：「璞玉藏得
（德），金石在心。」皆可參證。P.2331：「璞玉藏德，金石右心。」
「右」為「在」字形誤。

（3）但世界無常，光陰千變（P.2178）

校記：千變，P.3840、S.5573 同，P.2483、P.3084+P.3765、P.2991 作「遷變」，

〔註70〕項楚《敦煌歌辭總編匡補》，巴蜀書社 2000 年版，第 97 頁。

S.5957 作「遷易」。按「千變」、「遷變」皆可通（5-4）。

按：S.6417 二見，並作「遷易」；Дx06022、P.2341、Ф263V＋Ф326V 作「遷變」，Дx00985V 作「千變」；S.5573 作「千遍」，《校記》失檢；北圖7133 作「遷亦」，「千變」、「千遍」是「遷變」的借字，「遷亦」是「遷易」的借字〔註71〕，皆同義連文。

（4）故能趙釋（兆宅）地如（而）安墳，選吉神如（祥而）置慕（墓）（P.2178）

校記：趙釋地，S.5742、S.4694、P.3084+P.3765 作「卜善地」，S.5957 作「卜勝地」，S.6417 作「擇勝地」。按「趙」當讀爲「兆」，卜也。「釋」疑爲「擇」字之誤，通「宅」，有墓地之意。「趙釋地」或又爲「釋趙地」之倒寫，「釋」可校作「擇」，而「趙」通「兆」（5-5）。

按：「趙釋地」三字，S.5573 作「卜善地」；Ф263＋Ф326 二見，並作「卜善地」；S.6417 二見，一作「擇勝地」，一作「卜勝地」。《通鑒》卷36 胡三省注：「兆，卜也。」「趙」讀爲「兆」，卜也；「釋」讀爲「擇」，選擇也。言卜而選擇之也。北圖 7133 作「兆趙地」，「趙」當即「兆」之旁注字，「地」上脫「善」或「勝」字。P.2483 作「善地」，脫「卜」或「擇」字。

（5）然後四生離苦，六趣休怛（P.2178）

校記：怛，疑當作「忙」，願文中常有「忙忙六趣」之語（5-5）。

按：「怛」同「懼」。P.2721：「懷怛學寡又無才。」「懷怛」即「悇懼」。中村不哲藏本《搜神記》：「其婦驚怛。」「驚怛」即「驚懼」。《通鑑》卷 147：「九年，吳承伯反，奄至吳興，吏民怛擾。」〔註72〕史炤《釋文》：「怛，音巨，恐擾也。」

（6）或振骹（腕）而靈祇開闢，或嗔目而妖媚（魅）吞聲（P.2326）

校記：振，P.2854 作「扼」。按「振腕」、「扼腕」皆能表激憤義，唐·康駢

〔註71〕《願文集》第 796 頁校「遷亦」爲「遷易」，是；第 792 頁校「遷變」爲「千變」，誤；第 794 頁校「千遍」爲「千變」，得失各半。

〔註72〕胡三省本「怛」作「恒」，茲所不從。

《劇談錄》卷下:「萬敵振腕瞋目,略無所憚。」「扼腕」此義文獻常見,茲不贅舉。故兩詞皆可通(5-6)。

按:「振」爲「扼」形誤。瞋,讀爲瞋。《戰國策・魏策一》:「日夜搤腕瞋目切齒。」《史記・張儀傳》同。鮑彪注:「搤,把腕手也。瞋,張目也。」《集韻》:「搤,扼也。」實爲一字之異體。《干祿字書》:「搤、扼:並正。」《記纂淵海》卷 74 引《史》「搤」作「扼」。

(7)雖光宅大千,弥倫百億;四生咸度,萬德皆圓(P.2326V)

按:倫,讀爲綸。彌綸,猶言系聯、纏裹。

(8)伏惟聖主覽圓握鏡,奉天順人(P.2326V)

按:圓,原卷作「圖」。指龍圖。

(9)龍天八部,翼贊邦家;釋梵四五,冥加福力(P.2326V)

按:五,原卷作「王」。

(10)其門沖幽,修尅者心達真境(P.2326V)

按:心,原卷作「必」。

(11)加以冥心其(真)境,好志重釋,宗樂佛乘(P.2326V)

校記:志,原校記〔九〕謂「甲卷、丙卷皆寫作『志』,此據乙卷改」,今按三卷皆作「志」。原錄將「老」與「釋」加專名線,認爲是道家和佛家,未確。此願文作於敦煌陷蕃時期,吐蕃無尊崇道教之傳統,故「老」字在句中難通。當從原卷錄作「志」,「好」、「志」、「重」爲三同義連文,表示向慕、重視、愛好之義(5-11)。

按:原校不誤,此卷(乙卷)確作「老」字。此當以句法取捨,不當以事實裁之。

(12)每年常俇,國崇善既眾,幹不遏食。由是星分十寺,布列香壇八十有三,珍羞備設。經聲歷歷,聞聽志(者)頓隔迷津;妙塔山魏魏(巍巍),瞻瞻睹者必超苦趣(P.2326V)

校記:俇,原錄據甲卷錄爲「住」,三卷實皆作此形。《集韻》:「俇,役也」,又:「徎,徑也,或作俇。」皆不合文中之義,此字待考。又此句以下多

難點讀，錄文標點實爲權宜也（5-12）。

按：原卷「年」上有「歲」字，「遐」作「暇」。P.2255、P.2358 並作「每年常偓，國崇善既」，以下殘缺。此卷「歲」、「眾」、「山」、「瞻」四字疑衍，「瞻睹」爲詞。幹，當作朝，字之誤也。「偓」同「徨」、「逞」，《方言》卷 2、卷 3 並云：「逞，快也。」《左傳‧桓公六年》：「今民餒而君逞欲。」杜預注：「逞，快也。」此卷偓即逞欲，猶言得志、如意、如願。既，終也、定也。《方言》卷 6：「既，定也。」

（13）影〔現〕三才（千），心明四智（P.2326V）

校記：句中缺文 P.2226 作「是」，當爲「見」字之訛；「才」字該卷同。P.2058 亦有此句，作「影見三千」，茲據校補。（5-12）。

按：缺文 S.5161 亦作「現」字，P.2226 作「是」。「是」當讀爲示，與「現」、「見」同義。P.2915：「是（示）跡於苦處之中，作〔法〕門像；說法于閻羅王界，引菩薩形。」Дx01009：「是（示）現種疾，豁若冰消；眞實福田，俄然往〔矣〕。」S.343V：「所以現兜率，質王宮，是（示）金色之〔佛〕身，吐玉豪（毫）之實相。」S.1441：「法王誕跡，托質深宮；是（示）滅雙林，廣利郡（群）品。」皆其例。《願文集》第 26、31 頁亦校末二例爲「示」。三才，P.2226 同，P.2058 作「三千」，S.5161 作「三身」。《願文集》第 642 頁亦校「三才」爲「三千」。

（14）摩弓（魔宮）振動，擊法鼓而消形；燭（毒）龍隱潛，都（覩）慈光而變質（P.2331V）

按：「燭龍」爲古神名，張目能照耀天下，參見《漢語大詞典》。不當改作。P.2226、P.2058 並作「獨龍」，借字；《願文集》第 639、642 頁並校爲「毒龍」，失之。S.5161 作「毒龍」，則又涉「獨龍」而音誤。

（15）何順因弘，誓垂赴果（P.2443V）

按：《願文集》第 539 頁所錄 P.2237 作「何賴因弘，誓乘超果」。賴，P.2237 原卷作「積」。「積」、「順」並當校作「須」。「垂」當作「乘」，「赴」當作「超」，形之誤也。當斷作「何須因弘誓，乘超果」。「因弘誓」與「乘超果」對舉成義。「超果」是與「初果」相對的概念。

（16）有恨无始流轉，往返三塗（P.2443V）

按：恨，當據 P.2237 作「限」。「有限」、「無始」對舉。

（17）不知不覺，明世周歸（P.2443V）

按：世，P.2237 原寫「聖」，復刪去，旁寫「比」字。周，《願文集》第 539
頁所錄 P.2237「比」作「世」，「周」作「同」，並誤。周歸，猶言周旋、
輪回。《大般涅槃經疏》卷 9：「此譬生善破惡，已周歸宗會，極入第一
義故。」「明世（比）」待校。

（18）英才特然，雄骨之立，訑神性腑，抱精碎（粹）於靈臺（P.2443V）

按：P.2915：「英才持然，雄骨天立；洗神情於性府，抱〔□□〕於靈台。」
二卷正可互校。「持」、「之」、「訑」當分別作「特」、「天」、「洗」。此卷
「神」下脫「情於」二字。

（19）詞鋒獨列，智海孤深（P.2443V）

按：P.2915：「詞峯獨引，智海流深。」「引」、「流」當分別作「列」、「孤」。

（20）心一統性，洗煩慮而无誼；惠一觀照，入菩提而不動（P.2443V）

按：統，當從 P.2915 作「鏡」。心一鏡性者，謂心如明鏡，而無垢塵也。

（21）稟尸羅而凜凜，行接波離；開篇聚以雄心，等同迦葉（P.2443V）

按：「雄」當作「雄雄」，「心」字下屬，「等」、「同」二字衍其一。稟，讀爲
秉。已詳上文。

（22）得大受（愛）道之先宗，習蓮華色之後果（P.2443V）

按：「大」、「色」衍，S.343、P.2915、Дx00169+Дx00170+Дx02632V 正無
此二字。宗，讀爲蹤，詳上文。

（23）形同女質，志操丈夫（P.2443V）

按：操，P.2915、S.343 同，Дx00169+Дx00170+Дx02632V 作「參」。參，
同也、齊也、合也〔註73〕。「操」蓋即「參」之誤〔註74〕。

〔註73〕 參見宗福邦主編《故訓匯纂》，商務印書館 2003 年版，第 301 頁。
〔註74〕 從參從桑常相亂而誤，參見曾良《俗字及古籍文字通例研究》「『參』、『桑』
不別例」，百花洲文藝出版社 2006 年版，第 76～78 頁。

（24）知四大而無注（住），橈（曉）五蘊而皆空（P.2443）

按：注，S.1441 同，當讀爲主，P.2058、P.4062、Φ263＋Φ326、S.5573、北圖 8454 正作「主」。四大無主，即無我之誼。「四大無主，身亦無我」爲藏經常用語。《願文集》第 35、268、545、639 頁校「注」、「主」爲「住」，並失之。

（25）明暗相崔（摧），昏晨弟（遞）謝（P.2443）

按：崔，當讀爲催。《玉篇》:「催，迫也。」

（26）敬訓往願，比於復藏功德（P.2497）

按：訓，讀爲酬。下文「喜荷不勝，仰訓慈澤」亦然。

（27）氣運殆窮，命懸傾隟（P.2497）

按：隟，當作「巢」。

（28）而乃洗心邈誠，廣彼功德（P.2497）

按：邈，原卷作「懇」。「懇」同「貌」。

（29）苦患頓除，身心遍悅（P.2497）

按：遍，當據 P.3575 作「適」，形之誤也。《玄應音義》卷 6「適其」條注引《三蒼》:「適，悅也。」「適悅」爲中古常用詞。

（30）既闇於心，固癈（廢）於日（P.2497）

按：Дx00915:「既闇於心，因廢於目。」「固」當作「因」，與「既」字相呼應。「日」當作「目」，形之誤也。廢，讀爲癈。《說文》:「癈，固病也。」即痼疾。

（31）豈謂皇天不吊，凶問遄臨。君子道消，大邦喪寶（P.2497）

按：問，Дx00915 同，S.4642 作「門」，並讀爲聞。《願文集》第 126 頁失校。

（32）惟祈福祐，用極冥途（P.2497）

按：極，原卷作「拯」。

（33）生也有崖（涯），世莫知避；輕塵暗忽，良木其摧（P.2497）

按：良，讀爲梁。晉・潘岳《楊仲武誄》：「魂兮往矣，梁木實摧。」語出
《禮記・檀弓上》：「孔子蚤作，負手曳杖，逍遙於門。歌曰：『泰山
其頹乎？梁木其壞乎？哲人其萎乎？』」後魏・李仲琁《修孔子廟碑》：
「良木其摧。」P.2991：「良木易摧。」亦並用借字。

（34）偏露如昨，荏苒逯（逮）今（P.2497）

按：偏露，謂失去蔭庇保護，指父母之一去世〔註75〕。Дx07987 有殘句
「偏纏露如昨」，趙鑫曄曰：「纏，據 P.2497 同句，當爲衍字。」《集
韻》：「逮、逯：及也，古作逯。」魏・鍾繇《尙書宣示帖》：「尙書宣
示：孫權所求，詔令所報，所以博示，逯于卿佐，必冀良方，出於阿
是，芻（芻）蕘之言，可擇郎（廊）廟。」鍾繇《力命帖》：「復蒙逯
及。」皆用古字「逯」。《漢語大字典》缺書證，據此可補。

（35）鞠我拊等，念茲在茲。風來於是，但養日去，以之多感（P.2497）

按：拊等，當作「拊我」，《詩・蓼莪》：「父兮生我，母兮鞠我。拊我畜我，
長我育我，顧我復我，出入腹我。」「念茲在茲」出《書・大禹謨》。
下三句蓋出《韓詩外傳》卷 9：「樹欲靜而風不止，子欲養而親不待
也。」〔註76〕

（36）眷戀塵席，攀緣斷絕（P.2497）

按：緣，原卷作「援」。

（37）俗士岷川石（碩）學，鏡水高才；辯疑懸河，解同寫器（P.2497）

校記：岷，原文字形如此，疑爲「巨」字，右半部分爲「巨」之同音字「具」，
後又涉下「川」字而加「山」旁（5-30）。

按：「岷」字右側明是「貝」，如何可改爲「具」，又改爲「巨」？「岷」疑
「垻」之俗字，「垻」同「壩」、「礵」〔註77〕，同音借爲「灞」，《玉篇》：

〔註75〕《漢語大詞典》引唐・孟浩然《送莫甥兼諸昆弟從韓司馬入西軍》：「平生早偏
露，萬里更飄零。」謂指父死。此說不完備，當指父母之一去世。唐・駱賓王
《靈泉頌》：「伶丁偏露，早喪慈母。永懷鞠育之恩，長增孺慕之痛。」指母死。

〔註76〕止，《家語・致思》作「停」，《說苑・敬慎》作「定」。

〔註77〕《集韻》「杷」同「櫶」，「忆」同「櫶」，亦其例。

「灞，水名。」垻川即灞川，亦即灞水，字也省作「霸川」。晉・潘岳《西征賦》：「禁省鞠爲茂草，金狄遷於灞川。」五臣本作「霸川」。唐・上官昭《儀駕幸溫泉宮》：「三冬季月景隆年，萬乘觀風出灞川。」鏡水指鏡湖，在會稽山北麓。隋煬帝《賜書召釋惠覺》：「其義端雄辯，獨演暢於稽陰；談柄微言，偏引汲於鏡水。」疑，猶如也，與「同」字同義對舉〔註78〕。寫器，猶言「寫瓶」、「瀉瓶」，謂傳法無遺漏，如以此瓶之水傾瀉入他瓶也。P.2940：「弈葉傳燈，蟬聯寫器。」亦作「瀉器」，P.3503：「衢罇獨滿，希瀉器之無遺；惠（慧）炬孤明，冀傳燈之不絕。」唐・釋復禮《十門辯惑論》卷3：「若春露之輕滋，學慚瀉器；同秋螢之末景，業謝傳燈。」

（38）厶乙螢光餘照，不自能輝；牛跡遺津，寧同巨海（P.2497）

按：「牛跡」典出《淮南子・氾論篇》：「夫牛蹄之涔，不能生鱣鮪。」高誘注：「涔，雨水也。滿牛蹄中，言其小也，故不能生鱣鮪也。」唐・楊炯《爲劉少傅等謝敕書慰勞表》：「希少陽之末光，自韜螢火；沾重海之餘潤，色息牛涔。」所用二典與願文同。

（39）九原嗟一去之悲，长夜起千秋之感（P.2497）

按：九原，當據P.3575同句作「九泉」，S.343：「每恨盈盈同氣，一去九泉；穆穆孔壞（懷），忽焉萬古。」亦其證。

（40）永報劬勞之德，恩崇究竟之因（P.2497）

按：恩，當作「思」，形之誤也。

（41）人物由其殀殄（悴），朝庭以之喪寶（P.2497）

按：「殀殄」、「喪寶」對舉，殄讀爲粹，涉「殀」字而類化從歹。《文選・養生論》：「思慮銷其精神，哀樂殀其平粹。」呂延濟注：「殀，傷也。平粹，謂純和之性也。」此其證也。

（42）聞夫中陰之身，三七未〔囗〕。若不崇茲廣福，何以濟彼幽途（P.2497）

校記：原文於「未」下空一格，當爲漏寫，內容俟攷（5-30）。

〔註78〕參見徐仁甫《廣釋詞》，四川人民出版社1981年版，第243～244頁。

按：缺字疑補「會」。《六道集》卷 2：「故於有緣處，見父母交會。欲火光時，即往投胎，中陰之身便滅……若父母不會，其中陰身，待至一七日。若七日不會，中陰一死復生。復待至二七日、三七日，乃至七七日不會，中陰七死七生。」言死者中陰之身，於三七之日未會，故需濟度也。或補「定」字，P.4062：「中陰未定，福善無由廣曁。」中陰，指輪回中死後生前的過渡狀態。也作「中蔭」，Φ263V＋Φ326V：「縱使灰身粉骨，無益冥路之殃纏；泣血碎心，莫能救中蔭之患苦。」北圖 7677：「或是新死，在其中蔭，未得生處，詐作親識，更爲我禍。」S.2144 作「中陰」。

（43）門人等函杖既阻，門津無地；號悼匪及，思誠福門（P.2497）

按：Дx00169＋Дx00170＋Дx02632V：「門人等幽杖既阻，問津無地；號悼　　　。」正可互校。「幽」當作「函」，「門津」當作「問津」。杖，讀爲丈。《禮記・曲禮上》：「若非飲食之客，則布席，席間函丈。」鄭玄注：「謂講問之客也。函，猶容也，講問宜相對容丈，足以指畫也。」

（44）能事既畢，勞生可猒；俄辞有患，永鵠無餘（P.2497）

校記：鵠，此字當有誤。待考（5-30）。

按：鵠，讀爲銛，《廣雅》：「銛，斷也。」此字《說文》作「鍇」。

（45）芝焚可歎，蕉喻誠空（P.2497）

校記：「蕉喻」即「蕉鹿之喻」，典出《列子・周穆王》（5-30）。

按：「蕉喻」並非典出《列子》，「蕉鹿」也不可稱作「蕉喻」〔註79〕。「蕉喻」即「芭蕉喻」。藏經每以芭蕉喻身之空幻無常，此佛典要義，不得牽以中土典故。唐・劉禹錫《病中一二禪客見問因以謝之》：「身是芭蕉喻，行須枛竹扶。」《解脫道論》卷 7：「此身無自性，如水泡喻，如芭蕉喻，如水沫喻，無有眞實。」芝焚可歎，典出晉・陸機《歎逝賦》：「信松茂而柏悅，嗟芝焚而蕙歎。」《漢語大詞典》謂「芝焚」爲「芝殘蕙焚」之省，引《南史・劉峻傳》，失之。

〔註79〕《列子》「覆之以蕉」，「蕉」讀爲樵，參見黃生《義府》卷下，《字詁義府合按》，中華書局 1954 年版，第 216 頁。

（46）或（式）清界趣，〔□〕業悠歸（P.2497）

　　　　校記：□，原文當於此脫一字，內容俟攷（5-30）。

　　按：悠，讀爲攸。

（47）加以信月常飛，清風自振（P.2497）

　　按：「信月」不辭，S.4642：「清風自振，霜氣長飛。」然不詳何以致誤。

（48）願使自河入准（淮），度江垂海。得順風〔而〕取濟，無瀑浪以
　　　　相警（驚）（P.2497）

　　按：警，原卷即作「驚」字。垂，當作「乘」字。《後漢書・西域傳》：「自
　　　　此南乘海，乃通大秦。」「乘海」爲中古常用詞。

（49）或香或藥，履〔□〕日增於〔□〕殃；一花一果，侵求月計以茲
　　　　深（P.2497）

　　　　校記：原文此句當脫二字，內容俟補（5-31）。

　　按：侵，讀爲浸、寖，猶漸也〔註80〕。茲，猶益也、更也，後通用「滋」字
　　　　〔註81〕。所缺之字雖不可補，然大意尚得知之。二句言以藥物日除病殃；
　　　　雖佈施一花一果，漸求所作功德更深。

（50）聖上乃勅本道按察，降星車巡，兼乎四部（P.2497）

　　按：「降星」不辭，疑「星」讀爲「情」。

（51）識危在，晤（悟）無常（P.2497）

　　按：在，讀爲災。

（52）願言逆修，建今初七（P.2497）

　　按：建，當作「逮」。

（53）欲修其福，非大覺而誰？迺簁玄黃，具珍物齋。我列釋四十有
　　　　九，又將欲答鴻休而廣真業也（P.2497）

　　　　校記：此段文字較難懂，待考（5-31）。

〔註80〕參見裴學海《古書虛字集釋》，中華書局1954年版，第648頁。
〔註81〕參見楊樹達《詞詮》，中華書局1954年版，第265～267頁。

按：玄黃，指彩色之絲帛。「迺篚玄黃」典出《書・武成》：「惟其士女，篚厥玄黃，昭我周王。」孔傳：「言東國士女，篚筐盛其絲帛，奉迎道次，明我周王爲之除害。」鴻休，猶言鴻恩。此文言抽捨珍物而設齋供也，並以之報答鴻恩、光大眞業也。

（54）恐具（貝）錦之忽陷，荆於不測（P.2497）

校記：原文「荆」字疑應讀爲「刑」或「經」（5-31）。

按：校爲「貝錦」是也。貝錦，指讒言。典出《詩・巷伯》：「萋兮斐兮，成是貝錦。」朱熹注：「言因萋斐之形，而文致之以成貝錦，以比讒人者因人之小過而飾成大罪也。」荆，讀爲刑。二句言恐陷讒言，遭遇不測之刑也。下文「遂得天鑒孔遠，白珪俄雪」，則言已洗雪清白，正相對應。

（55）乃拜首靈覺，和（扣）誠真境（P.2497）

按：校「和」爲「扣」是也，而猶未盡。字或作叩，叩亦誠也。《廣雅》：「悾悾、愨愨、懇懇、叩叩，誠也。」王念孫《疏證》：「愨愨，曹憲音苦角反，各本譌作『懇懇』，今訂正……《楚辭・九歎》：『行叩誠而不阿兮。』叩，亦誠也。王逸注訓叩爲擊，失之。重言之則曰『叩叩』……『悾悾』、『愨愨』、『懇懇』、『叩叩』皆一聲之轉，或轉爲『款款』……『叩叩』各本譌作『叨叨』，今訂正。」〔註82〕《楚辭》之「叩」，姜亮夫讀爲「悃」〔註83〕，何劍熏讀爲「愨」〔註84〕。亦與「款」一聲之轉也。諸說並是。

（56）遂得天鑒孔遠，白珪俄雪；戴寵榮祿，申命于茲（P.2497）

按：戴，原卷作「載」。

〔註82〕王念孫《廣雅疏證》，收入徐復主編《廣雅詁林》，江蘇古籍出版社 1992 年版，第 462 頁。王念孫《讀書雜志・餘編下》説同，中國書店 1985 年版，第 68 頁。錢大昭校「叩叩」爲「切切」，非也。錢大昭《廣雅疏義》，收入《廣雅詁林》，第 462 頁。
〔註83〕姜亮夫《楚辭通故（四）》，收入《姜亮夫全集》卷 4，雲南人民出版社 2002 年版，第 93～94 頁。
〔註84〕何劍熏《楚辭拾瀋》，四川人民出版社 1984 年版，第 156 頁。

（57）比為遇諸怨對，應若形因。而梵儀匪喻，真操莫奪。則知霜霰之後，惟松柏之斯在。（P.2497）

按：對，讀為懟。《爾雅》：「懟，怨也。」《廣雅》：「懟，恨也。」北圖836：「恐是曩世愆殃，現生怨對。」P.2631：「舍怨對之根栽，結菩提之花蕚。」亦用借字。《願文集》第662頁失校。應，亦遇也。若，猶此也。因，疑當作困。《無量壽經》卷下：「心勞形困飲苦食毒。」「喻」與「奪」對舉，當讀為渝，改變也。

（58）諸佛裔臨，群靈沓降（P.2497）

按：「裔」猶言裔裔，「沓」猶言沓沓，皆行貌。S.4642作「諸佛齊臨，群靈並降」。

（59）庶望響象齋筵，希夷諦聽；納無過之福善，乘莫大之清薰（P.2497）

按：S.4642：「庶望象筵，希夷諦聽；納無邊之福善，無秉英之清熏。」二卷正可互校。則「響」、「齋」二字為衍文，「過」為「邊」之誤，「無秉英」為「乘莫大」之誤。《願文集》第127頁失校。

（60）家金人在堂，聖仙祇肅；以供以施，德雲繁鬱（P.2497）

校記：家，疑當為「加」之借音字，則下當脫一「以」字（5-31）。

按：金人，指佛像。「家」字不誤，正與「在堂」相應。疑「家」下脫「有」字。

（61）名列釋種，金鍾（鐘）專於真慈，乃心碩願（P.2497）

校記：原文此上三句句義未明，疑當乙斷作「列名釋，種（撞）金鍾（鐘）；專於真慈，乃心所願。」（5-31）。

按：《佛光大詞典》：「釋種，釋迦種族之意。釋，乃『釋迦』之略稱。」P.2341V：「所以請釋種之三尊，用答鴻恩。」亦用此詞。「名列釋種」即指是佛弟子。專，當作「専」。《玉篇》：「専，偏也，布也，或作敷。」碩願，大願。「乃心碩願」猶上文言「乃心好願」也。「乃心」疑當為「稱心」誤書。P.2504：「六通俯鑒，所願稱心。」

（62）以此用福，先資（P.2497）

按：用，原卷作「勝」。

（63）於是開紺宇，賁金山；象設有容，真鋪不撓（P.2497）

按：《說文》：「賁，飾也。」有，當作「金」。S.2146：「像設金容。」真，
亦象（像）也。鋪，讀爲敷，飾也。撓，疑當作「澆」，薄也。真敷不
澆，言塗設佛像不薄也。S.5957「金容千鋪」即其誼也。

（64）請梵園之眾寶，榑（轉）龍宮之秘典（P.2497）

按：S.4537：「請奈苑之僧徒，轉龍宮之教典。」榑、轉，並當校爲「傳」。
S.5637：「奪師子之威容，播龍宮之秘藏。」播亦傳也。

（65）於是尋紺苑，登梵堂（P.2497）

按：苑，原卷作「㨲」，當即「院」之俗字。

（66）於是罄已之外，纖毫不留；橫開無遮，博濟有識（P.2497）

按：已，當作「己」。

（67）百靈遝歸，四眾異集（P.2497）

校記：「異」字義未詳，俟攷（5-31）。

按：異，原卷作「翼」，當即「翼」之俗字。翼集，分列兩旁集合。

（68）龍王折藏以獻經，菩薩屈申而清（請）飯（P.2497）

按：折，開也。

（69）談花里（理）淨，身子逢而辯屈；獻珠因滿，智積見而疑除
（P.2497）

按：身子，舍利弗的譯名。舍利弗自幼形貌端嚴，及長，修習諸技藝，通曉
四吠陀。年十六即能挫伏他人之論議，諸族弟悉皆歸服。《妙法蓮華經》
卷4記龍女上寶珠於佛，以表已證圓果，「爾時龍女有一寶珠，價直三
千大千世界，持以上佛，佛即受之。龍女謂智積菩薩、尊者舍利弗言：
『我獻寶珠，世尊納受。是事疾不？』答曰：『甚疾。』女言：『以汝神
力，觀我成佛，復速於此。』」

（70）因即曾勵微懇，礼五色之臺峯，沐佛雞峰；致千山之無阻，喜迴
樂土（P.2504）

校記：五色之臺峯，當即五臺山。雞峰，即「雞足山」（5-32）。

按：五色之臺峯，當指花臺。P.3765V：「坐七層之寶道，廣度有情；昇五色之花臺，三會說法。」

（71）乃覩法門之殿宇初成，無錘（鐘）以掛於筍簴，有苦難離於无間（P.2504）

校記：「錘」字前後當缺一字（5-32）。

按：並無缺字。「無鐘」、「有苦」對舉。下句並非「苦難」爲詞，「難」是副詞，不讀去聲。

（72）澍法雨而沃口土者，惟佛；灑甘露而潤百苗者，惟龍（P.2542V）

按：缺字可補「熱」，P.2497：「灑甘露以沃熱，照月愛而清涼。」露，原卷作「澤」。

（73）若乃霔法雨則无機而不會，口甘澤則无苗而不榮（P.2542V）

校記：原文於此殘缺一字，似可補作「沐」、「滋」、「潤」（5-37）。

按：缺字據上句「灑甘澤而潤百苗」補「灑」字。

（74）不口其佛，誰爲我师？若无其王，誰爲我主（P.2542V）

按：缺字原卷爲「示」字之殘。

（75）帝日由是重燿（輝），法輪於焉再闡（P.2542V）

按：《廣韻》：「燿，光貌。」

（76）然今大會其（意）者，誰施之（P.2542V）

按：「其」、「者」二字當乙，作「然今大會者，其誰施之」。

（77）恭聞大聖法王，弥超萬類之外；正真調御，獨步三千之露（路）（P.2542V）

按：弥，原卷作「流」字，Дx05961同。露，Дx05961作「蹤」。

（78）六取（趣）仰之照（昭）蘇，八苦憑而教化（P.2542V）

按：八苦，Дx05961作「八品」。考《大般涅槃經》卷上：「所謂八苦，一

生苦；二老苦；三病苦；四死苦；五所求不得苦；六怨憎會苦；七愛別離苦；八五受陰苦。」《增壹阿含經》卷 5：「所謂賢聖八品道，一名正見；二名正治；三名正業；四名正命；五名正方便；六名正語；七名正念；八名正定。」此卷作「八苦」是也。

（79）應跡賢口（劫），口救迷途〔而〕護現；莫測其原，慈濟鹿存於汲引（P.2542V）

　　校記：口，原文於此殘缺一字，茲補作「劫」。口，原文於此殘缺一字，似可補作「普」。鹿，義未詳，待考（5-37）。

按：Дx05961：「應跡濁劫，誓救迷途〔而〕權現；莫測廣（其）原，慈濟庶存於汲引。」則「救」上當補「誓」字。護，原卷從「扌」旁，據Дx05961 同句當作「權」。「鹿」當作「庶」，形之誤也。途，讀爲徒。庶，希冀也，趙鑫曄校爲「廣」，未是。

（80）大矣哉，難口口也（P.2542V）

　　校記：口口，原文於此殘缺兩字或者三字（5-37）。

按：據願文慣用語，「難」下脫「可詳」或「可量」二字。

（81）厥今虛法座，口（顯）真容；錦褥重敷，繡裀霞設者（P.2542V）

　　校記：口，原文於此殘缺一字，茲據 P.2974 同句補作「顯」。繡，原字形作「繡」（5-37）。

按：裀，原卷字形作「祸」。繡裀霞設，P.2974 作「繡茵遐設」。「茵」字是。霞，讀爲遐。

（82）妙哉玄籍，難可量矣（P.2542V）

按：可，原卷作「以」。

（83）夫張願力者，爲致人天之道；崇妙法行者，高昇解脫之門（P.2542V）

按：「法」字衍，Дx05961 無。

（84）夫前佛出興，化周三口；後身成道，降跡五天（P.2542V）

按：缺字可據Дx05961 同句補作「界」。S.3929：「蓋聞三身化現，化周三界之儀；四智圓明，圓救四生之苦。」亦可助校。

（85）捨諸（儲）位闇夜俞（踰）城，趣法五明晨證五（P.2542V）

校記：「證五」不詞，疑「五」當爲「悟」字之音近借用或「道」字草書之訛（5-38）。

按：法五，原卷作「法王」。證五，讀爲「證悟」。

（86）今者四序將蓋（盡）（P.2542V）

按：者，原卷作「則」。

（87）夫開運像、鑒昏衢、利萬物者，佛也（P.2542V）

按：鑒，原卷作「𥰡」形。據北圖 6854：「夫開運〔像〕、鑒昏衢、津萬物者，佛也。」〔註85〕「𥰡」即「鑒」，當爲「鑿」字形誤，鑿亦開也。《仁王護國般若波羅蜜多經疏》卷上：「若非大明作照，何以破昏衢；非大震法音，何以窒諸慾者矣？」《念佛鏡》卷2：「蓋醫王護世，儻方道訣皆靡；慧日當空，黑室昏衢頓破。」鑿亦破也。此卷下文「是知佛日開也，則口口（昏衢）啓鑒而長暉」，《校記》：「此句據 S.5924 同句校補。」（5-38）原卷「鑒」亦作「𥰡」形。「啓鑒」不辭，「𥰡」亦當爲「鑿」字形誤。《諸方門人參問語錄》卷下：「對稠人廣眾啓鑿玄關。」

（88）指福田、豎良祐、崇舟檝、度群品者，僧〔也〕（P.2542V）

按：指，北圖 6854 作「寔」，並讀爲實，眞實。Дx01009：「是（示）現種疾，豁若冰消；眞實福田，俄然往〔矣〕。」S.5561 作「眞寶福田」，「寶」爲「實」之誤，《願文集》第 692 頁失校。

（89）潛黃天地之際，清寂思議之表（P.2542V）

按：潛黃，當據 Дx00981＋Дx01311＋Дx05741＋Дx05808V 同句作「焜煌」，「潛」字涉上句「佛日出現，眾聖由是潛〔輝〕」而誤書。「黃」、「煌」音借。

（90）其欲善權利物，示現逾城；俾乎群生，則而（如）像也（P.2542V）

按：俾，讀爲裨，益也。

〔註85〕趙鑫曄於「運」字前作缺字符號，非也。趙鑫曄《敦煌佛教願文研究》，南京師範大學 2009 年博士學位論文，第 31 頁。

（91）我法王之〔口〕也，普被於三千；法之潤也，寶慈於方（萬）類
（P.2542V）

校記：原文當於此脫一字（5-38）。

按：法王，原卷作「王法」。「法之口也」與「法之潤也」為對文。

（92）是以願生具七寶藍（蓋）。子（不）獲五通，時至必无常。何能
逸（免）斯者（P.2542V）

校記：子，當為「不」字形訛（5-38）。

按：P.2526V 亦作「子」字，《願文集》第 193 頁亦校為「不」。「子」當為
「了」字形訛，「了獲五通」屬上為句。此文當點作「是以願生具七
寶蓋，了獲五通。時至必無常，何能免斯者」。

（93）乘馬伏牛之國（P.2542V）

按：伏讀為服，實為犕。《易‧繫辭》：「服牛乘馬。」《說文》引作「犕牛乘
馬」，段注：「以車駕牛馬之字當作犕，作服者假借耳。」〔註86〕

（94）然今罄一心、虔五體於坐端者，有若至孝（P.2542V）

按：端，原卷作「瑞」，為「端」字誤書。

（95）慈雲廣覆，非唯震旦。高臨遍獨，娑婆之境，舟船大海。拯世界
於三千，灑甘露於四生，濟含靈於萬有（P.2542V）

校記：高臨遍獨，此句義不詳，待考（5-39）。

按：P.2665：「慈雲廣覆，非唯震旦之方；惠（慧）日高臨，遍獨（燭）娑
婆之境。舟航大海，拯世界於三千。灑甘露於四生，濟含靈于萬有。」
此卷脫「之方」、「惠日」四字，「獨」當作「獨（燭）」，「船」當作「航」。
並當據 P.2665 補訂，並改正句讀。

（96）盖聞大聖法王，尚歸真於雙樹；位臨天主，由（猶）遷命於五口
（P.2542V）

按：缺字可據 P.2341 同句補「衰」。

〔註86〕段玉裁《說文解字注》，上海古籍出版社 1981 年版，第 52 頁。

（97）若夫帝〔□〕誕靈，浴兩泉而標聖；天宮降跡，凝八相以稱尊（P.2542V）

> 校記：□，原文當於此脫一字（5-39）。

按：缺字可據 P.2665 同句補「室」。

（98）傃鶴林而演正，俄迴梵志之心；濟鷲嶽以揮邪，郡革波旬之面（P.2542V）

> 校記：「郡革」不詞，當有誤，俟攷（5-39）。

按：《干祿字書》：「傃、遡：向也，並正。」濟，P.2665 同，讀爲躋。郡，
P.2665 作「群」。革，改也。據《慧琳音義》卷 10，「旬」當作「旬」，
音縣。波旬，乃諸罪中最大之惡魔。

（99）洪哉妙覺，難可稱言（P.2542V）

按：言，P.2665 作「焉」，此爲音訛。

（100）九重王舍，誕跡真容（P.2542V）

按：眞，原卷作「金」。

（101）大悲大悲（慈），與物無弘；惟神惟聖，與物無竟（競）（P.2542V）

按：「弘」字原卷僅存右邊「厶」，當爲「私」字之殘。

（102）不可以率迩（爾）讚翼我釋典與（歟）（P.2542V）

> 按：讚翼，讀爲「贊翼」。

三、結　語

《校錄訂補》所錄文獻，我僅核對了一部分膠卷，誤錄之處當不止上數。
學者如欲引用，自以親自核對原卷圖版爲好，別人的錄文只可作爲參考。這
一點適用於所有敦煌寫卷的錄文。

我於六年前，才初始接觸敦煌文獻；三年前，才偶然地接觸敦煌願文。
時日既短，加以我在學問上用心不專，務廣而荒；我在敦煌領域，充其量也
就是個小學生而已。我於敦煌寫卷，目驗不多。坦率地說，對它的用字情況

並不熟悉，很多字都是猜猜而已，不能分辨字形，作深刻的剖析。所作訂補文字，只是依據傳世文獻的一般規律作的臆測而已。如有一二幸中，其於敦煌文獻之研究，或不無小補也。博雅君子，幸以賜正。

作者記於 2010 年 10 月

（刊於《東亞文獻研究》總第 7、8 輯）

敦煌寫卷 P.2569、P.5034V 《春秋後語》校補

Ⅰ. 敦煌寫卷 P.2569《春秋後語》校補

　　敦煌寫卷 P.2569 存《春秋後語》之《趙語》、《韓語》、《魏語》、《楚語》四語之殘卷。今取《法藏敦煌西域文獻》第 16 冊 P.2569 圖版爲底本〔註1〕，校以傳世典籍。

　　敦煌寫卷 P.2569 羅振玉《鳴沙石室佚書》有錄文〔註2〕，鄭良樹、康世昌、王恒傑各有錄文及校記。趙紅亦有論文考訂此卷〔註3〕。諸家有疏失者，特爲補訂《趙語》、《楚語》部分的條目。

一、《趙語》

（一）

（1）吞炭爲啞

　　康世昌校：「吞」字原卷（引者按：指 P.3616）無，「啞」字原譌省作「亞」，今並據略出本（引者按：指 P.2569，下同）補正。

〔註1〕《法藏敦煌西域文獻》第 16 冊，上海古籍出版社 2001 年版，第 27～30 頁。
〔註2〕 羅振玉《鳴沙石室佚書》，1913 年。
〔註3〕 趙紅《敦煌本 P.2569〈春秋後語・趙語〉訂補》，《西域研究》2013 年第 4 期，第 128～130 頁。

按：《策》、《史》作「啞」。「亞」爲「啞」省借字也。《漢書·東方朔傳》：「伊優亞者，辭未定也。」《六書故》：「今人謂喑啞。歐啞、伊啞、優啞，皆聲也。《漢書》：『伊優亞』，單作亞。」即其相通之證。施之勉曰：「《莊子·庚桑楚》：『兒子終日嗥而嗌不嗄。』《玉篇》：『嗄，聲破。』《釋文》：『嗄，崔本作喝，云：啞也。』是啞爲聲破，非不能言也。」〔註4〕王叔岷申證之〔註5〕。二氏說是。《莊子》《釋文》又引司馬云：「楚人謂啼極無聲爲嗄。」今吳語尚有「喉嚨嗄嘞」、「聲音嗄格」之語，「嗄」讀同方音瀉，蓋古楚語之遺存。「啞」即「嗄」之借字〔註6〕。《慧琳音義》卷30：「癡嗄」條引《考聲》：「嗄，聲破也。」又引《文字集略》：「嗄，聲敗也。」《廣韻》：「嗄，聲敗。」又「嗄，《老子》曰：『終日號而不嗄。』注云：『聲不變也。』」「不」當作「敗」，校《廣韻》諸家皆未之及〔註7〕。《龍龕手鑑》：「嗄，聲敗變也。」正作「敗」字。老子楚人，正用楚語〔註8〕。《老子》第55章道藏河上公本、王弼本、范本、景龍碑本、敦煌寫卷S.6453作「嗄」，宋刊河上公本、葛玄本、敦煌寫卷P.2420作「啞」〔註9〕。易順鼎曰：「『嗄』即《史記》『吞炭爲

〔註4〕 施之勉《史記會注考證訂補》，華岡出版有限公司，中華民國65年版，第1346頁。

〔註5〕 王叔岷《史記斠證》，中央研究院歷史語言研究所專刊之七十八，1983年版，第2587頁。

〔註6〕 高亨則曰：「嗄，即『啞』之異文。」高亨《老子正詁》，中國書店1988年版，第117頁。

〔註7〕 黃侃《廣韻校錄》，中華書局2006年版。黃侃《黃侃手批廣韻》，中華書局2006年版。周祖謨《廣韻校本》，中華書局2004年版。余迺永《新校互注宋本廣韻》，上海辭書出版社2000年版。蔡夢麒《廣韻校釋》，岳麓書社2007年版。

〔註8〕 參見朱謙之《老子校釋》，中華書局1984年版，第223頁。李水海曰：「『嗄』爲《老子》其書原字，且爲《老子》書所用楚方言。」李水海《老子〈道德經〉楚語考論》，陝西人民出版社1990年版，第78頁。

〔註9〕 《老子》傅本作「歝」，嚴本作「嗳」，《玉篇》、《慧琳音義》卷86引亦作「嗳」。《莊子·庚桑楚》《釋文》：「嗄，本又作『嗳』。」古鈔卷子本作「嗳」。「歝」、「嗳」爲「歝」、「嗄」之形誤。《太玄經·夷》：「柔，嬰兒於號，三日不嗄。」此從范本，二宋、陸、王本誤作「嗳」。司馬光注：「嗄，聲變也。」俞樾曰：「實以作『嗳』爲長，『嗳』與『柔』韻……今本《老子》亦皆作『嗄』，惟傅奕本作『歝』，尚爲近之。」俞氏拘于韻語，不知《老子》作「嗳」則亦失韻。《老子》自有韻語，《太玄》則否。俞說未是。《道德指歸論》卷4：「啼號不嗄，可謂志和。」（此據《叢書集成新編》本，新文豐出版公司1985年版，第19冊，第200頁。《四部要籍注疏叢刊》本誤作「嗳」，中華書局1998年

啞』之『啞』。」〔註10〕章太炎曰:「今通謂不能言者爲嗄,嗁極無聲亦曰嗄,通借『啞』字爲之。《史記》已云『吞炭爲啞』,其假借久矣。」〔註11〕字或作喝、歇,《玉篇》:「喝,嘶聲也。」《慧琳音義》卷94:「聲嗄:《廣蒼》從欠作歇,音訓並同也。」《集韻》:「嗄、歇,聲變也,或從欠。」〔註12〕又音轉作沙、誓、嘶,黃侃曰:「嗄即沙之別,實誓之別。」〔註13〕朱季海曰:「喝者泰之入,嗄古音在魚部,今吳語轉平音如沙,謂嘶啞也。故書疑作喝,司馬本作嗄者,據《老子》改字耳。」〔註14〕姜亮夫曰:「今昭人謂聲破爲沙聲沙氣,《道德經》以『嗄』爲之,

---

版,第47頁。)畢沅曰:「『嚘』與『嗄』形近,或者誤『嚘』爲『嗄』,又轉『嗄』爲『啞』。」高明謂據帛書可證成畢說。二氏未得。馬敍倫曰:「『歇』、『嚘』、『嗄』並『喝』之借字……『啞』亦『喝』之借字。」馬氏謂「歇」、「嚘」爲借字,非也。蔣錫昌謂當從一本作「噫」,借爲「喑」,未知「嗄」爲古楚語也。朱謙之曰:「『嗄』是故書,其演變爲『嚘』,爲『歇』,因又轉爲『噫』,爲『啞』,蓋皆方言之變耳。」朱氏謂「歇」、「嚘」爲「嗄」音轉,非也。郭店簡作「惪」,帛書甲本作「忞」,皆即「憂」字。蓋「嗄」形誤爲「嚘」,又省作「惪」、「忞」也。李零校郭店簡從王弼本讀作「嗄」,得之。彭浩曰:「王弼本作『嗄』,似爲『嚘』之誤。」郭沂曰:「王本之『嗄』,乙本之『嚘』蓋爲『憂』之訛誤,形相近也。」廖名春曰:「『憂』可訓爲病……後世寫作『嚘』,又借作『歇』,省寫作『忞』……又形訛爲『夏』,進一步借爲『嗄』、『啞』。」劉信芳、劉釗並謂楚簡「惪」讀爲「嚘」。並失之。俞樾《諸子平議》,上海書店1988年版,第663頁。畢沅《老子道德經考異》,收入《叢書集成新編》第19冊,新文豐出版公司1985年版,第405頁。高明《帛書〈老子〉校注》,中華書局1996年版,第95頁。馬敍倫《老子校詁》,中華書局1974年版,第486頁。蔣錫昌《老子校詁》,(上海)商務印書館民國26年初版,第341頁。朱謙之《老子校釋》,中華書局1984年版,第223頁。李零《郭店楚簡校讀記》,北京大學出版社2002年版,第7頁。彭浩《郭店楚簡〈老子〉校讀》,湖北人民出版社2001年版,第66頁。郭沂《郭店竹簡與先秦學術思想》,上海教育出版社2001年版,第59頁。廖名春《郭店楚簡〈老子〉校釋》,清華大學出版社2003年版,第335頁。劉信芳《荊門郭店竹簡老子解詁》,臺北藝文印書館1999年版,第41頁。劉釗《郭店楚簡校釋》,福建人民出版社2005年版,第24頁。

〔註10〕易順鼎《讀老札記》,轉引自朱謙之《老子校釋》,中華書局1984年版,第223頁。

〔註11〕章太炎《新方言》卷4,收入《章太炎全集(七)》,上海人民出版社1999年版,第92頁。

〔註12〕《集韻》又曰:「歇,一曰氣逆,《老子》:『終日號而不歇。』」「歇」爲「歇」形誤。

〔註13〕黃侃《黃侃手批廣韻》,中華書局2006年版,第483頁。

〔註14〕朱季海《莊子故言》,中華書局1987年版,第106頁。

音沙。」〔註15〕《南齊書·蕭坦之傳》：「坦之肥黑，無鬚，語聲嘶，時人號爲蕭痙。」《建康實錄》卷 16、《實賓錄》卷 7「痙」作「啞」，此例「啞（痙）」正爲聲嘶之義，亦當讀爲嗄。《索隱》：「啞，謂瘖病。」范祥雍曰：「『啞』乃『痙』之借字。」〔註16〕並失之。

（2）顧不易也

按：《史》作「顧不易邪」。顧，猶豈也〔註17〕。邪，猶邪也〔註18〕。《索隱》：「顧，反也。邪，不定之辭。」失之。

（3）且吾所為者嶮難身

康世昌校：「自吾所險難身」句不可解，當有脫誤，略出本「自」作「且」，餘同，亦不可通。《史記》作「且吾所爲者極難耳」。

王恒傑校：P.3616「且」作「自」。P.3616、《佚書》「嶮」作「漸」。《刺客列傳》「嶮難身」作「極難耳」。案：「耳」爲「身」之誤，涉形近而譌。

按：「自」當作「且」，「嶮」、「漸」當作「極」，「身」當作「耳」。王校失之。《通鑑》卷 1、《通志》卷 180、《冊府元龜》卷 764 並作「極難耳」。

（4）脫附身之衣以與之

按：附，《御覽》卷 689 引《春秋後語》作「付」，借字。《書·梓材》：「皇天既付中國民。」《釋文》：「付，馬本作附。」

（5）吾可以報智伯矣

按：吾，《御覽》卷 689、《事類賦注》卷 12 引並同，《史》亦同，《策》作「而」。鮑彪注：「而，自呼也。」而，猶吾也，第一人稱代詞〔註19〕。《類聚》卷 33 引《策》「而」正作「吾」。《說苑·雜言》：「庸知而不遇之？」《荀子·宥坐》作「女庸安知吾不得之桑落之下？」《說苑·

〔註15〕姜亮夫《昭通方言疏證》，收入《姜亮夫全集》卷 16，雲南人民出版社 2002 年版，第 236 頁。

〔註16〕范祥雍《戰國策箋證》，上海古籍出版社 2006 年版，第 959 頁。

〔註17〕參見裴學海《古書虛字集釋》，中華書局 1954 年版，第 327 頁。裴氏正舉此例。王叔岷《史記斠證》從裴說，中央研究院歷史語言研究所專刊之七十八，1983 年版，第 2587 頁。

〔註18〕參見王引之《經傳釋詞》，岳麓書社 1984 年版，第 89 頁。

〔註19〕參見蕭旭《古書虛詞旁釋》，廣陵書社 2007 年版，第 252 頁。

君道》：「而受若魚，是反晏子之義而順諂諛之欲也。」《御覽》卷 426
引《晏子春秋》作「吾若受魚」。皆其例也。吳昌瑩、裴學海謂「而」
猶「此」，徐仁甫謂「而」猶「如此」〔註20〕，橫田惟孝曰：「『曰』、
『而』恐互倒。」金正煒曰：「『而』當爲『亦』。」范祥雍曰：「而，
乃也，於義亦通。」〔註21〕郭希汾曰：「而，汝也。」〔註22〕皆未得。
諸祖耿據《類聚》卷 33 引徑改作「吾」〔註23〕，亦失之。「報」字上
《御覽》卷 689、《事類賦注》卷 12 引有「下」字，《史》同，《策》
無。《白帖》卷 92 引《史》「報」字上有「地下」二字。

（二）

（1）將行，約其客有文武者廿餘人偕

康世昌校：「廿」字下原卷衍「餘」字，與下文不符，今據《御覽》引刪。

按：其，《史記·平原君列傳》作「與」。王叔岷曰：「《春秋後語》、《通鑑》
『與』並作『其』，義同。《文選·求自試表》注引偕作俱，《通鑑》同。」
〔註24〕約，讀爲邀，請也。「偕」、「俱」同義。

（2）毛遂自讚請行

按：讚，《史》作「贊」，《通鑑》卷 5 作「薦」，《類聚》卷 70 引《史》作「進」。
王叔岷曰：「作『贊』是故書。」〔註25〕《說文》：「贊，見也。」

（3）是先生無能有也

鄭良樹校：《御覽》、《天中記》引「能有」並作「所能」，《史記》作「所有」。

按：無能有，《冊府元龜》卷 900 亦作「無所能」，《史》、《通鑑》卷 5 作「無

〔註20〕吳昌瑩《經詞衍釋》，中華書局 1956 年版，第 118 頁。裴學海《古書虛字集
釋》，中華書局 1954 年版，第 540 頁。徐仁甫《廣釋詞》，四川人民出版社 1981
年版，第 317 頁。
〔註21〕橫田惟孝《戰國策正解》、金正煒《戰國策補釋》，並引自范祥雍《戰國策箋
證》，上海古籍出版社 2006 年版，第 962 頁。
〔註22〕郭希汾《戰國策詳注》，轉引自繆文遠《戰國策新校注》，巴蜀書社 1998 年版，
第 523 頁。
〔註23〕諸祖耿《戰國策集注匯考》，鳳凰出版社 2008 年版，第 887 頁。
〔註24〕王叔岷《史記斠證》，中央研究院歷史語言研究所專刊之七十八，1983 年版，
第 2357 頁。
〔註25〕王叔岷《史記斠證》，中央研究院歷史語言研究所專刊之七十八，1983 年版，
第 2357 頁。

所有也，先生不能」，《冊府元龜》卷 847 作「無所有能」。

（4）平原君見楚王論合從之利害

按：害，《史》、《通鑑》卷 5 作「害」。《龍龕手鑑》：「害，古。害，正。」

（5）遂銅盆而跪進之

按：銅盆，《史》、《通鑑》卷 5 作「奉銅盤」，《索隱》：「奉音捧。」《御覽》卷 758 引《史》作「捧銅槃」。此卷脫「奉」字。

（6）王當歃盟定從約

王恒傑校：《平原君列傳》「歃」作「歃」，無「盟」字。案：「歃」當爲「歃」的俗寫。瀧川資言云：「楓山、三條本歃下有盟字。」疑《平原君列傳》脫「盟」字。

按：王叔岷曰：「歃乃唼之俗變。」〔註 26〕《史》、《通鑑》卷 5 作「王當歃血而定從」，《類聚》卷 73 引《史》作「王當唼盟而定從」。當作「歃血盟」，今本《史》、《通鑑》脫「盟」字，此卷及《類聚》脫「血」字。《御覽》卷 758 引《史》正作「歃血盟而定之」。《漢書·王陵傳》：「唼血而盟。」《史記·呂后本紀》、《通鑑》卷 13 作「唼血盟」，《索隱》：「唼，或作啑。」顏師古注：「唼，小歠也。音所甲反。」《三國志·臧洪傳》：「洪乃升壇操槃，歃血而盟曰。」皆其證。《玄應音義》卷 8：「唯啑（唼）：又作唼，同。所甲反。書亦作歃，所洽反。謂以口微吸之也，亦歃血也。」明·楊慎《奇字韻》卷 5：「唼：『歃』、『啑』同。」〔註 27〕字或作啑，《後漢書·竇武傳》：「啑血共盟。」《晉書·宗室列傳》：「刑白馬，啑血而盟。」

（7）公等相與歃此於堂下

康世昌校：「此」字下《史記》有「血」字，意較完備。又「唼」字《史記》作「歃」，《索隱》云：「唼此血，音所甲反。」所見《史記》與此合。

按：《史》無「等」字。歃此，《通鑑》卷 5 亦作「歃此血」，《類聚》卷 73 引《史》作「唼此血」。則此卷脫「血」字。

〔註 26〕 王叔岷《史記斠證》，中央研究院歷史語言研究所專刊之七十八，1983 年版，第 2359 頁。
〔註 27〕 楊慎《奇字韻》，收入《叢書集成新編》第 40 冊，新文豐出版公司 1985 年版，第 196 頁。

（8）公等碌碌，所謂因人成事者也

王恒傑校：《平原君列傳》「碌碌」作「錄錄」。

按：《通鑑》卷 5 亦作「錄錄」。《類聚》卷 73、《御覽》卷 480、《記纂淵海》卷 68 引《史》並作「碌碌」，《記纂淵海》卷 42 引《通鑑》同；《白帖》卷 34、《古今合璧事類備要》前集卷 34、《古今事文類聚》前集卷 24、《冊府元龜》卷 847 亦作「碌碌」。《集解》：「錄，音祿。」《索隱》：「錄，音六。王邵云：『錄借字耳。』又《說文》云：『錄錄，隨從之貌也。』」字本作「娽娽」，《廣韻》：「娽，《說文》：『隨從也。』《史》毛遂謂十九人曰：『公等娽娽，可謂因人成事耳。』《史記》亦作錄。」施之勉曰：「此本字作『娽娽』，《說文》：『娽，隨從也。』與因人成事意合。」〔註 28〕字或作「琭琭」、「睩睩」、「逯逯」、「禄禄」、「录录」、「陸陸」、「坴坴」、「蹗蹗」、「鹿鹿」，諸字形並同〔註 29〕。

（四）

（1）受相印而不辭無能，受割地不言無功者，亦自以為親戚故也

王恒傑校：P.2872 無「而」、「能」二字。

按：P.2872V 脫「能」字。P.2872V 無下「受」字。《史》無「而」字、下「受」字，有「能」字。《策》亦有「能」字。上「受」字，《史》同，《策》作「佩」。言，《史》同，《策》作「讓」。

（五）

（1）平原君家樓臨近民家，民家有躄者，蹣跚而行汲水

鄭良樹校：《御覽》引無「近」字，《史記·平原君列傳》同。

康世昌校：蹣跚，己卷作「盤跚」，《御覽》引作「盤散」，下注云：「散，音珊。」《史記》作「槃散」。王叔岷《斠證》：「槃與盤，散與跚，古並通

〔註 28〕施之勉《史記會注考證訂補》，華岡出版有限公司，中華民國 65 年版，第 1259 頁。

〔註 29〕參見宋·洪邁《容齋三筆》卷 13。又參見明·方以智《通雅》卷 9，收入《方以智全書》第 1 冊，上海古籍出版社 1988 年版，第 350 頁。清·吳玉搢輯、許瀚校勘《別雅》卷 5，收入《叢書集成新編》第 38 冊，新文豐出版公司 1985 年版，第 364 頁。朱起鳳《辭通》卷 21，上海古籍出版社 1982 年版，第 2280 頁。

用。蹣，俗字。」「盤跚」今謂之「蹣跚」是也。又《御覽》引此句作「盤散行及」，「及」及（乃）「汲」之譌省，《史記》作「汲」字是。

王恒傑校：《佚書》「汲」作「及」。《平原君列傳》「蹣跚」作「槃散」，下有「而」字，無「水」字。《御覽》卷 740 引作「及」。

按：《史》無「而」字，王氏失校。臨，王錄誤作「鄰」。躄，《御覽》卷 391 引《史》作「蹕」，《正義》：「躄，跛也。」本字為躄，《說文》：「躄，人不能行也。」《集解》：「散，亦作跚。」《索隱》：「散，〔亦〕作跚，音同。」黃善夫本、殿本「跚」作「珊」。王叔岷曰：「珊與散、跚，古亦通用。」〔註30〕蹣跚，《說文繫傳》「躄」字條引《史》作「盤跚」，《御覽》卷 391 引《史》亦作「盤散」，《白帖》卷 33「躄者盤散行汲」條同，《通志》卷 94 作「槃跚」，《古今事文類聚》別集卷 6 作「槃散」，《六書故》引作「槃柵」。諸字形並同。字或作「蹡跚」、「槃姍」、「便姍」、「婆珊」、「盤姍」、「盤珊」、「蹣跚」等〔註31〕，例略。

（2）臣生不幸有跛癃之疾

康世昌校：跛癃，《御覽》引作「跛躄」，王念孫《讀書雜志》「罷癃之病」條云：「癃、癃，躄、躄字異而義同。」

王恒傑校：《平原君列傳》無「生」字，「疾」作「病」。

按：《御覽》卷 740 引無「生」字，「疾」字同此卷。跛癃，《史》作「罷癃」，景祐本、黃善夫本作「罷癃」。《索隱》：「罷癃，背疾，言腰曲而背隆高也。」王念孫曰：「罷癃即指躄而言。」〔註32〕王說是。「罷癃」二字《漢書》中《食貨志》、《陳湯傳》、《王莽傳》凡三見，顏師古注並謂罷讀曰疲。

（3）平原君恠之

王恒傑校：《平原君列傳》「恠」作「怪」。

按：原卷作「恠」，P.2872V 作「恠」。《玉篇》：「怪，異也。恠，同上，俗。」《五經文字》卷中：「怪，異也，從又從土；作恠及從工者皆訛。」

〔註30〕 王叔岷《史記斠證》，中央研究院歷史語言研究所專刊之七十八，1983 年版，第 2355 頁。
〔註31〕 參見蕭旭《〈說文〉「般姍」疏證》。
〔註32〕 王念孫《史記雜志》，收入《讀書雜志》，中國書店 1985 年版。

則「恠」、「佐」爲俗訛字。《龍龕手鑑》：「怪，或作。佐，正。恠，今。恠異也，驚也。」蓋據時俗言之。

（4）进襞者而謝焉

按：而，《史》作「因」。因，猶而也〔註33〕。

（5）賓客聞之，乃復却來

康世昌校：乃復却來，己卷作「復稍來」。

按：却，《史》作「稍稍」。

四、《楚語》

（一）

（1）王問羣臣曰：「吾聞北方畏昭奚恤爾，熙寡人何如？」

鄭良樹校：《御覽》、《事文類聚》、《合璧事類》、《天中記》此句並作「亦誠何如」，《永樂大典》作「何如」。

王恒傑校：《戰國策・楚策一》作「果誠何如」。

按：康世昌錄本誤以「爾」字屬下句。「熙」一字句，讀爲嘻，語辭。寡人何如，《新序・雜事二》亦作「亦誠何如」。亦，猶果也〔註34〕。

（2）江乙對曰

按：對，《策》同，《新序》作「答」。

（3）狐曰：「子毋得食我也。」

鄭良樹校：《御覽》、《事文類聚》、《天中記》、《永樂大典》「得食」並作「噉」。

康世昌校：吳師道校《國策》云：「一本標《十二國史》、《春秋後語》『食我』作『噉我』。」所見本與《御覽》引合。

按：《策》、《新序》「得」作「敢」。《御覽》卷494引《尹文子》作「子無食我也」。敢，猶得也，口語曰「可以」〔註35〕。《御覽》卷909、《古

〔註33〕 參見裴學海《古書虛字集釋》，中華書局1954年版，第79～80頁。蕭旭《古書虛詞旁釋》有補證，廣陵書社2007年版，第28頁。

〔註34〕 參見裴學海《古書虛字集釋》，中華書局1954年版，第180頁。裴氏正舉此例。蕭旭《古書虛詞旁釋》有補證，廣陵書社2007年版，第73頁。

〔註35〕 參見蕭旭《古書虛詞旁釋》，廣陵書社2007年版，第132～133頁。

今事文類聚》後集卷 37 引並作「子無噉我」。作「噉」者，蓋誤以「敢」爲「噉」，又刪「食」字。石光瑛曰：「敢當讀如噉。」〔註36〕未確。「敢」、「得」異文，而非「食」、「噉」異文也。

（4）子食我，是逆天帝之命

王恒傑校：《荊宣王問羣臣》「食」上有「今子」二字。

按：《御覽》卷 909、《記纂淵海》卷 98、《古今事文類聚》後集卷 37 引並作「子若食我」。《新序》、《御覽》卷 494 引《尹文子》亦並有「今」字。今，猶若也〔註37〕。

（5）子以言我不信，我為子先行

康世昌校：「我爲」二字原譌作「言我」，此據《御覽》引改，《國策》、《新序》並同。

王恒傑校：《荊宣王問羣臣》「言我」作「我爲」。下「我」作「吾」。

按：《御覽》卷 909 引作「子以我不信」，《初學記》卷 29 引《策》同；《記纂淵海》卷 98、《古今事文類聚》後集卷 37 引並作「子以我爲不信」，《御覽》卷 494 引《尹文子》作「子以我言不信」。此句當作「子以我言爲不信」，各本並有脫文。康校未確。此卷「言我」當乙作「我言」，又脫「爲」字。

（6）故人臣見者，畏君威也

康世昌校：「畏者」二字原倒，今據《御覽》引、吳師道校《國策》引乙正。

按：康乙是也，《新序》作「故人臣而見畏者，是見君之威也」。石光瑛曰：「『見者』二字中間，當有一『畏』字。」〔註38〕則以爲脫一「畏」字，亦通。

（7）君若不用，則威亡矣

康世昌校：「若」字《御覽》、吳師道引並無。「則」字吳師道引作「而」。

按：若，《新序》亦無。威，《新序》同，《御覽》卷 909 引誤作「滅」。

〔註36〕石光瑛《新序校釋》，中華書局 2001 年版，第 191 頁。
〔註37〕參見王引之《經傳釋詞》，岳麓書社 1984 年版，第 98 頁。裴學海《古書虛字集釋》有補證，中華書局 1954 年版，第 348 頁。
〔註38〕石光瑛《新序校釋》，中華書局 2001 年版，第 193 頁。

（二）

（1）夫人鄭袖妬之，而極其所欲為之

　按：《戰國策・楚策四》作「衣服玩好，擇其所喜而爲之；宮室臥具，擇其
　　　所善而爲之」，《韓子・內儲說下》作「衣服玩好，擇其所欲爲之」。疑
　　　此卷脫「衣服玩好」四字。

Ⅱ. 敦煌寫卷 P.5034V《春秋後語》校補

　　敦煌寫卷 P.5034V 存《春秋後語》之《秦語》殘卷，今取《法藏敦煌西
域文獻》第 34 冊 P.5034V 圖版爲底本〔註39〕，校以傳世典籍及敦煌其它寫
卷。

　　敦煌寫卷 P.5034V 羅振玉《鳴沙石室佚書》有部分錄文〔註40〕，鄭良樹、
康世昌、王恒傑各有錄文及校記，諸家有疏失者，特爲補訂。

一、《秦語上》

（一）

（1）〔孝公〕億不入，時時睡

　按：原卷「億」字右邊之上部「立」殘去，康世昌誤錄作「聽」。《長短經》
　　　卷 2 作「孝公意不入，時時睡」，「億」讀爲「意」。《史記・商君傳》作
　　　「鞅語事良久，孝公時時睡」，「孝公」後疑脫「意不入」三字。《御覽》
　　　卷 623 引《史》「時」字不重，其餘同今本，則脫久矣。

（2）請復見我，我知之矣

　按：請，《史》作「誠」。《史》上文「請復見鞅」，亦作「請」字。誠，讀爲
　　　請〔註41〕。《冊府元龜》卷 886 作「試」，爲「誠」字形誤。王伯祥解「誠」
　　　爲「果」〔註42〕，失之。

（3）子何以中吾君，吾君之歡甚

〔註39〕　《法藏敦煌西域文獻》第 34 冊，上海古籍出版社 2001 年版，第 134～144 頁。
〔註40〕　羅振玉《鳴沙石室佚書》，1913 年。
〔註41〕　參見蕭旭《古書虛詞旁釋》，廣陵書社 2007 年版，第 383～384 頁。
〔註42〕　王伯祥《史記選》，人民文學出版社 1982 年版，第 159 頁。

王恒傑校：《商君列傳》「歡」作「驩」。

按：《長短經》卷 2 作「歡」，與唐寫本合。王錄脫「之」字。歡、驩，正、假字。

（4）〔安〕能邑邑待數十百年以成事乎

王恒傑校：《商君列傳》「成事」作「成帝王」。

按：「安」字據《史》補。《長短經》卷 2 作「安能邑邑待數十百年以子孫成事乎」。成事，疑當作「成帝王事」，此卷及《史》並有脫文，可互校。

（5）君大悅之

按：悅，《史》作「說」。《索隱》：「說，音悅。」《御覽》卷 623 引《史》、《長短經》卷 2 亦作「悅」。

（二）

（1）夫口口人之行，固見負非於世

王恒傑校：《商君列傳》無「負」字。案：司馬貞曰：「《商君書》『非』作『負』。」今本《商君書》作「非」。

按：缺字當據《商子·更法》、《新序·善謀》、《史記·商君傳》、《趙世家》補「有高」二字。此卷衍「見」字，本作「固負非於世」。《新序》作「夫有高人之行者，固負非於世」，是其確證。《史記·趙世家》：「夫有高世之功者，負遺俗之累。」《正義》：「負，留也。」《史記·商君傳》、《商子》作「見非於世」，「見」為「負」形訛。《後漢書·馮衍傳》引公孫鞅曰：「有高人之行，負非於世；有獨見之慮，見贅於人。」李賢注：「語見《史記·商君傳》。」可見《史記》舊本作「負非於世」。《後漢紀》卷 1、《長短經》卷 7 引公孫鞅語亦並作「負非於世」。朱師轍據《索隱》校「固見非於世」作「固見負於世」，云：「見負於世，謂見譏於世。」〔註43〕石光瑛曰：「負讀重唇即為被，朱說誤。『見』當是『負』形近之譌。『負非』猶『負咎』、『負罪』之比。《後漢書·馮衍傳》引作『負』，可證也。」〔註44〕石氏說是。李人鑒亦校「見」

〔註43〕 朱師轍《商君書解詁定本》，古籍出版社 1956 年版，第 1 頁。
〔註44〕 石光瑛《新序校釋》，中華書局 2001 年版，第 1156 頁。

爲「負」〔註45〕。

（2）有獨智之慮，必見疑於眾

王恒傑校：《商君列傳》「疑」作「敖」，「眾」作「民」。

按：智，王錄誤作「知」。《索隱》：「《商君書》作『必見訾於人也』。」《新序》作「有獨知之慮者，必見訾於民」。《趙世家》亦作「智」，《鹽鐵論・遵道》：「商鞅有獨智之慮，世不獨見之證。」智，讀爲知。《商子》：「夫有高人之行者，必見非於世；有獨知之慮者，必見驁於民。」《後漢書・馮衍傳》引公孫鞅曰：「有獨見之慮，見訾於人。」《長短經》卷7引公孫鞅語亦作「訾」。李賢注：「訾，猶惡也。《史記》訾作疑。」石光瑛曰：「（『獨見』之）『見』亦知也……此訾字，明是訾字之譌。章懷解作惡，則所見本尚不誤也。敖、訾音近通用，《爾雅》：『訾訾，敖也。』《釋文》引舍人曰：『訾訾，眾口毀人之貌。』《漢書・食貨志》注：『訾訾，眾口愁聲也。』是訾字與訾毀誼同。」〔註46〕石氏說是，本字爲嗷（謷）。吳國泰曰：「按敖者謷之借。《說文》：『謷，眾口愁也。』」〔註47〕《史記・趙世家》：「有獨智之慮者，任驁民之怨。」《通典》卷166作「有獨知之慮者，必見傲於人」。「驁」、「傲」亦借爲嗷。但石氏又云：「草書敖字與疑字形近，或疑即敖字之譌，亦未可知，不必妄改。」〔註48〕則未確。《後漢紀》卷1引公孫鞅語作「有獨見之慮，見疑於人」，與此卷合。《意林》卷4引《商子》作「見怨於人」。作「疑」作「怨」，意並得通，蓋古人引書臆改，不必牽合之。

（3）□□不循古而王，夏殷不易禮而亡

按：缺字當據《史》補「湯武」二字。《索隱》：「循古，《商君書》作『脩古』。」「脩」爲「循」字形誤〔註49〕。今本《商子》作「循」，《新序》、《通典》卷166並同。《索隱》所見爲誤本。《戰國策・趙策二》：「古聖人之興也，不相襲而王；夏殷之衰也，不易禮而滅。」《史記・趙

〔註45〕 李人鑒《太史公書校讀記》，甘肅人民出版社1998年版，第1028頁。
〔註46〕 石光瑛《新序校釋》，中華書局2001年版，第1157頁。
〔註47〕 吳國泰《史記解詁》，1933年成都居易簃叢著本，第3冊，第11頁。
〔註48〕 石光瑛《新序校釋》，中華書局2001年版，第1157頁。
〔註49〕 參見石光瑛《新序校釋》，中華書局2001年版，第1163頁。

世家》同。「循」、「襲」同義。

（4）法令既成，恐人不信

按：成，《史》、《通鑑》卷2作「具」，並訓爲備。

（5）有口口徙之，輒與五十金，以明不欺也，乃下令

按：缺字當據《史》補「一人」二字。乃，《通鑑》卷2同，《史》作「卒」。卒，猶乃也〔註50〕。

（6）請法太子

　　王恒傑校：《商君列傳》「請」作「將」。

按：《廣雅》：「將，請也。」

（三）

（1）以公孫鞅爲大梁造

按：梁，《史記·商君傳》、《秦本紀》作「良」，同音通用。《商子·境內》作「良」字。

（四）

（1）自是果去〔安〕邑，徙都大梁

按：「安」字據 P.5523V 及《史》補。果，《史》作「遂」。果，猶遂也、乃也〔註51〕。

（五）

（1）王即不能用鞅，必〔煞之〕

　　王恒傑校：《商君列傳》「必」作「當」。

按：缺字據 P.5523V 及《史》補。當，猶定也、必也〔註52〕。

〔註50〕　參見王叔岷《古籍虛字廣義》，中華書局2007年版，第376～377頁。蕭旭《古書虛詞旁釋》有補證，廣陵書社2007年版，第282頁。
〔註51〕　參見蕭旭《古書虛詞旁釋》，廣陵書社2007年版，第142頁。
〔註52〕　參見裴學海《古書虛字集釋》，中華書局1954年版，第449頁。蕭旭《古書

（2）武王愕愕以昌，殷紂唯唯以亡

　　康世昌校：「嘿嘿」二字甲卷（引者按：甲卷即 P.5034V，康氏所據底本爲 P.5523V。）作「唯唯」，《史記·商君列傳》作「墨墨」，意與底本同。案：《說苑·正諫》：「武王諤諤而昌，紂嘿嘿而亡。」《孔子家語·六本》引孔子言與《說苑》略近，而「嘿嘿」即作「唯唯」。則兩本似皆有據。

　按：《韓詩外傳》卷 7 趙簡子語作「默默」。《御覽》卷 83 引《墨子》：「紂昏昏以亡，武王諤諤以昌。」吳國泰曰：「按墨者嘿字之借。」〔註53〕《後漢書·郅惲傳》李賢注引《史》「墨墨」作「嘿嘿」。愕，讀爲諤，《廣雅》：「諤諤，語也。」字或作「咢咢」，《漢書·韋賢》：「咢咢黃髮。」顏師古注：「咢咢，直言也。咢，同『諤』。」《史記·商君傳》：「千人之諾諾，不如一士之諤諤。」《文選·三國名臣序贊》李善註引作「愕愕」，《六書故》引作「咢咢」。字或作「鄂鄂」，《史記·趙世家》：「諸大夫朝徒聞唯唯，不聞周舍之鄂鄂。」《新序·雜事一》作「諤諤」，《類聚》卷 35 引《新序》作「愕愕」。

（3）夫子其肯終日正言，鞅之藥也

　　王恒傑校：《商君列傳》「其」作「果」。

　按：其，猶若也〔註54〕。果，亦猶若也〔註55〕。並爲假設之辭。

（4）享有功，尊有德

　　王恒傑校：P.5523「享」作「厚」，字旁出。《商君列傳》作「序」。

　按：「序」字是，謂次序之也。「享」、「厚」並爲形誤。

（5）秦王一旦捐賓客而不立于朝，秦國之所以煞君者，豈其微哉

　按：煞，《史》作「收」。《索隱》：「謂鞅於秦無仁恩，故秦國之所以將收錄鞅者，其效甚明，故云豈其微哉。」以，猶欲也〔註56〕。微，少也。《索隱》誤。《通鑑》卷 2 胡三省註：「微，少也。」吳國泰曰：「按：收假

　　　　虛詞旁釋》有補證，廣陵書社 2007 年版，第 200～201 頁。
〔註53〕吳國泰《史記解詁》，1933 年成都居易簃叢著本，第 3 冊，第 12 頁。
〔註54〕參見王引之《經傳釋詞》，嶽麓書社 1984 年版，第 110 頁。
〔註55〕參見吳昌瑩《經詞衍釋》，中華書局 1956 年版，第 201 頁。
〔註56〕參見蕭旭《古書虛詞旁釋》，廣陵書社 2007 年版，第 13～14 頁。

作仇。」〔註57〕《索隱》訓「收錄」是也，吳說失之。

（六）

（1）齊桓善〔戰而霸諸侯〕

　　王恒傑校：《蘇秦始將連橫》「善」作「任」。

　按：缺字據 P.5523V 補。高誘注：「用兵戰而尚仁義。」鮑彪註：「任，猶用也。」失之。任，讀爲能，能亦善也。《莊子・秋水》：「任士之所勞。」《釋文》：「李云：『任，能也。』」《戰國策・魏策四》：「是大王籌策之臣無任矣。」姚宏注：「任，能也。」

（七）

（1）何故去速乎

　按：《史記・張儀傳》無「速」字，疑脫。

（2）舍人曰：「臣非自知君，乃蘇〔君〕。」

　　王恒傑校：《張儀列傳》無「自」字。

　按：缺字據《史》補。據《史》，「知君」二字當重，此卷脫重文符號。

二、《秦語中》

（一）

（1）猶豫未能決

　按：《考證》：「楓山、三條本『猶豫』作『猶與』。」〔註58〕《新序・善謀》亦作「猶與」。石光瑛曰：「『猶與』即『猶豫』也。」〔註59〕王叔岷曰：「與、豫古通。」〔註60〕《淮南子・兵略篇》：「擊其猶猶，陵其與與。」「猶猶」、「與與」即「猶與」之分言。

〔註57〕　吳國泰《史記解詁》，1933 年成都居易簃叢著本，第 3 冊，第 12 頁。
〔註58〕　瀧川資言《史記會注考證》，北岳文藝出版社 1999 年版，第 3488 頁。
〔註59〕　石光瑛《新序校釋》，中華書局 2001 年版，第 1169 頁。
〔註60〕　王叔岷《史記斠證》，「中央」研究院歷史語言研究所專刊之七十八，1983 年版，第 2232 頁。

（二）

（1）〔欲彊兵者務〕冨其人

王恒傑校：《司馬錯與張儀》「當」作「富」。案：「當」應爲「富」字的形近誤字。

按：冨，即「富」字俗書。下文「秦以冨強」，亦作此形。敦煌寫卷「富」字每無上面一點，作「冨」、「冨」、「冨」等形〔註61〕，此卷又省書中間一橫，王錄遂誤認爲「當」字，康世昌錄文不誤。P.3497：「亦願藥又大將，掃時氣而國冨人安。」亦省書一橫。

（2）〔以秦〕攻之，辟如使豺狼逐群羊

按：辟，《戰國策·秦策一》、《史記·張儀傳》、《新序·善謀》作「譬」。使，《策》、《史》同，《序》作「以」。使，猶以也〔註62〕，互文同義。

（3）蜀既屬秦，秦以冨強，〔益輕諸侯矣〕

按：缺字據 P.2702 補。《策》「秦」字不重，此卷爲長。《策》作「秦益強」，《史》作「秦以益彊」，《序》作「秦日益強」。日、以，並猶益也〔註63〕。「以益」、「日益」複語耳。

（三）

（1）弁莊子剌虎，而其臣管堅子止之

按：管堅，P.2702 同，P.5523V、《長短經》卷 7 作「管豎」，《御覽》卷 305 引《春秋後語》亦作「管豎」，《史記·張儀傳》作「館豎」。王叔岷曰：「館之作管，古字通用。」〔註64〕

（2）兩虎方食牛，牛甘必爭

按：《記纂淵海》卷 58 引同此卷，《長短經》卷 7 亦同；《御覽》卷 305 引

〔註61〕 參見黃征《敦煌俗字典》，上海教育出版社 2005 年版，第 119 頁。
〔註62〕 參見裴學海《古書虛字集釋》，中華書局 1954 年版，第 794～795 頁。蕭旭《古書虛詞旁釋》有補證，廣陵書社 2007 年版，第 356～357 頁。
〔註63〕 參見徐仁甫《廣釋詞》，四川人民出版社 1981 年版，第 6、334 頁。
〔註64〕 王叔岷《史記斠證》，「中央」研究院歷史語言研究所專刊之七十八，1983 年版，第 2261 頁。

作「兩獸方食牛，牛必甘，甘必爭」。《史》作「兩虎方且食牛，食甘
必爭」。作「食」爲長。

（四）

（1）此所謂兩虎相據者也

　按：據，《戰國策·楚策一》、《史記·張儀傳》作「搏」，《文選·雜體詩》
　　李善註、《御覽》卷 315 引《策》並作「據」。《戰國策·秦策四》：「此
　　猶兩虎相與鬪，而駑犬受其弊。」〔註65〕此文取譬正同，「據」即「搏」、
　　「鬪（鬥）」之義也。據，讀爲㩦，同音通借。《說文》：「㩦，鬮相㧬
　　不解也。從豕、虍，豕虍之鬪不解也。一曰，虎兩足舉。」〔註66〕段
　　玉裁曰：「鬮，當作鬥。」〔註67〕「㩦」亦「鬥」也。「鬥」即「相
　　鬥」義本字，「鬮」爲借字。兩足舉，謂舉兩足相鬥也。高鴻縉曰：「字
　　意應爲虎鬥不解。」朱芳圃曰：「兩義載籍作據。《鹽鐵論·擊之篇》：
　　『虎兕相據而螻蟻得志。』此鬮相㧬不解之義也。」〔註68〕《老子》
　　第 55 章：「毒蟲不螫，猛獸不據，攫鳥不搏。」《北山錄》卷 6：「故
　　猛虎不據，鷙鳥不攫。」俞樾曰：「據，當作㩦。今作據者，叚字耳。」
　　〔註69〕高亨曰：「俞說是也。獸以爪攫物曰㩦。古書以據爲之。」
　　〔註70〕二氏說並是也，蔣錫昌亦從俞說〔註71〕。但高氏又謂「今本《戰
　　國策》據作搏，非也」，則未得。《老子》「據」、「搏」同義對舉，不可
　　謂今本《戰國策》字誤也。《董子·王道》：「毒蟲不螫，猛獸不搏，鷙
　　蟲不觸。」〔註72〕《說苑·修文》：「猛獸不攫，鷙鳥不搏，蝮蠆不螫。」
　　皆本《老子》，而字易作「搏」、「攫」，亦可證「搏」不誤。馬敘倫曰：

〔註65〕　《新序·善謀》、《史記·春申君傳》同。
〔註66〕　《繫傳》作「豕虍之鬪不相捨」，《廣韻》引同。
〔註67〕　段玉裁《說文解字注》，上海古籍出版社 1981 年版，第 456 頁。
〔註68〕　高鴻縉《中國字例六篇》，朱芳圃《殷周文字釋叢》卷 1，並轉引自李圃主編
　　　　《古文字詁林》第 8 冊，上海教育出版社 2003 年版，第 389～390 頁。
〔註69〕　俞樾《諸子平議》，上海書店 1988 年版，第 155 頁。
〔註70〕　高亨《老子正詁》，中國書店 1988 年版，第 116 頁。
〔註71〕　蔣錫昌《老子校詁》，（上海）商務印書館民國 26 年初版，第 337 頁。
〔註72〕　劉師培校「鷙蟲」爲「鷙鳥」，又云：「觸當作噣，噣與啄同。」劉師培《春
　　　　秋繁露斠補》，收入《劉申叔遺書》，江蘇古籍出版社 1997 年版，第 1010 頁。

「據、攫形近而誤。」〔註73〕亦未得。《集解》:「徐廣曰:『搏,或音戟。』」
徐廣音戟,蓋徐氏所見本作「據」,讀爲据,《說文》:「据,戟搁也。」
王引之曰:「《御覽》引此搏作據。據字是也。據,讀若戟,謂兩虎相搁
持也。」〔註74〕王氏改字未得。字或作距,古從虎從巨之字多通〔註75〕。
《易林‧既濟之家人》:「兩虎相距,弓矢滿野。」〔註76〕

(五)

(1)諸侯不斲兵地之弱,食之寡

按:斲,《戰國策‧韓策一》、《史記‧張儀傳》作「料」。《干祿字書》:「斲、
料:上俗下正。」《龍龕手鑑》:「斲,俗。料,今。」

(2)斲韓之上黨地

王恒傑校:「斲」爲「斷」的俗字。

按:斲,《策》、《史》作「斷」。「斲」爲「斷」形誤字,王說非也。俗書
「斤」、「斗」二字每互訛。顧炎武曰:「魏《受禪碑》:『料敵用兵。』
料作斲。王知敬《李衛公碑》:『運奇料敵。』料作斲……後人不知古
人書法,妄改爲斷。」〔註142〕《晉書‧帝紀第九》:「謝玄之善斲軍
事。」唐‧何超《晉書音義》卷上:「斲,一作料,本亦作斷。」《建
康實錄》卷9作「料」。是其相誤之證。P.3351V《俗患文》:「五蓋十
纏,因茲**斲**滅。」S.0126《太子入山修道讚》:「看花腹**斲**淚交流,榮
花一世休。」Φ096《雙恩記》:「貪嗔皆**斲**,盡是阿羅漢。」此三例
「斲」亦爲「斷」形誤字〔註77〕。「斷」俗字作「断」,與「斲」形近
而誤。《玉篇》:「斷,截也,決也。断,同上,俗。」《干祿字書》:「断、
斷:上俗下正。」敦研225《大般涅槃經》卷37:「能**斷**眾苦。」S.1774V

〔註73〕馬敍倫《老子校詁》,中華書局1974年版,第480頁。
〔註74〕轉引自王念孫《史記雜志》,收入《讀書雜志》,中國書店1985年版。
〔註75〕參見張儒、劉毓慶《漢字通用聲素研究》,山西古籍出版社2002年版,第396
頁。
〔註76〕《噬嗑之泰》、《震之豫》同。
〔註142〕顧炎武《金石文字記》卷3,收入景印文淵閣《四庫全書》第683冊,臺灣
商務印書館1986年初版,第750頁。
〔註77〕黃征謂Φ96例「斲」爲「斷」,未得。黃征《敦煌俗字典》,上海教育出版社
2005年版,第94頁。

《寺門首立禪師頌》：「疑網永**斷**，法輪恒續。」S.0466《廣順三年龍章祐、龍祐定典地契》：「**斷**作地價。」此三例「斷」皆作俗形「断」。S.1053V《丁卯至戊辰年某寺諸色斛斗破曆》：「粟貳斗，與飯飯歲節**斗**用。」此例「斷」則爲「料」之誤書。

（六）

（1）大王覽其說而不計其實

王恒傑校：《連橫齊王》「計其實」作「察其至實」，《張儀列傳》「覽」作「賢」。案：「賢」應爲「覽」的形近誤字。

按：《戰國策・齊策一》亦作「覽」，高誘注：「覽，受。」高注失之。「覽」爲「賢」形近誤字，《長短經》卷5、《通鑑》卷3、《通鑑紀事本末》卷1、《通志》卷93亦作「賢」。王說儃矣。《韓詩外傳》卷10：「楚王賢其言，辯其詞。」《史記・張儀傳》：「人主賢其辯而牽其說。」〔註78〕《漢書・夏侯勝傳》：「勝賢其言，遂授之繫。」《御覽》卷422引《說苑》：「使者悵然，賢其辭，即罷軍還。」皆其比。王叔岷曰：「（『覽』）於義亦佳。覽乃攣之借字，俗作攬，亦作擥，《廣雅》：『擥，取也。』」〔註79〕失之。計，考計，與「察」同義，經傳多借「稽」字爲之。《史記・夏本紀》：「或言禹會諸侯江南，計功而崩，因葬焉，命曰會稽。會稽者，會計也。」《集解》引《越傳》曰：「禹到大越，上苗山，大會計，爵有德，封有功，因而更名苗山曰會稽。」《論衡・書虛篇》：「吳君高說會稽本山名，夏禹巡守會計於此山，因以名郡，故曰會稽。」皆「計」、「稽」相通之證。王念孫曰：「『至』即『實』也……今本作『不察其至實』者，一本作『至』，一本作『實』，而後人誤合之耳。」〔註80〕裴學海謂王說非是，「至實」的本字是「質實」，亦寫作「致實」〔註81〕。

（2）國一旦見攻，雖欲事秦，不可得也

〔註78〕 《戰國策・魏策一》亦誤作「覽」。
〔註79〕 王叔岷《史記斠證》，「中央」研究院歷史語言研究所專刊之七十八，1983年版，第2239頁。
〔註80〕 王念孫《戰國策雜志》，收入《讀書雜志》，中國書店1985年版。
〔註81〕 裴學海《評高郵王氏四種》，《河北大學學報》1962年第2期，第48頁。

王恒傑校：《連橫齊王》、《張儀列傳》「旦」作「日」。案：疑「日」爲「旦」的形近誤字。

按：《長短經》卷 5 亦作「旦」，《通鑑》卷 3、《通志》卷 93、《冊府元龜》卷 887 作「日」。「日」字不誤。《漢語大詞典》：「〔一日〕副詞。一旦。表示如果有一天。」舉有以下三例：《左傳・昭公二十九年》：「一日失職，則死及之。」《史記・淮南衡山列傳》：「一日發兵，使人即刺殺大將軍青。」《後漢書・翟酺傳》：「一日即位，天下曠然。」見，《策》作「被」，義同。

（七）

（1）大王率天下以賓秦

王恒傑校：《張儀說趙王曰》「王」下有「收」字，「賓」作「儐」。《張儀列傳》「王」下有「收」字。

按：賓，《戰國策・趙策二》作「擯」。《通鑑》卷 3 亦有「收」字，「賓」作「擯」。《長短經》卷 5 有「收」字，無「率」字。王叔岷曰：「擯，或『儐』字。擯棄字正作姘，《說文》：『姘，除也。』」〔註82〕

（2）唯願大王有意督通之

按：願，《策》、《史》、《長短經》、《通鑑》無此字。此卷衍。范祥雍曰：「唯猶以也。」〔註83〕通，P.2702 作「遇」，P.5523V 作「過」。鄭良樹曰：「《國策》、《史記》、《長短經》『遇』作『過』，是也，當從之。」康世昌曰：「『遇』、『通』並『過』字形近之譌。」所說並是也。《通鑑》卷 3 亦作「過」字。《史記・項羽本紀》：「良曰：『聞大王有意督過之。』」王念孫曰：「督、過，皆責也。」〔註84〕《索隱》：「督者正其事而責之。督過是深責其過也。」以「過」爲過錯，失之。王恒傑曰：「『通』爲『遇』之誤。」未得。

（3）約四國爲一以攻趙，破趙而四分其地

〔註82〕 王叔岷《史記斠證》，「中央」研究院歷史語言研究所專刊之七十八，1983 年版，第 2251 頁。

〔註83〕 范祥雍《戰國策箋證》，上海古籍出版社 2006 年版，第 1043 頁。

〔註84〕 王念孫《史記雜志》，收入《讀書雜志》，中國書店 1985 年版。

王恒傑校：《張儀列傳》「破趙」作「趙服」。王念孫云：「『服』字義不可解，當爲『破』字之誤。」《張儀說趙王曰》作「破趙」，此又爲王說增一新證。

按：P.2702、《策》同此卷，《韓子·十過》作「破趙而三分其地」，《史》、《長短經》、《通鑑》、《通志》卷 93、《冊府元龜》卷 887 並作「趙服，必四分其地」。王叔岷曰：「作『趙服』義自可通。」〔註 85〕而，猶必也〔註 86〕。

（八）

（1）夫趙王之狼戾無親

康世昌校：鄭良樹曰：「『狼』乃『狠』之誤。」未確。《國策》即作「狼戾」，鮑注云：「暴戾如狼。」說詳王叔岷《史記斠證》。

王恒傑校：《張儀列傳》「狼」作「很」。案：《張儀說燕王》作「狼」。「很」當爲「狼」的形近誤字。

按：《史記·張儀傳》作「狼」，王氏失檢。《長短經》卷 5 亦作「狼」。「狼」當作「狠」，爲「很」俗字，亦戾也〔註 87〕。

（九）

（1）門下咸意張儀曰：「儀貧無〔行資〕，必盜相君璧也。」

按：「行資」據 P.2702 補。《史記·張儀傳》無「資」字，《御覽》卷 520 引《史》有「資」字。「資」字當衍。《史記·淮陰侯傳》：「淮陰侯韓信者，淮陰人也。始爲布衣時，貧無行，不得推擇爲吏。」《集解》：「李奇曰：『無善行可推舉選擇。』」《漢紀》卷 23：「湯字子公，山陽人也，家貧無行。」「行」指品行。

（2）告楚相曰：「始吾從汝飲，〔不盜〕汝璧（璧）。汝笞我，今善守汝國，顧將盜汝城矣

〔註 85〕 王叔岷《史記斠證》，「中央」研究院歷史語言研究所專刊之七十八，1983 年版，第 2252 頁。

〔註 86〕 參見王叔岷《古籍虛字廣義》，中華書局 2007 年版，第 314 頁。蕭旭《古書虛詞旁釋》有補證，廣陵書社 2007 年版，第 250 頁。

〔註 87〕 參見蕭旭《〈廣雅〉「狼，很也、蟄也」補正》。

按：缺字據 P.2702 補。顧將，P.2702 作「願將」，《史》作「顧且」，《類聚》
卷 58 引《典略》作「我且」，《御覽》卷 597 引《史》亦作「我且」。「願」
爲「顧」形誤。顧，李人鑒讀爲固〔註88〕，猶本也。且，猶將也。裴學
海謂「顧」讀爲「姑」，亦且也〔註89〕。王叔岷從其說〔註90〕。並未確。
今，《史》作「若」。若，猶今也〔註91〕。此「若」字非「汝」義。

（十）

（1）周之君臣內〔自盡計〕，與秦之九鼎，不若歸之大王

按：「自盡計」三字據 P.2702 補。《戰國策・東周策》姚宏校：「劉、曾、
集一作畫，錢作盡。」鮑彪注：「盡，盡其心思。計，猶謀。」鮑氏
從誤本「盡」字爲說，以「計」字屬下句，未得。于鬯曰：「按後《策》：
『爲公畫陰計。』則『畫計』二字連讀亦通。」〔註92〕于氏倚牆之說，
實不知「盡」爲「畫」形誤也。何建章曰：「《類說》引『盡』作『畫』
（引者按：見卷 36），《御覽》卷 756 引作『畫』。當改『盡』作『畫』。」
〔註93〕范祥雍曰：「安井衡、金正煒亦以作『畫』爲是。《古史》卷 5
亦作『畫計』，今從劉本等改。」〔註94〕斯爲得之矣。《山堂肆考》卷
176 引《策》作「畫計」，《事類賦》卷 16 引《策》作「計畫」，尤爲
確證。古書「畫計」連文多矣。康世昌錄文作「畫」，字義雖得，然
不合原卷。

（2）夫梁〔之君臣欲得九鼎，謀之暉臺之〕下，少海之上，其日久矣

按：缺字據 P.2702 補。鮑本作「沙海」，注：「元作少。《九域圖》開封有
沙海，引此。」吳師道《補正》：「少，當作沙。」《初學記》卷 8、《元
和郡縣志》卷 8、《御覽》卷 158、《太平寰宇記》卷 1、《輿地廣記》

〔註88〕　李人鑒《太史公書校讀記》，甘肅人民出版社 1998 年版，第 1056 頁。
〔註89〕　裴學海《古書虛字集釋》，中華書局 1954 年版，第 329 頁。
〔註90〕　王叔岷《史記斠證》，「中央」研究院歷史語言研究所專刊之七十八，1983 年
　　　　　版，第 2231 頁。
〔註91〕　參見徐仁甫《廣釋詞》，四川人民出版社 1981 年版，第 327～328 頁。蕭旭《古
　　　　　書虛詞旁釋》有補證，廣陵書社 2007 年版，第 258～259 頁。
〔註92〕　轉引自范祥雍《戰國策箋證》，上海古籍出版社 2006 年版，第 7 頁。
〔註93〕　何建章《戰國策注釋》，中華書局 1990 年版，第 3 頁。
〔註94〕　范祥雍《戰國策箋證》，上海古籍出版社 2006 年版，第 7 頁。

卷 5 引《策》並作「沙海」，《古史》卷 5 亦作「少海」，《白帖》引《後語》作「小海」。《御覽》卷 178 引《郡國志》：「西有崇臺，即顏率云『蟬臺之下，沙海之上』是也。」又卷 756 引《策》作「謀之於潬臺之下，少海之上」，注：「潬，徒旱切。」《事類賦注》卷 16 引《策》作「謀之潬臺之下，沙海之上」，注：「潬，徒旦切。」《古今合璧事類備要外集》卷 52 引《後語》作「謀諢臺之下，小海之上」。「沙」省作「少」，又轉作「小」字耳。范祥雍曰：「沙字從少，古音相通。」〔註95〕「暉」、「諢」一系，「潬」、「蟬」一系，疑涉形近而誤也。注音「徒旦」、「徒旱」二切，自爲誤字之音。

（3）夫鼎者，非與壺甕漿甀，可得〔懷挾提挈而致之齊〕

王恒傑校：P.2702「效」作「與」，「甖（罌）」作「泍」。P.5034「效」作「與」，「甖」作「甕」。《秦興師臨周》全句作「非效醢壺醬甀」。

按：缺字據 P.2702 補。「效」字是，與下句「學」同義對舉。何建章曰：「效，仿效。」〔註96〕「與」疑「學」字形誤。范祥雍曰：「效，致也。敦煌本《後語》效作學，音近而誤。」〔註97〕失之。「漿」、「醬」字通。姚宏校：「甀，一作瓿。」鮑本作「壺醢醬瓿」，注：「壺，昆吾圓器瓿甌也。」吳師道《補正》：「一本『醢壺』，此文殽次。」《事類賦注》卷 16 引《策》作「非效醢壺醬瓿」。「泍」當爲「坯」字形誤。《玉篇》：「甀，甖也。甖，坯也。坯，瓶也。瓿，瓿甄小甖也。甀，盛五升小甖也。瓮，大甖也。甕，同上。」「甀」字雖通，然疑「甀」字形誤。

（4）〔非與鳥隼〕烏飛，勉與鳧遊

康世昌校：鄭良樹曰：「『隼』當從《國策》作『集』。」當是。《呂氏春秋·論威》：「兔起鳧舉。」注云：「起，走。舉，飛也。兔走鳧飛，喻急疾也。」當即此意。《國策》作「兔興馬逝」，則「與」、「遊」恐爲「興」、「逝」之譌。

王恒傑校：集當爲隼之誤。興當爲與之誤。馬當爲鳧之誤。

〔註95〕 范祥雍《戰國策箋證》，上海古籍出版社 2006 年版，第 8 頁。
〔註96〕 何建章《戰國策注釋》，中華書局 1990 年版，第 4 頁。
〔註97〕 范祥雍《戰國策箋證》，上海古籍出版社 2006 年版，第 9～10 頁。

按：缺字據 P.2702 補。勉，P.2702 作「兔」，是也。姚宏校：「馬逝，曾、
集作『鳧逝』。」宋·任廣《書敘指南》卷 19：「速之譬曰兔興鳧逝。」
自注謂出自「《戰國·東周》」。亦可證作「鳧逝」是。此「鳧」是鳥
名，指水鴨，即野鴨，而非家鴨也。逝，亦飛也。《事類賦注》卷 16
引《策》作「烏集鳥飛，兔興狐逝」。范祥雍曰：「敦煌本《後語》集
作隼，疑形似而誤。」〔註 98〕王校爲「鳧」是也，而「隼」當爲「集」
之誤，「與」當爲「興」之誤，王說顚矣。

（5）觀然可止〔於齊也〕

按：缺字據 P.2702 補。觀，P.2702 作「欻」，《策》作「灕」。鮑彪注：「《集
韻》：『灕，滲流貌。』」于鬯曰：「灕之言離也。灕然蓋有神速意，猶
忽然也。」范祥雍曰：「欻然猶忽然，與于說義近。」〔註 99〕作「觀
然」未詳。《策》無「可」字，姚宏校：「止，一作『可至』。」

（6）〔一鼎〕九萬人挽之

按：缺字據 P.2702 補。挽，《策》作「輓」。鮑彪注：「輓，引也。」《事類賦
注》卷 16 引《策》作「挽」。《玉篇》：「挽，引也，與『輓』同。」

（7）士卒〔師徒器械被具〕

按：缺字據 P.2702 補。《史記·平準書》：「傳車馬被具。」被，讀爲鞁。《說
文》：「鞁，車駕具也。」《玉篇》：「鞁，鞍上被。」《廣韻》：「鞁，裝
束鞁馬。」《六書故》：「鞁，駕車馬具也，《漢志》：『路車駕被具。』
單作被。」被具，即鞁具。鮑彪注：「被具，士卒所服用之具。」以
「服用」解「被」字，未得假借之指。《事類賦注》卷 16 引《策》作
「器械備具稱此」，《事實類苑》卷 20：「如顏率言一鼎用九萬人，士
卒師徒器械備具焉。」「備」爲「被」之音訛字〔註 100〕。

〔註 98〕 范祥雍《戰國策箋證》，上海古籍出版社 2006 年版，第 10 頁。
〔註 99〕 二說皆見范祥雍《戰國策箋證》，上海古籍出版社 2006 年版，第 10 頁。
〔註 100〕《戰國策·西周策》：「必由辛亡，無備故也。」P.2702「備」作「被」。鄭良
樹曰：「『被』當從《國策》、《史記》、《長短經》作『備』，音近而誤也。」王
恒傑校：「『被』爲『備』的借字。」亦其相訛之例。

（十一）

（1）〔昔者智伯欲伐〕仇猶

按：缺字據 P.2702 補。欲，《戰國策・西周策》、《呂氏春秋・權勳》同，《史記・樗里子傳》作「之」，《韓子・喻老》、《說林下》作「將」。之，猶將也、欲也〔註101〕。伐，《韓子・喻老》作「襲」。仇猶，《策》作「厹由」，《韓子・喻老》、《說林下》作「仇由」，《廣韻》「赤」字條、《御覽》卷 305、《路史》卷 20 引《韓子》並作「仇繇」。字亦作「夗繇」、「仇首」、「厹（叴）猶」，《呂氏春秋・權勳》：「中山之國有夗繇者，智伯欲攻之而無道也。」高誘註：「夗繇，國之近晉者也，或作仇首。」《御覽》卷 305 引「夗繇」作「仇繇」，《說文繫傳》引作「厹猶」。《說文》：「厹，臨淮有厹猶縣。」《玉篇》：「厹，臨淮有厹猶縣。叴，同上。」顧廣圻曰：「首者，酋之誤。夗，厹之誤也。」〔註102〕

（2）名為衛疾，〔而實囚之〕

按：缺字據 P.2702 補。為，P.2702 作「曰」，《策》、《史》亦作「曰」。衛，P.2702 作「御」。《正義》：「防衛樗里子。」《後漢書・劉玄傳》：「號為屯衛，而實囚之。」《通鑑》卷 257：「以甲士百人為衛，其實囚之也。」皆其比。「御」為「衛」之形誤字。

（《P.5034V〈春秋後語〉校補》刊於《敦煌吐魯番研究》第 13 卷，2013 年出版）

〔註101〕參見蕭旭《古書虛詞旁釋》，廣陵書社 2007 年版，第 333 頁。
〔註102〕顧廣圻《韓非子識誤》，收入《諸子百家叢書》，上海古籍出版社影印浙江書局本 1989 年版，第 179 頁。

敦煌寫卷 P.5001
《俗務要名林》「了𠯫□」考辨

1. 敦煌寫卷 P.5001《俗務要名林・男服部》:「了𠯫🐦:上音鳥,下古冗反。」〔註1〕張金泉、許建平但錄注文,未錄正條〔註2〕。蓋以原卷「了𠯫」二字甚小〔註3〕,而第三字又模糊不清之故也。陳璟慧錄作「□□:上音烏,下古冗反。」〔註4〕既不識正條,注音又誤錄二字。張涌泉末字錄作缺文,《校記》曰:「據切音,『了』字疑爲衍文,當刪。殘字甲一(引者按:指 P.5001)模糊不清,俟再考。注文『古冗反』的『冗』既爲繁冗的『冗』,俗書又用作『穴』字,文中疑即用作後者。」〔註5〕葉嬌從張錄,而無改進〔註6〕。

按:「上音鳥」是「𠯫」字的注音,「了」字不煩加注。「了𠯫」疊韻爲詞。張涌泉謂「了」字衍文,非也;張氏謂末字當音「古穴反」,則可取。

2. 首先考察「了𠯫」一詞。

2.1. 《玉篇》:「了,力鳥切,挂也。」古音 n、l 不分,「了」讀如鳥,音轉爲「𠯫」。《玉篇》:「𠯫,丁了切,懸物皃也。」《廣韻》:「𠯫,都了切,

〔註1〕 敦煌寫卷 P.5001《俗務要名林》,收入《法藏敦煌西域文獻》第 34 冊,上海古籍出版社 2005 年版,第 3 頁。
〔註2〕 張金泉、許建平《敦煌音義匯考》,杭州大學出版社 1996 年版,第 737 頁。
〔註3〕 「了𠯫」本應是大字,但抄手抄錯了字,塗掉後又在右側補寫上兩個「了𠯫」小字。圖版「了𠯫」二字左側有塗改符號。
〔註4〕 陳璟慧《敦煌寫本〈俗務要名林〉研究》,杭州大學 1997 年碩士學位論文。
〔註5〕 張涌泉《敦煌經部文獻合集》第 7 冊,中華書局 2008 年版,第 3619、3642 頁。
〔註6〕 葉嬌《唐代敦煌民眾服飾芻議》,《敦煌研究》2011 年第 5 期,第 83 頁。

懸兒。」《古文苑》卷 6 王延壽《王孫賦》：「或群跳而電透，⼁瓜懸而瓠垂。」章樵註：「⼁，倒了字，丁了切，懸物貌。以足掛木枝，如瓜瓠之懸繫。」

〔註7〕《說文》：「蔦，寄生也。」又「秒，禾危穗也。」又「釣，鉤魚也。」《玉篇》：「秒，禾危穗，亦懸物也。」又「帉，帉帤，繒頭也。」《廣韻》：「秒，禾穗垂兒。」又「帉，絹布頭也。」又「忉，垂心。」《慧琳音義》卷 31、85 引《考聲》：「釣，懸也。」《龍龕手鑑》：「秒，音鳥，禾穗垂貌。」懸垂於樹枝間的寄生樹謂之蔦，禾穗垂掛者謂之秒，懸垂絲繩以鉤取魚謂之釣，心有懸掛謂之忉，絹布頭垂掛者謂之帉，其義一也。宋代以還，俗字作「弔」、「吊」，宋·周密《武林舊事》卷 6「小經紀」條有賣「弔掛」者，《說郛》卷 60 引《南宋市肆紀》作「吊掛」，是其例也。《漢語大字典》引元曲用例〔註8〕，稍晚。「提心吊膽」的「吊」，正字當作「忉」〔註9〕。

故重言則曰「了了」、「裊裊」（詳下文），音變則爲「了⼁」，懸挂之誼。《玄應音義》卷 13：「了⼁：又作紤，同。《〔方〕言》：『⼁，懸也。趙、魏之間曰⼁。』郭璞曰：『了⼁，懸兒也。』」《慧琳音義》卷 57：「了⼁：《方言》：『（了）⼁，懸也。趙、魏之間謂懸曰⼁。』」又卷 79：「了⼁：上音寥鳥反，下彫了反。《方言》〔注〕：『倒懸之兒。』倒書了字，名鳥絹了也，常人惡倒書。」〔註10〕唐·釋淨覺《楞伽師資記》卷 1：「又云：『汝向了⼁樹枝頭坐禪去時得不？』」

字或作「了鳥」，《經律異相》卷 27：「母飢之時，腹中了鳥，亦如倒懸，受苦無量。」宋、元、明、宮本作「了了」。《法苑珠林》卷 66、《諸經要集》卷 20 作「了⼁」，《佛說五王經》卷 1、《解深密經疏》卷 3 作「了了」。「了⼁」當是「了了」音轉。上引《玄應音義》卷 13、《慧琳音義》卷 57 爲《五王經》音義，是玄應、慧琳所見本作「了⼁」也。「了了」、「了鳥」、「了⼁」正倒懸之誼，故《經律異相》云「腹中了鳥，亦如倒懸」，其義甚顯豁。翟灝曰：「鳥之

〔註7〕 章樵註本作「⼁」，《類聚》卷 95 引「⼁」作「乍」。乍亦或也，於義爲長。

〔註8〕 《漢語大字典》（第二版），崇文書局、四川辭書出版社 2010 年版，第 1056 頁。

〔註9〕 參見胡吉宣《玉篇校釋》，上海古籍出版社 1989 年版，第 1691 頁。

〔註10〕 《玄應》脫「方」字，《慧琳》卷 57 引《方言》衍「了」字，又卷 79 脫「注」字。徐時儀《一切經音義三種校本合刊》並失校，上海古籍出版社 2008 年版，第 274、1524、1901 頁。「絹」爲「羂」省，《集韻》：「羂，掛也，或作羂、絹、羉。」

本字爲了，從倒子也。《廣韻》：『都了切，懸也。』世以其不適於楷體，故率借用鳥字。」〔註11〕水中之山稱「嶋（島）」，即「鳥」字加義符「山」的孳乳字〔註12〕，《集韻》：「嶋，古作鳥。」亦取懸掛爲義也。《釋名·釋水》：「海中可居者曰島。島，到也，人所奔到也。亦言鳥也，物所赴如鳥之下也。」《慧琳音義》卷 62 引作「嶋，到也，人所奔到。又音（言）鳥，海中遠山，遙望水上如鳥」〔註13〕。劉氏「島，到也」、「如鳥之下」之說誤，未得其語源。

字或作「了佻」，《方言》卷 7：「佻，縣也。趙魏之閒曰佻，燕趙之郊縣物於臺之上謂之佻。」郭注曰：「了佻，縣物。」上引《玄應音義》卷 13 引郭璞注作「了」。《集韻》、《類篇》「了」字條引《方言》並作「趙魏之閒曰了」。

字或作「了戹」，《說文》：「了，〔了〕戹也。从子，無臂，象形。凡了之屬，皆从了。」《繫傳》：「臣鍇曰：戹音鳥，旁無輔了戹然也。」《集韻》引《說文》作「了，了戹也」，王筠謂《說文》當連篆讀，據《集韻》引補「了」字〔註14〕，是也。「了」的本義當訓懸掛。惠棟、段玉裁、桂馥、章太炎並以牛腳相交爲戹，季旭昇曰：「《說文》釋義爲『戹』，形義不相吻合。」〔註15〕皆不知當連篆讀，又不知戹音鳥，用的是借音字，故未得也。章太炎又曰：「大約了、巳爲一字，之蕭韻近，故巳了曰了，亦曰巳。」〔註16〕黃侃曰：「了與巳同，古音巳或如里。」〔註17〕黃氏蓋即本其師說。馬敘倫曰：「倫

〔註11〕 翟灝《通俗編》卷 16，收入《續修四庫全書》第 194 冊，上海古籍出版社 2002年版，第 436 頁。

〔註12〕 《書·禹貢》：「陽鳥攸居。」俞樾曰：「古鳥、島通用。」《史記·五帝本紀》：「東長鳥夷。」《正義》：「鳥，或作島。」《說苑·修文》正作「島」。《漢書·揚雄傳》：「勃解之鳥。」顏注：「鳥字或作島。島，海中山也。」俞樾《群經平議》，收入王先謙《清經解續編》，上海書店 1988 年版，第 5 冊，第 1041 頁。

〔註13〕 《玄應音義》卷 1、《慧琳音義》卷 17 引「言」同今本，引「赴」作「趣」。「音」爲「言」形誤。《釋名》例以「亦言」表音訓，而無言「亦音」者。徐時儀《一切經音義三種校本合刊》並失校，上海古籍出版社 2008 年版，第 20、1619 頁。

〔註14〕 王筠《說文釋例》，王筠《說文解字句讀》，並收入丁福保《說文解字詁林》，中華書局 1988 年版，第 14196～14197 頁。錢大昕《十駕齋養新錄》卷 4 謂《說文》有「《說文》連上篆字爲句」例，上海書店 1983 年據商務印書館 1937年版影印，第 63 頁。

〔註15〕 惠棟《讀說文記》，段玉裁《說文解字注》，桂馥《說文解字義證》，章太炎《文始》，並收入丁福保《說文解字詁林》，中華書局 1988 年版，第 14196～14197頁。季旭昇《說文新證》，福建人民出版社 2010 年版，第 1012 頁。

〔註16〕 王寧整理《章太炎說文解字授課筆記》，中華書局 2010 年版，第 611 頁。

〔註17〕 黃侃《說文同文》，收入《說文箋識》，中華書局 2006 年版，第 105 頁。

謂『了』本作『 』，實爲男生殖器之象形文。」〔註18〕三氏說皆非是。章
太炎曰：「《方言》：『佻，縣也。』丁小切。王延壽《王孫賦》作亅。今通謂
縣物曰佻，讀如弔。」〔註19〕黃侃曰：「懸物謂之佻。今作弔。」〔註20〕黃氏
亦本其師說，皆未得本字。

字或作「磱碅」、「磱鳥」、「磢碅」、「磢帄」，《玉篇》：「磱，磱碅，石垂
皃。」《玉篇殘卷》：「磱，《字書》：『磱鳥，重（垂）。』《廣韻》：「磢，磢帄，
垂皃。」《集韻》：「磱，磱碅，石垂皃。」又「碅，磱碅，懸石皃。」《五音
集韻》：「碅，磢碅，懸石貌。」《玉篇殘卷》「重」當作「垂」，下脫「皃」字
〔註21〕。胡吉宣曰：「磱鳥疊韻，當本爲『了亅』。」〔註22〕「了亅」爲石之
倒懸，專字則從石旁作「磱碅」、「磱鳥」、「磢帄」，其義一也。

2.2.「了佻」、「了亅」、「了鳥」、「了尥」並同，爲縣物之皃，由物之懸
引申之，則有長義。《太平寰宇記》卷102：「船頭尾尖高，當中平闊，衝波逆
浪，都無畏懼，名曰了鳥船。」船尾尖高，則爲長也，故此形之船命名爲「了
鳥」也。

專字從舟旁作「舠鵃」，《龍龕手鑑》：「舠鵃，上音了，下音鳥。舠鵃，
小舩貌。」

字或作「撩掉」，明·徐復祚《一文錢》第5齣：「看你釐兒頭，鼠兒耳，
瘦伶仃，長撩掉，豈是財主胎胚？」

字或作「了利」，1922年《福建新通志》：「高而獨出者曰了利。」〔註23〕

字或作「了佻」，今江淮官話謂瘦長曰「了佻」，亦謂懸掛著的爲「了佻」
〔註24〕。

倒言則作「鵃舠」，《集韻》：「舠，鵃舠，船長皃。」又「鵃，鵃舠，船

〔註18〕馬敘倫《說文解字六書疏證》，轉引自李圃主編《古文字詁林》第10冊，上
海教育出版社2004年版，第1097頁。

〔註19〕章太炎《新方言》卷2，收入《續修四庫全書》第195冊，上海古籍出版社
2002年版，第210頁。

〔註20〕黃侃《讀〈集韻〉證俗語》，《制言》第24期，又收入滕志賢編《新輯黃侃學
術文集》，南京大學出版社2008年版，第333頁。

〔註21〕參見胡吉宣《玉篇校釋》，上海古籍出版社1989年版，第4323頁；趙少咸《廣
韻疏證》，巴蜀書社2010年版，第1986頁。

〔註22〕胡吉宣《玉篇校釋》，上海古籍出版社1989年版，第4323頁。

〔註23〕轉引自許寶華、宮田一郎《漢語方言大詞典》，中華書局1999年版，第154頁。

〔註24〕轉引自許寶華、宮田一郎《漢語方言大詞典》，中華書局1999年版，第154頁。

長貌。」《梁書‧王僧辯傳》:「又以艒䑭千艘,並載〔戰〕士。」

倒言又作「窵窅」,《說文》:「窵,窵窅,深也。」《玉篇》同。《集韻》:「窵,窵窅,深皃。」「窵窅」音轉則爲「窈窱」、「窅篠」、「窅篠」、「撓挑」、「杳篠」、「窵窈」、「窵窅」、「窵窱」,深貌,亦長義之引申也。

2.3. 物懸則易搖曳顫動,故引申爲動搖不停貌,字作「裊窱」。唐‧杜甫《漢陂行》:「半陂以南純浸山,動影裊窱沖融間。」仇兆鰲注:「裊窱,山影動搖。」〔註 25〕今吳語尚謂搖擺不定爲「裊窱」。重言則曰「裊裊」,南朝‧宋‧謝靈運《擬魏太子鄴中集詩》:「平衢修且直,白楊信裊裊。」

2.4. 衣弊亦謂之「了鳥」。《三國志‧明帝紀》裴松之注引《魏略》載董尋《上書》:「使穿方舉土,面目垢黑,沾體塗足,衣冠了鳥。」〔註 26〕《通鑑》卷 73 全引《魏略》之文,胡三省註:「了鳥,衣冠攡敝之貌。」《敬齋古今黈》卷 4:「了鳥當竝音去聲,今世俗人,謂腰臀四支不相收拾者,謂之了鳥,即此語也。音料掉。」方以智所見《魏略》作「了蔦」,方氏曰:「了蔦,本作了鳥,升菴謂其義鄙媟,男子之私也。了蔦,字書作頹頗。智按:《方言》:『佻、抗,縣也。』郭注曰:『了佻,縣物。』胡身之注《〔通〕鑑》曰:『船長曰舠艒。』衣長曰袑衱,謂其形窵篠也。其爲陰稱,或非古語。」〔註 27〕黃生曰:「蓋細人力作,衣服短小,其形了鳥然,因以名之,後遂製袑褹二字,《篇海》又作『紒綢』。今按:了鳥本縣物之皃,服此衣者,形體露見,如物之懸掛也。《說文》『了』字直訓了戾。《方言》:『佻,縣也。』注:『了佻,縣物。』」〔註 28〕二氏言「其形窵篠」、「形體露見,如物之懸掛」,是也。《說文》:「褹,短衣也。」《字彙》:「綢,懸物也。」「褹」、「綢」即「鳥」加旁專字,正可印證黃氏「衣服短小,其形了鳥然」之說。胡文英曰:「了鳥:下音弔。董尋疏:『衣冠了鳥。』案:了鳥,短也。吳中譏衣之太短者曰『了鳥頭上』。」〔註 29〕「了鳥」取掛義,了鳥頭上言衣之掛在身上,故爲短也。《荀

〔註 25〕仇兆鰲《杜詩詳注》,中華書局 1979 年版,第 181 頁。
〔註 26〕《金樓子‧箴戒篇》同。
〔註 27〕方以智《通雅》卷 49,收入《方以智全書》第 1 冊,上海古籍出版社 1988 年版,第 1457 頁。《通鑑》卷 164 胡三省註引《類篇》:「艒舠,船長貌。」方氏失檢。
〔註 28〕黃生《字詁》,收入《字詁義府合按》,中華書局 1954 年版,第 51 頁。引《篇海》誤「紒綢」爲「袑褹」,此據四庫本訂正。
〔註 29〕胡文英《吳下方言考》卷 9,收入《續修四庫全書》第 195 冊,上海古籍出版社 2002 年版,第 77 頁。

子·大略》：「子夏家貧，衣若懸鶉。」正狀弊敗之衣如懸也。朱起鳳謂「了鳥」是「空褹」之謁省〔註30〕，非也。郭在貽謂黃生說「未爲諦當，在此有『破故』、『弊惡』之義」，尚未能明其語源由「倒掛」引申而來；董志翹斥黃氏「未達一間」〔註31〕，則駁錯了。楊慎（升菴）謂「了鳥」爲男子之私，亦有理據，方氏云「非古語」，未得也。《水經注》卷22：「洧水……又屈而東南流，逕零鳥塢西側塢東南流。塢側有水，懸流赴壑，一匹有餘，直注澗下，淪積成淵。嬉遊者矚望，奇爲佳觀。俗人覩此水挂于塢側，遂目之爲零鳥水。」翟灝指出「其所言似涉鄙褻」〔註32〕，「鳥」即指男私，用爲動詞，指小便，也即文中的「懸流」。《類聚》卷90引《臨海記》：「郡西北有白鶴山，周迴六十里，高三百丈，有泄水懸注，遙望如倒掛白鶴，因以爲名。」雖所喻不同，然亦言懸流倒掛，則同也。楊守敬曰：「『零鳥』義無所取。《洧水篇》有『零星塢』，此鳥疑星之誤。」〔註33〕楊氏未得厥誼。唐代文獻中亦有「鳥」指男私的用例〔註34〕，後世則更多矣。《字彙》：「屌，丁了切，貂上聲，男子陰名。」《正字通》：「屌，此爲方俗語，史傳皆作勢。」俗語謂男具爲「屌」，或作「鳥」，正取其倒懸之義，本字應爲「了」，俗作「吊」字，因加尸字頭作專字「屌」也。《字彙》：「屪，力宵切，音聊，男陰名。」《正字通》謂「屌」俗字又作「屪」、「屪」，改易了聲符，然可見其爲「了」字音轉也。今江淮官話猶稱爲「屪子」〔註35〕。陳獨秀曰：「按了乚倒順一字，本象男陰，引伸爲懸掛者，謂長柄曲首之物有以鉤之也……今語男陰，正讀了或乚，了乚象男陰下垂時懸狀，故孳乳爲吊，後世又作從尸從吊之屌。懸物率用鉤環，後用以掩門者亦曰了佻。」〔註36〕陳說除謂「了」本象男陰有所不安，餘皆精審可信。男陰倒掛於體外，故謂之「鳥」；水中孤懸之陸地，亦謂之「鳥」。其義一也。

〔註30〕　朱起鳳《辭通》，上海古籍出版社1982年版，第1435頁。
〔註31〕　郭在貽《魏晉南北朝史書語詞瑣記》，收入《郭在貽文集》卷3，中華書局2002年版，第26～27頁。董志翹《同源詞研究與語文辭書編纂》，《語言研究》2010年第1期。
〔註32〕　翟灝《通俗編》卷16，收入《續修四庫全書》第194冊，上海古籍出版社2002年版，第436頁。
〔註33〕　楊守敬、熊會貞《水經注疏》，江蘇古籍出版社1989年版，第1839頁。
〔註34〕　參見蔣禮鴻《敦煌變文字義通釋》，收入《蔣禮鴻集》卷1，浙江教育出版社2001年版，第301～302頁。
〔註35〕　參見許寶華、宮田一郎《漢語方言大詞典》，中華書局1999年版，第7181頁。
〔註36〕　陳獨秀《小學識字教本》，巴蜀書社1995年版，第83～84頁。

李維琦曰：「鳥，男陰的另一種說法，以其形如鳥得名。」〔註37〕蔣冀騁、吳福祥說同〔註38〕，皆未得其語源。

字或作「了裊」，唐・竇臮《述書賦》：「顙頰縮爽，了裊黝糾。」

2.5. 倒掛之物，門窗搭扣亦謂之「了𠃊」、「了鳥」。唐・李商隱《病中聞河東公樂營置酒口占寄上》：「鎖門金了鳥，展幛玉鴉叉。」朱鶴齡注：「金了鳥，未詳。」〔註39〕則失考也。張愼儀曰：「了𠃊，即今門窗上搭鈕。」〔註40〕1932 年《南皮縣志》：「了鳥，屈戌也……懸門戶以備扣鎖者。」〔註41〕

字或作「了吊」，敦煌寫卷 S.5899：「銅了吊壹。」明・沈榜《宛署雜記》卷 15：「修理貢院經房……各處房門了吊一百六十二副。」〔註42〕光緒 12 年《順天府志》：「順天人呼門邊懸鐵可加鎖者曰了吊。」〔註43〕

字或作「釘吊」，明・焦竑《俗書刊誤》卷 11《俗用雜字》：「門鍵曰釘吊。釘音了。」〔註44〕

2.6. 郭在貽、董志翹謂「了鳥」、「了𠃊」音轉則爲「郎當」、「闌單」等詞，所說亦是也。「郎當」、「闌單」，另詳拙作《「郎當」考》〔註45〕。

3. 這裏考察《釋名》中一條文獻。

《釋名・釋用器》：「枷，加也。加杖於柄頭以檛穗，而出其穀也。或曰羅枷，三杖而用之也。或曰丫丫，〔以〕杖轉於頭，故以名之也。」畢沅改「丫丫」爲「了了」，曰：「了，今本譌作丫。案：『了了』正言用時柄頭旋轉之形，當作『了了』爲是。又今本無『以』字，《御覽》引作『或曰以杖轉於頭』，

〔註37〕 李維琦《祁陽方言用字考》，收入《李維琦語言學論集》，語文出版社 2011 年版，第 280 頁。
〔註38〕 蔣冀騁、吳福祥《近代漢語綱要》，湖南教育出版社 1997 年版，第 313 頁。
〔註39〕 朱鶴齡《李義山詩集注》卷 3，收入景印文淵閣《四庫全書》第 1082 冊，臺灣商務印書館 1986 年初版，第 220 頁。
〔註40〕 張愼儀《方言別錄》卷下之一，張永言點校本，四川人民出版社 1987 年版，第 212 頁。
〔註41〕 轉引自許寶華、宮田一郎《漢語方言大詞典》，中華書局 1999 年版，第 154 頁。但此書誤作「了鳥」，蓋未解其義也。
〔註42〕 沈榜《宛署雜記》，北京古籍出版社 1980 版，第 155 頁。
〔註43〕 轉引自許寶華、宮田一郎《漢語方言大詞典》，中華書局 1999 年版，第 154 頁。
〔註44〕 焦竑《俗書刊誤》，收入景印文淵閣《四庫全書》第 228 冊，臺灣商務印書館 年版，第 581 頁。
〔註45〕 蕭旭《「郎當」考》，《中國語學研究・開篇》第 29 卷，2010 年 9 月日本好文出版，第 59〜64 頁。

無『了了』二字。案：俱當有，今據增改。」葉德炯曰：「《世說新語》：『小時了了。』是『了了』古有此語，但此作『了了』則非也。此當作『丫以』，或曰『丫』爲句，『丫以杖轉於頭』爲句。『丫』字《說文》所無，本字作『枒』，《木部》：『枒，木也。』是也。……枷、加、羅、丫皆取疊韻，枒與羅皆象枷中枝格之形，而取名也。『三杖』必爲『互杖』之譌。」〔註46〕畢氏補「以」字是，《御覽》所引見卷 824。葉氏二讀，皆未得。盧文弨校本、鍾惺評本、巾箱本並作「了了」。吳翊寅曰：「《玉篇》：『了，掛也。』又『乚，懸物皃也。』《廣韻》：『乚，懸皃。』……據誼當作『了乚』，謂以連枷懸掛柄頭，顛倒旋轉，了乚不休也……後人以『了乚』字僻，故改『了了』，又誤作『丫丫』也。《一切經音義》卷 13 引郭璞《方言》注云：『了乚，懸皃也。』可證本書之誼矣。」〔註47〕徐復曰：「田寶臣《小學駢枝》卷 6：『了了，即了佻，連枷用之則欜欜，不用則了了而縣也。了了亦作了乚，乚與佻同。』王先謙《疏證補》引葉德炯說，以『了』爲丫又，全失之。」〔註48〕

按：當作「了了」，懸掛貌，吳翊寅、田寶臣二氏雖解說所以懸不同，而俱能得其語源。吳氏謂「後人以『了乚』字僻，故改『了了』」亦傎倒了了，「了乚」是「了了」的音轉。《世說新語·言語》「了了」，明白貌，借爲憭〔註49〕。二者同形異詞。

4.「🐦」字右側是「鳥」，「鳥」字的四點及彎鉤寫得過長，把左邊的字形包起來了。此字音古穴反，當即「鴂」字。左側上部模糊不可辨，疑抄手本錯抄成音同的「缺」，寫了左邊「缶」而不完整，發現錯誤，因在右邊補寫「鳥」字，遂成今形。《爾雅》：「鴟鴞，鸋鴂。」吳·陸璣《毛詩草木鳥獸蟲魚疏》卷下：「鴟鴞，似黃雀而小，其喙尖如錐，取茅莠爲窠，以麻紩之，如刺韈然，縣著樹枝，或一房，或二房，幽州人謂之鸋鴂。」《禽經》謂其「懸于蒲葦之上」。鴂又名鵠，或名鷝。「鵠」取「掛」爲義，「鷝」取「胃（罻）」爲義，亦掛也。此鳥好懸掛於樹枝，故名爲「了乚鴂」也。鴂又名伯鷝、博

〔註46〕二說並見畢沅、王先謙《釋名疏證補》，中華書局 2008 年版，第 222～223 頁。

〔註47〕並轉引自任繼昉《釋名匯校》，齊魯書社 2006 年版，第 356～357 頁。

〔註48〕徐復《〈釋名〉補疏下篇》，收入《徐復語言文字學晚稿》，江蘇教育出版社 2007 年版，第 70 頁。所引田寶臣《小學駢枝》卷 6，今收入《續修四庫全書》第 193 冊，上海古籍出版社 2002 年版，第 165 頁。

〔註49〕參見朱駿聲《說文通訓定聲》，武漢市古籍書店 1983 年版，第 313 頁。黃侃《說文段注小箋》，收入《說文箋識》，中華書局 2006 年版，第 229 頁。

勞、搏勞、伯勞、伯趙，「鷯」、「勞」、「趙」皆「了」字之聲轉〔註50〕。《本草綱目》卷49：「伯勞，象其聲也；伯趙，其色皂也，趙乃皂訛。」朱駿聲曰：「《月令》注：『搏勞。』《釋文》本作伯。按：猶駁犖、爆爍也。」〔註51〕李海霞曰：「伯勞，猶磋盧、蒲盧、負勞，圓團形的東西。」〔註52〕斯皆未得其命名之由。

5. 門窗搭扣謂之「了𠃊（鳥）」，寫卷「了𠃊鵃」在「男服部」，當指男子鳥形的帶鉤飾物，此可比例而推知也。古代帶鉤多製成鳥形，參見下圖〔註53〕：

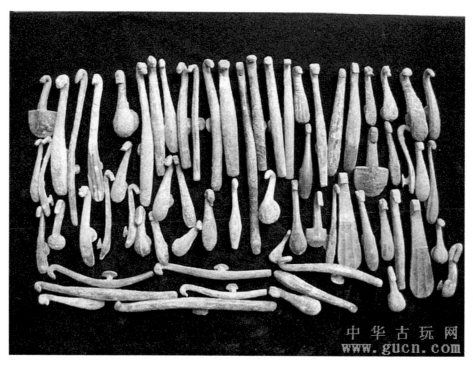

（此文刊於《古籍研究》總第57～58卷合刊，2013年出版，此爲修訂稿）

〔註50〕 《左傳·昭公十七年》杜注：「伯趙，伯勞也。」《集韻》「趙」有音徒了切（diào），故與「了」、「勞」、「鷯」音轉也。

〔註51〕 朱駿聲《説文通訓定聲》，武漢市古籍書店1983年版，第404頁。

〔註52〕 李海霞《漢語動物命名考釋》，巴蜀書社2005年版，第256頁。

〔註53〕 http://www.gucn.com/service_curiostall_show.asp?id=1409901。帶鉤也有作螳螂形的，桂馥《札朴·覽古》：「余見古銅帶鉤數十枚，皆作螳螂形，即革帶所施。《隋書·禮儀志》：『革帶，案《禮》，博二寸⋯⋯今博三寸半，加金縷躞、螳蜋鉤以相拘。』」中華書局1992年版，第166頁。

敦煌寫卷 S.1380《應機抄》補箋

Ⅰ. 引　言

　　敦煌寫卷 S.1380《應機抄》，收入《英藏敦煌文獻》第 2 冊〔註1〕。王三慶《敦煌類書》、郝春文主編《英藏敦煌社會歷史文獻釋錄》第 5 卷各有錄文及校記〔註2〕。《釋錄》錄文後出轉精，茲以《釋錄》為底本，復核以敦煌圖版。王氏所作校箋簡稱為王箋，郝氏所作校記簡稱為郝校。

　　王箋對出典考證作出了極大貢獻，為進一步研究提供了極大便利。但限於當時條件，不免存在一些缺陷。其缺陷表現在五個方面：一是有一些典故沒能考出出處；二是有一些典故考查出處不確；三是有一些典故考查出處沒有找到早期文獻；四是寫卷有一些文字考訂有待商榷；五是寫卷有一些文字錯誤沒有發現並訂正。

　　本文分作文字校正、典故考證二部分。

Ⅱ. 補　箋

（一）文字校正部分

（1）不燋於熾（？）炭之上，生花於已枯之木

　　王箋：《三國志・劉廙傳》廙上疏曰：「起煙於寒灰之上，生華於已枯之木。」

〔註1〕　《英藏敦煌文獻》，四川人民出版社 1990 年版，第 280～286 頁。

〔註2〕　王三慶《敦煌類書》，麗文文化事業股份有限公司 1993 年版，第 291～307 頁錄文，第 719～729 頁校記。郝春文主編《英藏敦煌社會歷史文獻釋錄》第 5 卷，社會科學文獻出版社 2006 年版，第 427～462 頁。

故本則乃自此處引出。

郝校：熾（？）炭，《敦煌類書》釋作「烈火」。原件「炭」字清晰，「熾」字僅存左半，存疑待考。

按：原卷殘字左半不作「火」旁，當非「熾」字。據所殘左半上部作「夕」推測，疑此字當作「然」字，「然」同「燃」。《文選·石闕銘》：「刑酷然炭，暴踰膏柱。」李善註引《六韜》：「紂患刑輕，乃更爲銅柱，以膏塗之，加於然炭之上，使有罪者緣焉，滑跌墮火中，紂與妲己笑以爲樂，名曰炮烙之刑。」「不燋於然炭之上，生花於已枯之木」，二句是指免於刑罰，絕處逢生。

（2）（《太公》）又云：「聖君與二曜其明，與四等其信。」

王箋：本則出典待考。

郝校：二，《敦煌類書》釋作「上」，誤。四等，《敦煌類書》釋作「口（下）著」。

按：原卷有脫文，當作「聖君與二曜〔齊〕其明，與四〔時〕等其信」。二曜，日月也。《三國志·陳思王植傳》裴松之注引《魏略》：「（植）乃上書曰：『臣聞古者聖君與日月齊其明，四時等其信。』」爲寫卷所本。《尉繚子·兵令》：「賞〔明〕如日月，信如四時。」〔註3〕《管子·任法》：「故聖君失（設）度量，置儀法，如天地之堅，如列星之固，如日月之明，如四時之信。」〔註4〕《文子·精誠》：「故大人與天地合德，與日月合明，與鬼神合靈，與四時合信。」〔註5〕《御覽》卷1引《春秋感精符》：「人主與日月同明，四時合信。」《類聚》卷38引《禮稽命徵》：「禮之動搖也，與天地同氣，四時合信，陰陽爲符，日月爲明。」〔註6〕《隋書·律曆志中》：「懸象著明，莫大於二曜；氣序環復，無信於四時。」皆可助校。諸書語並本《易·乾·文言》：「夫大人者，與天地合其德，與日月合其明，與四時合其序，與鬼神合其

〔註3〕 《書鈔》卷113引作「君賞明日月，信比四時」，《御覽》卷296引作「賞明如日月，信比如四時」，據補「明」字。

〔註4〕 《類聚》卷52、《御覽》卷624引「失」作「設」，是也。

〔註5〕 《淮南子·泰族篇》同。

〔註6〕 《書鈔》卷80、《御覽》卷522引同。

吉凶。」〔註7〕「與四時合其序」即謂合其信也,《淮南子・本經篇》
云:「四時者,春生夏長,秋收冬藏,取予有節,出入有時,開闔張歙,
不失其敘,喜怒剛柔,不離其理。」

(3)（古人）又云:「抑非集（棄）惡,可以無過;貶酒善（惡）色,
可以無罪;避嫌遠疑,可以不悔;博學勤問,可以遍知。」

王箋:黃石公《素書》:「抑非損惡,所以攘過;貶酒闕色,所以無污;避
嫌遠疑,所以不誤;博學切問,所以廣知。」〔註8〕

郝校:集,當作「棄」,據文義改。疑「集」為「棄」之借字。善,當作
「惡」,據文義改。《敦煌類書》徑釋作「棄」、「惡」。

按:據《素書》,「集」當作「損」,「善」當作「闕」。唐・張弧《素履子》
卷下:「貶酒闕色,去嫌遠疑。」元・歐陽玄《劉公墓碑銘》:「貶酒闕
色,親忠遠佞。」《字彙補》:「闕,俗『闕』字。」亦其旁證。

(4)《楊子》曰:「好眾辱人者殃,親佞（佞）遠忠者亡。」

王箋:本則非出《楊子》。黃石公《素書》云:「好眾辱人者殃……親讒遠
忠者亡。」〔註9〕

郝校:佞,當作「佞」,據文義改。《敦煌類書》徑釋作「佞」。

按:《長短經》卷2引《玉鈐經》:「好眾辱人者殃……親佞遠忠者亡。」《干
祿字書》:「佞、佞:上俗下正。」是「佞」非誤字,不煩校改。

(5)（《傅子》）又云:「山峭者崩,海滿者溢。」

王箋:黃石公《素書》云:「山峭者崩,澤滿者溢。」

按:原卷「峭」作「峭」,「海」作「澤」。「峭」為「峭」形誤。《韓詩外傳》
卷1:「城峭則崩,岸峭則陂。」《說苑・政理》:「城峭則必崩,岸竦則
必陁。」《太玄・銳》:「陵崢岸峭,陁。測曰:『陵崢岸峭,銳極必崩也。』」
范望注:「陁,墮也。峭,峻峭。」《淮南子・繆稱篇》:「城峭者必崩,
岸崝者必陀。」並可互證。崝、崢,正、俗字。

〔註7〕 李鼎祚《集解》:「《乾鑿度》曰:『聖明德備曰大人也。』」
〔註8〕 王氏引「遠」誤作「邇」,徑正。
〔註9〕 王氏引「眾」誤作「直」,徑正。

（6）《老子》曰：「夫百尋之室，焚之於寸燈；千丈之波，潰之於一穴。」

王箋：《韓非子·喻老》云：「千丈之堤，以螻蟻之穴潰；百尺之室，以突隙之煙焚。」《淮南子·人間訓》云：「千里之堤，以螻螘之穴漏；百尋之屋，以突隙之煙焚。」本則出典於此，然文字略有不同。

按：波，讀爲陂。《集韻》：「陂，一曰澤障，或作波。」《漢書·灌夫傳》：「波池田園。」顏師古注：「波，讀曰陂。」《史記·魏其武安侯傳》正作「陂池」。《抱朴子外篇·百里》：「夫百尋之室，焚於分寸之颷；千丈之陂，潰於一蟻之穴。」〔註10〕又考《韓非子·喻老》、《淮南子·人間篇》作「隄」，《晉書·陳頵傳》：「故百尋之屋，突直而焚燎；千里之隄，蟻垤而穿敗。」「隄」亦水障也。《世說·德行》：「叔度汪汪如萬頃之陂，澄之不清，擾之不濁。」《太平廣記》卷 169 引作「波」，《後漢書·郭太傳》監本亦作「波」。《漢書·諸侯王表》：「波漢之陽。」顏師古注引鄭氏曰：「波音陂澤之陂。」又《魏相傳》：「弛山澤波池。」顏師古註：「波音陂。」又《貨殖傳》：「水居千石魚波。」顏註：「波讀曰陂。」《隸釋》卷 3 漢《楚相孫叔敖碑》：「波障源泉。」洪适曰：「以波爲陂。」皆其例。

（7）（梁王）又云：「王霸仍，水滿壇前，涸井苦則泉飛，校尉至竭衣。泉飛涸井，將軍拔劍，水溢窮山。夏桀不義，火降帝城；殷辛政亂，棘生王路。」

王箋：《類聚》卷 89 引《周書》：「程寤曰：『文王在翟，夢南庭生棘，小子發取周庭之梓樹，樹之於闕間，化松柏棫，乍驚以告文王，文王召發於明堂，拜吉夢，受傷大命，秋朝士。』」

郝校：王霸，《敦煌類書》釋作「列壩」。

按：此卷有脫訛。「王霸仍，水滿壇前」未詳所當作。「至」爲衍文。竭，當讀爲揭。疑當點作「校尉竭衣，泉飛涸井；將軍拔劍，水溢窮山」。蓋雜揉李廣利、耿恭之典。《後漢紀》卷 10：「耿恭爲戊校尉……恭於是城中穿井，十五丈不得水，吏士失色，恭歎曰：『……聞貳師將軍拔佩刀以刺山，而飛泉湧出，今漢神明，豈有當窮者乎？』乃整衣服，向井

再拜，爲吏士禱水，身自率士挽籠，有頃，飛泉湧出，大得水，吏士驚喜，皆稱萬歲。」〔註11〕周・庾信《周使持節大將軍廣化郡開國公丘乃敦崇傳》：「彎弧則戟破小支，抽劍則泉飛枯井。」亦用此二典。「校尉揭衣」即指耿恭整衣再拜而言也。「將軍拔劍」即指李廣利拔刀刺山而言也。「夏桀不義，火降帝城」者，《墨子・非攻下》載湯伐夏，「有神來告曰：『夏德大亂，往攻之，予必使汝大堪（戡）之。予既受命於天，天命融隆（降）火，于夏之城間西北之隅。』」孫詒讓曰：「王云：『降與隆通。』《國語・周語》內史過說夏亡，『回祿信於聆隧。』韋注云：『回祿，火神。聆隧，地名。』是融即回祿，此與《周語》所云即一事也。」〔註12〕「殷辛政亂，棘生王路」者，《墨子・非攻下》載殷紂失德，「棘生乎國道」。王氏引《周書》不切〔註13〕。

（8）（《尹文子》）又云：「勾踐，越之王也，妻猶織絰；安世，漢之公也，婦仍緝麻。」

　　王箋：《史記・越王勾踐世家》：「身自耕作，夫人自織，食不加肉，衣不重采，折節下賢人，厚遇賓客，振貧弔死，與百姓同其勞。」又《漢書》本傳云：「安世尊爲公侯，食邑萬戶，然身衣弋綈，夫人自紡績，家童七百人，皆有手技作事。」

　按：「絰」爲喪服所用的麻帶，非其誼，原卷實作「紾」，同「紝」。

（9）夫鳥高飛者，以避矰繳之災；鼠深穴者，以免燻毀之患。

　　王箋：本則典出《莊子》，《應帝王》云：「且鳥高飛以避矰弋之害，鼷鼠深穴乎神丘之下，以避熏鑿之患。」

　按：毀，當據《莊子》校作「鑿」。《淮南子・氾論篇》高注：「〔復〕穴，毀陁防崖岸之中，以爲窟室也。」《御覽》卷174引作「鑿崖岸之腹以爲密室」。又《說林篇》：「毀瀆而止水，乃愈益多。」《意林》卷2引「毀」

〔註11〕《東觀漢記》卷8、《後漢書・耿恭傳》略同。

〔註12〕孫詒讓《墨子閒詁》，中華書局1986年版，第137～138頁。

〔註13〕《類聚》卷89作「受商大命」，王氏引誤作「傷」字。「栻乍」當連文，爲「栻栰」之誤。《類聚》卷79、397、《御覽》卷533引《周書》並作「化爲松栢栻栰」，《宋書・符瑞志上》、《博物志》卷8同。《御覽》卷84引《帝王世紀》、《爾雅翼》卷12作「化爲松柏柞栻」。

作「鼙」。皆其比。《顏氏家訓・書證》說俗字云：「鼓外設皮，鼙頭生毀。」「鼙」字俗作「鼙」，因脫誤爲「毀」字。《淮南子・修務篇》：「夫鴈順風，以愛氣力；銜蘆而翔，以備矰弋。」亦用《莊子》典。《淮南子》作「備」，《文選・鷦鷯賦》李善注、《白帖》卷 94、《御覽》卷 1000、《事類賦注》卷 19、《古今事文類聚》後集卷 46 引作「避」。「備」、「避」二通。《抱朴子外篇・詰鮑》：「智禽銜蘆以扞網，玃曲共穴以備徑。」「備」、「扞」同義對舉。《文選・鷦鷯賦》李善注引《抱朴子》「扞」作「避」。此亦其例。

（10）《符子》曰：「有文無武，何以楫（緝）亂？有武無文，何以鎮靜？」

王箋：《符子》一書或爲王符《潛夫論》，唯本則出典待考。

郝校：楫，當作「緝」，據文義改，《敦煌類書》徑釋作「緝」。

按：符，原卷作「苻」。考《晉書・苻朗載記》：「（苻朗）著《苻子》數十篇行於世，亦老莊之流也。」又作「符子」，《隋書・經籍志三》：「《符子》二十卷，東晉員外郎符朗撰，亡。」《舊唐書・經籍志下》：「《符子》三十卷，符朗撰。」則《苻子》爲東晉苻朗所撰，並非《潛夫論》〔註 14〕。《說苑・君道》：「夫有文無武，無以威下；有武無文，民畏不親。」此爲《苻子》所本。

（11）古人云：「賢士之居禮世，亦猶金玉之生沙礫。吳人之習，非事同魚鱉；蜀人之樂，類以（與）禽獸。」

王箋：本則未詳所出，俟考。

郝校：以，當作「與」，「以」爲「與」之借字。

按：禮，原卷作「礼」，疑當爲「乱」形誤。「乱」爲「亂」俗字。《廣韻》：「亂，俗作乱。」以，讀爲似，與「同」字同義對舉。《御覽》卷 402 引鍾子《芻蕘論》：「賢者之處世，猶金玉生於沙礫，豫章產乎幽谷，下不之進於上，則無由而至矣。」〔註 15〕是其上句出典。唐・王起《南蠻北狄同日朝見賦》：「若非越荒徼，踰紫塞，則南同魚鱉，安得仰龍章於舜年？北喻豺狼，未可親獸舞於堯代。」取譬相同。下句出典待考。

〔註 14〕《御覽》卷 951 亦引過《符子》另一條。
〔註 15〕《記纂淵海》卷 68、《翰苑新書》前集卷 69 引略同。

（12）《三略》曰：「逢禮則習武，過（遇）治則肆文。」

　　　　郝校：過，當作「遇」，據文義改，《敦煌類書》徑釋作「遇」。

　　　　王箋：本則雖云「三略」，實非其文，俟考。

　　按：禮，原卷作「礼」，疑當爲「乱」形誤，與「治」對舉成義。

（13）夫與君子遊者，如人入蘭芷之室，久而彌聞其芳；與小人交者，
　　　　如入鮑魚之肆，久而轉（聞）其臭

　　　　王箋：《大戴禮記》云：「與君子遊，芝乎如入蘭芷之室，久而不聞，則與
　　　　之化矣；與小人遊，貧乎如入鮑魚之次，久而不聞，則與之化矣。是故君
　　　　子慎其所去就。」〔註16〕又參見《家語・六本》、《意林》卷1《曾子》語。

　　　　郝校：轉，當作「聞」，《敦煌類書》據文義校改。

　　按：《大戴禮記》見《曾子疾病篇》，貧，《永樂大典》本、《治要》卷35引
　　　　《曾子》作「膩」，《意林》卷1引《曾子》作「戲」，《文選・辯命論》
　　　　李善註引作「臭」，並當作「臟」〔註17〕。次，《文選・辯命論》李善註、
　　　　《御覽》卷406引作「肆」，《家語・六本》、《說苑・雜言》、《宋書・顏
　　　　延之傳》、《顏氏家訓・慕賢》亦並作「肆」，《意林》卷1引《曾子》作
　　　　「室」。《楚辭・七諫》：「聯蕙芷以爲佩兮，過鮑肆而失香。」《御覽》
　　　　卷983引《論撰考讖》：「漸於蘭則芳，漸於鮑則臭。」亦此意。此蓋秦
　　　　漢古成語。轉、彌對舉同義，猶言逾也、益也、更也〔註18〕。「轉」下
　　　　脫「聞」字。王校、郝校並失之。

（14）夫君子之交，固於膠柒（漆），牢於金石，窮達不改，毀譽無異也

　　　　王箋：《御覽》卷406引《譙子》：「必得其人，千里同好，固於膠漆，堅
　　　　於金石，窮達不阻其分，毀譽不疑其實。」

　　　　郝校：柒，當作「漆」，據文義改，《敦煌類書》徑釋作「漆」。

　　按：《類聚》卷21引《譙子》：「交得其人，千里同好，固於膠漆，堅於金

〔註16〕王氏引「去就」誤作「去所」，徑正。
〔註17〕參見王念孫、阮元說，王念孫說轉引自王引之《經義述聞》卷11，江蘇古籍
　　　　出版社1985年版，第284頁。阮元說轉引自方向東《大戴禮記匯校集解》，
　　　　中華書局2008年版，第583～584頁。
〔註18〕參見徐仁甫《廣釋詞》，四川人民出版社1981年版，第308～309頁。蕭旭《古
　　　　書虛詞旁釋》有補證，廣陵書社2007年版，第243頁。

石。」「柒」讀爲㯠，《說文》：「㯠：木汁，可已鬃物。」段注：「木汁名㯠，因名其木曰㯠。今字作漆而㯠廢矣。漆，水名也，非木汁也。」〔註19〕用爲動詞，以㯠㯠物亦謂之㯠。P.2569《春秋後語》：「豫讓又柒身爲厲。」《史記·刺客列傳》作「漆」，並爲借字。秦漢文獻多用本字㯠〔註20〕。

（15）太公曰：「臣之事君，不逆上以自成，不立私以要名。夫子立私者家必衰，臣立私者國必危。」

按：《戰國策·趙策二》：「事主之行……不逆上以自伐，不立私以爲名。子道順而不拂，臣行讓而不爭。子用私道者家必亂，臣用私義者國必危。」「成」當爲「伐」字形誤。伐，自誇。

（16）《文子》：「使信士分財，不如採（操）籌；使廉士守舍，不如閉戶。」

王箋：《文子·符言》：「使信士分財，不如定分而探籌，何則？有心者之於平，不如無心者也。使廉士守財，不如閉戶而全封，以爲有欲者之於廉，不如無欲者也。」此爲節引。

郝校：採，當作「操」，據文義改，《敦煌類書》徑釋作「操」。

按：據今本《文子》，「採」當作「探」。《淮南子·詮言篇》亦作「探」字。《荀子·君道》：「探籌投鉤者，所以爲公也。」郝懿行曰：「探籌，剡竹爲書，令人探取，蓋如今之掣籤。」〔註21〕探籌即今所謂抽籤也。校作「操籌」，非其誼也。

（17）《尸子》曰：「虎豹之駒，雖未成文，而有食羊之意；鳴鵠之鶼，雖羽未備，而有四海之心。」

王箋：本則語出《尸子》，見《意林》卷1、《類聚》卷90、《御覽》卷891。

按：鳴，當爲「鴻」字形誤。《史記·陳涉世家》《索隱》、《意林》卷1、《類

〔註19〕段玉裁《說文解字注》，上海古籍出版社1981年版，第276頁。
〔註20〕參見劉鈺、袁仲一《秦文字通假集釋》，陝西人民教育出版社1999年版，第95～97頁。
〔註21〕郝懿行《荀子補注》，轉引自董治安、鄭傑文《荀子彙校彙注》，收入《齊文化叢書2》，齊魯書社1997年版，第404頁。

聚》卷 90、《御覽》卷 402、916、《記纂淵海》卷 41、42、97 引《尸子》
並作「鴻」。鷇，《史記・陳涉世家》《索隱》、《意林》卷 1、《類聚》卷
90、《御覽》卷 916、《記纂淵海》卷 41、42、97 引《尸子》並作「㲉」，
義同。《方言》卷 8：「北燕朝鮮洌水之閒……爵子及雞雛皆謂之㲉。」
備，《類聚》卷 90 引作「全」，《史記・陳涉世家》《索隱》、《意林》卷
1、《御覽》卷 402、916、《記纂淵海》卷 41、97 引《尸子》並作「合」，
《記纂淵海》卷 42 引作「成」。「全」當爲「合」字形誤，與「成」、「備」
義同。羊，諸書所引並作「牛」，此蓋誤書。

（18）《胡非子》曰：「夫水之爲性，溺者飲之則死，渴者飲之則活。」

按：《韓非子・解老》：「譬之若水，溺者多飲之即死，渴者適飲之即生。」
《意林》卷 1 引作「譬之如水，溺者飲之則死，渴者飲之則生」。「胡」
當爲「韓」字之誤。

（19）夫君子示我人之利，不迫人之險

王箋：本則出《淮南子・道應篇》，文字全同。

按：寫卷「示我」當作「不乘」。今本《淮南子》文字不同，王氏失檢。《淮
南子・道應篇》：「叔向曰：『君子不乘人於利，不迫人於險。』」〔註22〕
二「於」字《意林》卷 2 引作「之」，與寫卷合。

（20）夫百川異源，皆求歸於海；百家殊業，皆求之於活

王箋：《淮南子・氾論訓》云：「百川異源，而皆歸於海；百家殊業，而皆
務於治。」

按：寫卷「活」當作「治」。《意林》卷 2 引《淮南子》「殊」作「異」。

（21）夫在寸申尺，聖人爲之；小枉大直，君子行之

王箋：《淮南子・氾論訓》「寸」、「枉」字下並有「而」字。

按：寫卷「在」當作「屈」。《文子・上義》：「屈寸申尺，小枉大直，君子
爲之。」《纘義》本「申」作「伸」，《意林》卷 1 引亦作「伸」。《淮南
子・氾論篇》：「詘寸而伸尺，聖人爲之；小枉而大直，君子行之。」
《御覽》卷 830 引《尸子》：「孔子曰：『詘寸而信尺，小枉而大直，吾

不爲也。』《文心雕龍·附會》:「故宜詘寸以信尺，枉尺以直尋。」屈，讀爲詘。《說文》:「詘，詰詘也。」「諰」同「詘」。《玉篇》:「詘，枉曲也。諰，同上。」信，讀爲伸。「申」同「伸」。

（22）雞知將旦，鶩知夜半

王箋:《淮南子·說山訓》「鶩」字作「鶴」，餘全同。

按:原卷「鶩」作「鶬」，當作「鶴」。《類聚》卷 91 引《淮南子》「鶴」作「鵠」，同。《類聚》卷 90、《御覽》卷 916 引《春秋說題辭》:「鶴知夜半。」《初學記》卷 30 引《繁露》:「鶴知夜半。」注:「鶴，水鳥也。夜半水位，感其生氣，則益喜而鳴。」《詩·鶴鳴》鄭箋:「鶴在中鳴焉，而野聞其鳴聲。」「中鳴」即指夜半而鳴也。《文選·擬古詩》李善注引《春秋考異郵》:「鶴知夜半，雞應旦明。」李善注:「明與鳴同，古字通。」是知夜半者鶴也。《抱朴子內篇·至理》:「鶴知夜半，燕知戊己。」是燕所知者戊己也。

（23）《說苑》曰:「軒冕在前，非義不來；斧鉞在後，義死不避。」

王箋:《說苑·立節》云:「聞之義者，軒冕在前，非義弗乘；斧鉞於後，義死不避。」出典及文字小異。

按:寫卷「來」當作「乘」。《新序·義勇》:「義〔士〕死不避斧鉞之罪，義窮不受軒冕之服。」〔註23〕亦此意。

（24）夫君子之德，如高山，似深泉，仰之不極，俯之不側（測）

按:俯，當作「度」。寫卷涉上「仰」字而改作「俯」。《六韜·文韜·大禮》:「高山，仰止不可極也；深淵，度之不可測也。」此其所本。《管子·九守》:「高山，仰之不可極也；深淵，度之不可測也。」《說苑·政理》:「譬如高山深淵，仰之不可極，度之不可測也。」亦本《六韜》。

（25）夫純直之士，不曲道以媚時，不跪行以邀譽

按:《意林》卷 3 引崔元始《正論》:「夫貞一之士，不曲道以媚時，不詭行以邀名。」寫卷「跪」當作「詭」。《冊府元龜》卷 152:「飾僞言而售詐，崇詭行以釣名。」是其旁證。

〔註23〕「士」字據《御覽》卷 645 引補。

（26）（《流別論》）又云：「去似收雷，而可見而不可追；住似丘山，可
瞻而不可動。」

　　郝校：第一個「而」衍，當刪。

　按：「雷」當作「電」。《意林》卷 4 引《抱朴子》：「（良將）去如收電，可見
　　而不可追；住如丘山，可觀而不可動。」〔註24〕考《淮南子・兵略篇》：
　　「止如邱山，發如風雨。」《漢書・韓安國傳》：「且匈奴輕疾悍亟之兵
　　也，至如猋風，去如收電。」《新序・善謀》：「來若風雨，解若收電。」
　　是其所本。

（27）夫水性雖流，不導不通；人性雖智，不舉不達

　　王箋：《意林》卷 5 引晉孫毓《孔氏成敗志》云：「水性雖能流，不導則不
　　　通；人性雖能智，不教則不達。」

　按：舉，寫卷作「孝」，即「學」字。《韓詩外傳》卷 3：「雖有善道，不學
　　不達其功。」

（28）《陳子》曰：「棄向晨之雞，俟鳳凰警日，何義可求也？」

　按：向，寫卷作「伺」，同「司」。《金樓子・立言篇上》：「鳳無司晨之善，
　　麟乏警夜之功。」《類聚》卷 1 引《尸子》：「使星司夜，月司時，猶使
　　雞司晨也。」《韓子・揚權》：「使雞司夜，令狸執鼠。」

（29）《厲成子》曰：「鼓洪爐以燎毛髮，傾山嶽而厭枯朽。」

　　王箋：首句出陳琳諫何進語，見《三國志》本傳、《後漢書・何進傳》。

　按：「厲」當作「廣」，字之誤也。《隋書・經籍志三》：「《廣成子》十三卷，
　　商洛公撰，張太衡注，疑近人作。」「厭」同「壓」。《史記・刺客傳》：
　　「夫以鴻毛燎於爐炭之上，必無事矣。」《書鈔》卷 117「五嶽壓朽」
　　條引《諸葛論》：「鼓洪爐以燎毛髮，傾五嶽以壓枯朽。」

（30）《抱朴子》曰：「正經為道德之淵海，子書為增深之川流。」

　　王箋：本則典出《抱朴子外篇・百家》，「道德」原作「道義」。

〔註24〕《御覽》卷 13 引「住」作「立」，「觀」作「瞻」；又卷 273、275 引「住」作
　　「留」，「觀」作「瞻」；又卷 275 引「追」作「得」，「動」作「量」。「量」為
　　「動」字缺訛。

按：二語亦見《抱朴子外篇・尚博》。《御覽》卷608引《抱朴子》與寫卷同。

正，當作「五」。「五經」與「子書」對舉。《書鈔》卷95引《物理論》：

「夫五經，則四海也；傳記，則四瀆也；諸子，則涇渭也。」〔註25〕

正以五經比海，以諸子傳記比流。此寫卷上文引古人云：「夫五經者若

登山，逾高逾峻；諸子者似水，逾望逾深。」亦以「五經」與「子書」

對舉。

（31）（《抱朴子》）又云：「子書如星宿之佐三光，林藪之符五嶽。」

　　　王箋：本則見《抱朴子外篇・百家》，原曰：「仰而比之，則景星之佐三辰

　　　也；俯而方之，則林薄之裨嵩嶽。」

按：二語亦見《抱朴子外篇・尚博》。《書鈔》卷95引「裨」作「依」。符，

讀爲附，實爲坿。《說文》：「坿，益也。」又「裨，接益也。」「坿」與

「裨」皆爲增益之義。《呂氏春秋・孟秋紀》：「坿墻垣，補城郭。」高

誘注：「坿讀如符，坿猶培也。」是其同音相通之證。

（32）《才府》曰：「文王之接呂望，桑陰不移；玄德之見孔明，曑（晷）

　　　影未徒（徙）。伯喈識絶音之相於烟燼之餘，平子列逸響之聲未

　　　用之所者，作御世之轡策。」

按：列，當作「別」。「聲」字後當補「於」字。所，當作「前」。《抱朴子

外篇・清鑒》：「文王之接呂尚，桑陰未移，而知其足師矣；玄德之見

孔明，晷景未改，而腹心已委矣……伯喈識絶音之器於烟燼之餘，平

子剔逸響之竹於未用之前。」《意林》卷4引「剔」作「別」。「剔」

亦「別」字之誤。「識」、「別」同義對舉。考《戰國策・趙策四》：「昔

者堯見舜於草茅之中，席隴畝而廕庇，桑陰〔不〕移而授天下。」〔註

26〕《說苑・尊賢》：「堯舜相見，不違桑陰；文王舉太公，不以日久。

故賢聖之接也，不待久而親；能者之相見也，不待試而知矣。」是其

所本也。《劉子・知人》：「堯之知舜，不違桑陰；文王之知呂望，不

以永日。」亦用此典。

〔註25〕《御覽》卷608引脱「四」字。

〔註26〕「不」字原脱，據諸書補。《類聚》卷13魏・桓階等《勸進表》：「舜受禪大

　　　　麓，桑陰未移而已陟帝位。」作「未」字義亦合。

（33）彥（諺）曰：「山響以聲逐，影以刑（形）隨，聲影不滅，影響難絕矣。」

按：《意林》卷 5 引梁·楊泉《物理論》：「止響以聲，逐影以形。」寫卷「山」當作「止」，「聲影」當作「聲形」，「隨」字衍。當斷作「止響以聲，逐影以形，聲形不滅，影響難絕矣」。

（34）桓譚《新論》曰：「人聞長安樂，則出門西向而笑；人知味甘，則向屠者而哨（誚），何所益乎？」

王箋：桓譚《新論》云：「人聞長安樂，則出門向西而笑；知肉味美，則對屠門而大嚼。」本則與原文略有不同。《意林》、《文選·曹子建與吳季重書》善註、《類聚》卷 72、《初學記》26、《書鈔》145、《白貼》16、《御覽》828、862 並引此文。

郝校：哨，當作「誚」，《敦煌類書》據文義校改。

按：《意林》見卷 3，《御覽》見卷 863，而非卷 862，王氏失檢。《御覽》卷 391、496 亦引此文。「哨」當爲「嚼」借音字，《集韻》「嚼」、「哨」同音于笑切。諸書所引並作「嚼」字，唯《御覽》卷 863 引誤作「屑」。王校爲「誚」，非其誼也。

（35）夫戴天履地，咸受其生；稟氣含靈，同畏其死

王箋：「戴天履地」義出《左傳·僖公十五年》。

按：出典待考。受，當作「愛」，與「畏」對舉成義。

（36）夫大人之居世，豐者不使有餘，儉者不使窮之

按：窮之，當作「窮乏」。

（37）行之於身則足，行之於家則洽

按：出典待考。洽，當作「治」。

（38）柔順同室，終身逾吉；剛戾相逢，終日見凶

按：出典待考。逾，當作「逢」。

（39）夫聖人之化民也，沐不及訖，掘（握）之以禮士；飯不及飽，輟之以對客

郝校：掘，當作「握」，《敦煌類書》據文義校改。

按：訖，當作「乾」。《劉子・誡盈》：「夏禹一饋而七起，周公一沐而三握髮，食不遑飽，沐不及晞。」晞亦乾也。

（40）孔子曰：「因民所利而利之，不亦患乎？擇其勞而勞之，焉有貪乎？」

按：患，當作「惠」。《論語・堯曰》：「子曰：『因民之所利而利之，斯不亦惠而不費乎？擇可勞而勞之，又誰怨？欲仁而得仁，又焉貪？」考《隸釋》卷 15 漢《都鄉正衛彈碑》：「因民所利，斯所謂惠。」亦其旁證。

（41）夫寒人於衣，不待華鮮；饑人於食，不待甘肥；饑寒並至，不顧廉恥之行；雖慈母不能保其子。以餘而補不足，豈不妙哉

按：肥，原卷作「胆」，同「脆」。《漢書・食貨志》：「夫寒之於衣，不待輕煖；饑之於食，不待甘旨；饑寒至身，不顧廉恥……雖慈母不能保其子，君安能以有其民哉？」

（42）彥（諺）曰：「通井以穿泉，冷疏以通性。」

按：上句「通」、「穿」二字當互易。冷疏，當作「吟詠」。《莊子・列禦寇》晉・郭象註：「夫穿井所以通泉，吟詠所以通性。」

（43）為人之法，復入境而問楚，亦入國而問俗，入門而問韓（諱），豈有犯乎？

郝校：韓，當作「諱」，《敦煌類書》據文義校改。

按：楚，當作「禁」。《禮記・曲禮上》：「入竟而問禁，入國而問俗，入門而問諱。」《國語・晉語九》韋昭注引、《御覽》卷 562 引「竟」並作「境」。《孟子・梁惠王下》：「臣始至於境，問國之大禁，然後敢入。」《大戴禮記・曾子制言下》：「是以君子不犯禁而入，入境及郊，問禁請命。」《淮南子・齊俗篇》：「是故入其國者從其俗，入其家者避其諱，不犯禁而入，不迕逆而進。」亦其證。

（44）父名無諾，先生名無諾

按：名，當作「召」。《禮記・曲禮上》：「父召，無諾；先生召，無諾。唯而起。」

（45）曲木惡直繩，負罪怨明證。直繩者曲木之所憎，公平者奸匿之所
忌

王箋：《韓非子・有度》云：「繩直而枉木斲。」《鹽鐵論・申韓》云：「曲
木惡直繩，姦邪惡正法。」《潛夫論・考績》云：「諺曰：『曲木惡直繩，
重罰惡明證。』」

郝校：匿，當作「慝」，據文義改，《敦煌類書》逕釋作「慝」。

按：證，讀爲政。《意林》卷3引《潛夫論》「證」作「政」。「明政」與「正
法」義相會。《鹽鐵論・鹽鐵鍼石篇》：「枉木惡直繩。」《古文苑》卷5
漢・劉歆《遂初賦》：「曲木惡直繩兮，亦小人之誠也。」是「曲木惡直
繩」爲漢代諺語也。考《淮南子・說山篇》：「眾曲不容直，眾枉不容正。」
亦此意。匿，讀爲慝，不煩改作。《韓詩外傳》卷1：「仁義之匿，輿馬
之飾。」《莊子・讓王》、《新序・節士》、《高士傳》卷上並作「慝」，是
其例。《抱朴子外篇・名實》：「夫直繩者，枉木之所憎也；清公者，姦
慝之所讎也。」

（46）夫富貴舉動易爲，貧賤舉動難爲。適行謂之飢虛，疾行謂之逃責

按：《潛夫論・交際》：「故富貴易得宜，貧賤難得適……徐行謂之饑餒，疾行
謂之逃責。」易得宜，《意林》卷3引作「易爲客」，《御覽》卷836引作
「易爲交」。《後漢書・馮衍傳》《上疏自陳》：「蓋富貴易爲善，貧賤難爲
工也。」〔註27〕疑寫卷有脫文，當作「夫富貴舉動易爲〔宜〕，貧賤舉動
難爲適。〔徐〕行謂之飢虛，疾行謂之逃責」。《類聚》卷31梁・任昉《答
陸倕感知己賦》：「飢虛表於徐步，逃責顯於疾行。」亦皆用此典。

（47）仁者聞一善言，見一善事，急急行之，唯恐不及；又聞一惡言，
見一惡事，戰戰避之，唯恐不遠

王箋：《意林》5《物理論》云：「聞一善言，見一善事，行之唯恐不及；
聞一惡言，見一惡事，遠之唯恐不速。」

按：遠，原卷作「速」。《孟子・盡心上》：「（舜）聞一善言，見一善行，若
決江河，沛然莫之能禦也。」是其所本。

〔註27〕《後漢紀》卷8同。

－1747－

（48）夫衝風之擢枯枝，烈火之焚衰草，亦無可救也

> 王箋：《御覽》869 引吳・陸景《典語》曰：「衝風之摧枯枝，烈火之炎寒草，武王伐紂，勢然也。」乃爲本則所自出。

按：擢，當作「摧」。《書鈔》卷 117 引《典語》作「若衝風之摧枯枝，烈燄之薰衰草」。

（49）銅盤承水於夕陽，金燧引火於朝光，異類相感，不其然乎

按：《抱朴子內篇・對俗》：「今數見人以方諸求水於夕月，陽燧引火於朝日。」寫卷「夕」下脫「月」字，「陽」字下屬，「陽」、「金」二字當衍其一。「陽燧」即「金燧」。考《周禮・秋官・司寇》：「司烜氏掌以夫遂取明火於日，以鑒取明水於月。」注：「夫遂，陽遂也。」《淮南子・覽冥篇》：「夫陽燧取火於日，方諸取露於月。」是取水當於月也。

（50）《列仙傳》云：「事親不孝，事君不忠；處敬不義，則居不理。」

按：仙，當作「女」。敬，當作「家」。《列女傳》卷 5：「夫事親不孝，則事君不忠；處家不義，則治官不理。」

（51）《古詩》曰：「甘瓜抱苦蔕，美棗生刺棘；利傍有倚力，貪人還自賊。」

> 王箋：《御覽》965、978、《事類賦・瓜賦註》、《詩紀》10、逯輯《漢詩》2 云：「甘瓜抱苦蔕，美棗生荊棘；利傍有倚刀，貪人還自賊。」可以校證寫卷多處訛誤。

按：《詩紀》見卷 20，王氏失檢。刺棘，《御覽》965、《事類賦註》卷 27 引同，《事類賦註》卷 26 引作「棘刺」，《御覽》卷 978、《記纂淵海》卷 59、92、《古詩紀》20 引作「荊棘」。「荊」當爲「刺」字之誤，當據寫卷及別本訂正。利傍有倚力，《御覽》卷 978 引作「愛利傍有刀」，《事類賦註》卷 27 引作「刺傍固有刀」，《古詩紀》20 引作「利傍有倚刀」。寫卷「力」當爲「刀」字之誤。

（52）《王氏春秋》曰：「君無財，士不來；君無賞，士不往。故香餌之下，必有懸魚；重賞之下，必有死夫。」

> 王箋：本則出黃石公《三略・上略・軍讖》，文字全同。

按：君，《黃石公三略》卷上、《類聚》卷 59 引《軍讖》、《書鈔》卷 30 引
《三略》、《御覽》卷 307 引《黃石公記》、唐・李筌《太白陰經・軍
資篇》、《晉書・任旭傳》、《通志》卷 177 並作「軍」字。既引《軍讖》，
則作「軍」字是也。《管子・七法》：「爲兵之數，存乎聚財。」此亦
可證當作「軍」字。香，《類聚》卷 59 作「良」。懸魚，《黃石公三略》
作「死魚」。死夫，《黃石公三略》、《類聚》卷 59 作「勇夫」。

（53）葛洪曰：「涉園（源）流者，探珠而捐蚌；登荊山者，拾玉而棄
石。」

郝校：園，當作「源」，《敦煌類書》據文義校改，「園」爲「源」之借字。

按：《御覽》卷 602 引《抱朴子》：「詠圓流者，採珠而捐蚌；登荊嶺者，拾
玉而棄石。」採，當作「探」。《御覽》卷 941 引《交州異物志》：「烏滸
山居，射翠取羽，剖蜯探珠。」詠，當作「泳」；寫卷作「涉」，亦通。
園，當讀爲圓。考《御覽》卷 58、805 引《尸子》：「凡水，其方折者有
玉，其圓折者有珠。」〔註28〕《淮南子・地形篇》：「水圓折者有珠，方
折者有玉。」圓流，即指水圓折者，故涉圓流者可以採珠。《類聚》卷
84 梁・吳筠《碎珠賦》：「明珠碎矣，于州之隈。視圓流而失轉，見折
水之亡迴。」陳・徐孝克《天臺山修禪寺智顗禪師放生碑》：「地中藏玉，
觀曲杖而易辨；淵內沈珠，見圓流而可別。」此亦寫卷當讀作「圓流」
之旁證。

（54）《抱朴子》曰：「夫見玉指曰石，非玉不真也，待和氏而復識；見
龍而命之曰蛇，非龍不神也，□□□□□。」

按：依文例，寫卷「指」上當補「而」字，其下當補「之」字。復，當作「後」。
《抱朴子內篇・塞難》：「夫見玉而指〔之〕曰石，非玉之不眞也，待和
氏而後識焉；見龍而命之曰蛇，非龍之不神也，須蔡墨而後辨焉。」

（二）典故考證部分

（1）夫人之所樂者，富貴與榮顯也；其所憎者，貧賤與死亡也

王箋：本則出典待考。

〔註28〕《文選・文賦》、《贈王太常》李善註、《事類賦注》卷 7、9 引同。

按：《三國志・衛覬傳》：「覬奏曰：『且人之所樂者，富貴顯榮也；所惡者，貧賤死亡也。』」《治要》卷 26 引「顯榮」作「榮顯」，與寫卷合。

（2）《老子》曰：「聖人異於凡人者，神明也；同於凡人者，五情也。神明異，故能體沖虛；五情同，故不能無哀樂。」

王箋：本則出典待考。

按：《三國志・鍾會傳》裴松之注引何劭《王弼傳》：「何晏以爲聖人無喜怒哀樂，其論甚精，鍾會等述之，弼與不同，以爲聖人茂於人者，神明也；同於人者，五情也。神明茂，故能體沖和以通無；五情同，故不能無哀樂以應物。」〔註 29〕

（3）《太公》曰：「夫危（明）者見危於無形，而智者慮禍於未萌。」

王箋：《商子・更法》：「語曰：『愚者暗於成事，智者見於未萌。』」與本則略近。又《韓非子・說林上》：「聖人見微以知萌，見端以知末。」《淮南子・主術訓》、《氾論訓》亦見援用。又《漢書・司馬相如傳》作「明者遠見於未萌，知者避危於無形」。

郝校：危，《敦煌類書》作缺文，據該書所列之相關典籍，當作「明」。

按：《文選・上書諫獵》：「蓋聞明者遠見於未萌，而智者避危於無形。」〔註 30〕李善注引《太公金匱》：「明者見兆於未萌，智者避危於無形。」《文選・檄蜀文》：「明者見危於無形，智者規福於未萌。」〔註 31〕李善注引《太公金匱》：「明者見危於未萌，智者避危於無形。」《文選・爲曹公作書與孫權》：「然智者之慮，慮於未形；達者所規，規於未兆。」李善注引《金匱》：「明者見於未萌，智者避危於無影。」李善注三引《金匱》，是皆太公語也。《後漢書・馮衍傳》：「蓋聞明者見於無形，智者慮於未萌。」〔註 32〕所聞者，當亦太公語也。

（4）《列子》曰：「塵霧之微，補益山海；熒燭之光，增輝日月。」

王箋：曹植《求自試表》云：「冀以塵露之微，補益山海；螢燭末光，增輝

〔註 29〕宋・佚名《三國志文類》卷 60「茂」作「拔」，「沖」作「中」。宋・蕭常《續後漢書》卷 40「沖」亦作「中」。
〔註 30〕《史記》、《漢書》並脫「聞」字。《漢書》、《通鑑》卷 17「智」作「知」。
〔註 31〕《三國志・鍾會傳》「規福」作「窺禍」。窺、規，正、假字。「福」當作「禍」。
〔註 32〕《後漢記》卷 1 同。

日月。」《文選》善注引謝承《後漢書》及《淮南子》。

按：《三國志・陳思王植傳》、《文選・求自試表》五臣本、《類聚》卷53「露」
作「霧」，皆與寫卷相合。李善注引謝承《後漢書》：「楊喬曰：『猶塵附
泰山，露集滄海，雖無補益，款誠至情，猶不敢嘿。』」《三國志》「螢」
作「熒」。螢古字作熒。熒，小火也。故專字從虫作螢。

（5）《太公》曰：「聖主之御世也，莫不廣農為業，儉用為心。農廣則
　　穀積，儉用則財豐。夫一夫不耕，則非無饑餒之慮；一婦不織，
　　則交有寒凍之憂。」

　　王箋：《治要》卷 40 引《三略》：「務廣地者荒，務廣德者彊也。」與本則
　　義近。

按：王氏所引不切。《三國志・高柔傳》：「柔上疏曰：『聖王之御世，莫不以
　　廣農爲務，儉用爲資。夫農廣則穀積，用儉則財畜。畜財積穀而有憂患
　　之虞者，未之有也。古者一夫不耕，或爲之饑；一婦不織，或爲之寒。』」

（6）（《太公》）又云：「萬目不張舉其綱，眾毛不整振其領。」

　　王箋：本則典出《呂氏春秋・用民》：「一（壹）引其綱，萬目皆張。」又
　　《抱朴子・君道》：「操綱領以整毛（細）目，握道數以御眾才。」

按：《三國志・崔林傳》：「林議曰：『且萬目不張舉其綱，眾毛不整振其領。』」

（7）（《太公》）又云：「君明則臣直，父正則子恭。」

　　王箋：本則出處待考。

按：《三國志・盧毓傳》：「毓進曰：『臣聞君明則臣直。』」與寫卷上句同。《呂
　　氏春秋・自知》：「翟黃曰：『臣聞其主賢者，其臣之言直。』」是其所本。
　　《說苑・尊賢》：「弘章對曰：『臣聞之，水廣則魚大，君明則臣忠。』」
　　《新序・雜事一》：「（任座）對曰：『臣聞之，其君仁者，其臣直。』」
　　〔註33〕《華陽國志》卷 10：「（張）猛進曰：『主聖則臣直。』」《通鑑》
　　卷 1：「（翟璜）對曰：『臣聞君仁則臣直。』」

（8）彥（諺）曰：「一犬吠刑（形），眾犬吠聲。」

　　王箋：本則見《潛夫論・賢難》，唯「眾」作「百」。又見《晉書・傅玄傳》。

〔註33〕《御覽》卷 428 引「仁」作「賢」。

按：《風俗通義‧怔神》：「眾犬吠聲。」《晉書》見《傅咸傳》：「咸上書曰：『此一犬吠形，群犬吠聲。』」

（9）《陸子》曰：「居私也，勤身以致養；及在朝，竭命以申忠。」

王箋：《論語‧學而篇》：「事父母能竭其力，事君能致其身。」與本則義近。

按：王氏所引不切。《三國志‧韋曜傳》《博奕論》：「且君子之居室也，勤身以致養；其在朝也，竭命以納忠。」

（10）（《陸子》曰：）「夫泉竭則流涸，根朽則葉枯。」

王箋：《陸機集》《文賦》：「兀若枯木，豁若涸流。」義近。又《感時賦》云：「鳴枯條之冷冷，飛落葉之漠漠。山崆巄以含瘁，川蜿蛇而抱涸。」

按：王氏所引不切。《文選‧曹冏‧六代論》：「夫泉竭則流涸，根朽則葉枯。」

（11）（《陸子》曰：）「古之賢人，入則致孝於親，出則致節於君。豈不善歟？」

王箋：《新集文詞九經鈔》：「《孝經》云：『孝於親者，可移於君。悌于兄者，可移於長。居家理治，可移於官。三者備矣，則名揚於後世，以顯父母。』」本則與其文義稍近。

按：王氏所引不切。《三國志‧辛毗傳》裴松之注引《世語》載夏侯湛《憲英傳》：「（辛）憲英語琇曰：『古之君子，入則致孝於親，出則致節於國。』」〔註34〕

（12）《六韜》云：「臣與主同者昌，〔不〕與臣同者亡。」

王箋：本則出典待考。

郝校：不，《敦煌類書》據文義校補。（P456）

按：《後漢紀》卷29：「（郭）圖等因是譖（沮）授曰：『夫臣與主同者昌，主與臣同者亡。《黃石》之所忌也。』」則當補「主」字。《三國志‧袁紹傳》裴松之注引《世語》作「夫臣與主不同者昌，主與臣同者亡。此

〔註34〕《晉書‧列女傳》同，《御覽》卷511引《晉書》「致節」作「盡忠」。

《黃石》之所忌也。」雖上句衍一「不」字，然下句亦作「主」字，可爲佐證。《後漢書・袁紹傳》：「夫臣與主同者〔昌，主與臣同者〕亡。此《黃石》之所忌也。」脱「昌，主與臣同者」六字〔註35〕。李賢注：「臣與主同者，權在於主也。主與臣同者，權在臣也。《黃石》者，即張良於下邳圯上所得者《三略》也。」

（13）《鶡冠子》曰：「夫功不厭約，事不厭省。功約則易成，事省則易治。」

　　王箋：今本《鶡冠子》未見，《治要》卷35《文子・上行》云：「故功不厭約，事不厭寡。功約易成，事省易治，求寡易贍。」

按：今本《文子・上仁》：「故功不厭約，事不厭省，求不厭寡。功約易成，事省易治，求寡易贍。」〔註36〕《治要》所引有脱誤，下文與前文不照應。寫卷則省去「求不厭寡……求寡易贍」之文。

（14）（《鶡冠子》）又云：「癈一善，眾善衰；賞一惡，眾惡熾。」

　　王箋：《治要》卷40《三略》引文近似。又卷35引《文子・上義》：「賞一人而天下趣之，罰一人而天下畏之。」

　　郝校：癈，《敦煌類書》釋作「廢」。「癈」通「廢」。（P456）

按：王氏引《文子》不切。《黃石公三略》卷下：「廢一善，則眾善衰；賞一惡，則眾惡歸。」《治要》卷40引《三略》作「眾惡多」。敦煌寫卷多以「癈」爲「廢」。

（15）《老子》曰：「夫有清白之志者，不可以爵祿引也；有貞節操者，不可以威刑脅。」

　　王箋：本則典出《治要》黃石公《三略》。

按：《黃石公三略》卷下：「清白之士，不可以爵祿得；節義之士，不可以刑

〔註35〕《通鑑》卷63、《通鑑紀事本末》卷9、《續後漢書》卷9同，並脱6字。惠棟曰：「《獻帝傳》云『臣與主同者昌，主與臣同者亡』，傳漏『昌主與臣同者』六字。觀章懷注益明。」是也。劉攽曰：「注案文但當云『臣與主同者，權在臣也。』誤出『於主也，主與臣同者，權在』十字。」胡三省注：「臣與主同，言作威作福與主無別也。」皆據誤文爲説，並失之。惠棟《後漢書補注》，收入徐蜀《兩漢書訂補文獻彙編》第3冊，北京圖書館出版社2004年版，第485頁。

〔註36〕《淮南子・泰族篇》「厭」作「猒」。猒、厭，正、假字。

威脅。」《長短經》卷1：「黃石公曰：『有清白之士者，不可以爵祿得；守節之士，不可以威脅致。』」

（16）《太公》曰：「立國之法，務廣地者荒，務廣德者彊。」

王箋：黃石公《三略》云：「故曰：『務廣地者荒，務廣德者彊也。』」（《治要》卷40）

按：《淮南子・人間篇》：「夫爲君崇德者霸，爲君廣地者滅。故千乘之國行文德者王，湯武是也；萬乘之國好廣地者亡，智伯是也。」《黃石公三略》卷下：「故曰：『務廣地者荒，務廣德者彊。』」〔註37〕《隋書》卷81：「兵志有之曰：『務廣德者昌，務廣地者亡。』」

（17）（《太公》）又云：「有德之君，以樂樂民；無德之君，以樂樂身。樂民者，其祚延長；樂身者，不久滅亡。」

王箋：本則出典待考。

按：《黃石公三略》卷下：「故有德之君，以樂樂人；無德之君，以樂樂身。樂人者久而長，樂身者不久而亡。」《三國志・陸凱傳》：「凱上疏曰：『臣聞有道之君，以樂樂民；無道之君，以樂樂身。樂民者，其樂彌長；樂身者，不久而亡。』」

（18）古人云：「與眾同善者成，與眾同惡者傾。」

王箋：《治要》卷 40《三略》上云：「故與眾同善靡不成，與眾同惡靡不傾。」

按：《黃石公三略》卷上：「故與眾同好靡不成，與眾同惡靡不傾。」〔註38〕《左傳・成公六年》：「或謂欒武子曰：『聖人與眾同欲，是以濟事。』」亦即「與眾同善者成」之誼。

（19）（《楊子》）又云：「多許少與〔者〕怨，薄施厚望者仇。」

王箋：黃石公《素書》云：「多許少與者怨……薄施厚望者不報。」

郝校：者，《敦煌類書》據文義校補。

按：《長短經》卷2引《玉鈐經》：「薄施厚望者不報。」

〔註37〕《後漢書・臧宮傳》引《黃石公記》同。《長短經》卷3引黃石公語亦同。
〔註38〕《書鈔》卷113「賞祿有功」條引《三略》同。

（20）（《楊子》）又云：「貴而妄（忘）賤者危，陰謀外泄者敗。」

　　　王箋：黃石公《素書》云：「貴而忘賤者不久……陰計外泄者敗。」

　　　郝校：妄，當作「忘」，《敦煌類書》據文義校改，「妄」爲「忘」之借字。

　按：《長短經》卷2引《玉鈐經》：「貴而忘賤者不久……陰謀外泄者敗。」

（21）（《傅子》）又云：「足寒傷心，民怨傷國。」

　　　王箋：本則亦出黃石公《素書》，「民」作「人」。

　按：漢・荀悦《申鑒・政體》：「故足寒傷心，民寒傷國。」《劉子・愛民》：
　　　「夫足寒傷心，民勞傷國。」《唐大詔令集》卷3《改元弘道詔》：「足
　　　寒傷心，人勞傷國。」《通鑑》卷 283：「諺曰：『足寒傷心，民怨傷
　　　國。』」

（22）《史記》云：「香餌之下，必有懸魚；重賞之下，必有死夫。」

　　　王箋：此亦出舊題黃石公《三略》上略之文，《軍讖》亦曾引及。

　按：《太白陰經・軍資篇》、《御覽》卷307引《黃石公記》與寫卷同。《後漢
　　　書・耿純傳》李賢注引《黃石公記》「香」作「芳」〔註39〕。《黃石公三
　　　略》卷下引《軍讖》「懸魚」作「死魚」，「死夫」作「勇夫」。《類聚》
　　　卷59引《軍讖》「香」作「良」。

（23）彦（諺）曰：「抱薪救火，薪不盡，火不滅。何可怪也？」

　　　王箋：《史記・魏世家》：「譬猶抱薪救火，薪不盡，火不滅。」

　按：《戰國策・魏策三》：「譬猶抱薪而救火也，薪不盡，則火不止。」此
　　　爲《史記》所本。又考《鄧析子・轉辭篇》：「故抱薪加火，爍者必先
　　　燃。」又《無厚篇》：「譬如拯溺錘之石，救火投之以薪。」《鬼谷子・
　　　摩篇》：「抱薪趨火，燥者先燃。」《文子・精誠》：「無以異於鑿渠而
　　　止水，抱薪而救火。」是此語爲先秦古諺語也。

（24）（梁王）又云：「任家之井，冬甜夏香；傅氏之泉，冬溫夏冷。」

　　　王箋：《御覽》卷189引《洞冥記》，記東方朔獻甜水，帝投陰井，井裏遂

────────────

〔註39〕《白帖》卷98「芳餌」條引《陰符》：「芳餌之下，必有懸魚。」《舊唐書・李
　　　密傳》《作書以移郡縣》亦有此語。

恒甜而寒。又卷 70 引傅咸《神泉賦》：「余所居庭，庭前有涌泉，在夏則冷，涉冬而溫。」

按：《洞冥記》所載與任家無涉，且無「夏香」事，王氏所引不切。「任家之井」俟考。下句王氏所引是也，《神泉賦》又見《類聚》卷 9 引。

（25）《尹文子》曰：「刑嚴則冬雪夏淫，法亂則秋霜春落。伊生被害，甚霧便興；陸子見誅，大風斯起。」

王箋：《御覽》卷 878 引《師曠占》曰：「春夏一日有霜者，君父母酷政，大嚴大殺，天以示之。」又同卷引《抱朴子》曰：「伊尹受戮，大霧三日。」《陸機別傳》云：「機被誅日，大風折木，天地霧合。」

按：「伊生」句用伊尹典。《今本竹書紀年》卷上：「（太甲）七年，王潛出自桐，殺伊尹，天大霧三日。」《論衡·感類》引《百兩篇》：「伊尹死，大霧三日。」《抱朴子》見《外篇·良規》：「伊尹終於受戮，大霧三日。」「陸子」句用陸機典，《晉書·陸機傳》：「遂遇害於軍中……機既死非其罪，士卒痛之，莫不流涕。是日昏霧晝合，大風折木，平地尺雪，議者以為陸氏之冤。」

（26）（《尹文子》）又云：「煞不當理，則雷霆肆暴；誅不原情，則霜雹為害。」

王箋：《御覽》卷 878 引《京房易傳》云：「興兵妄誅，厥災夏霜殺五穀；誅不原情，茲謂不仁。」

按：《漢書·五行志》引《京房易傳》：「興兵妄誅，茲謂亡法，厥災霜夏殺五穀，多殺麥。誅不原情，茲謂不仁。」

（27）（《尹文子》）又云：「鐵為舟矣，不可乘之以利涉；錫作刀焉，不可奇之以剖割。」

王箋：《淮南子·齊俗訓》云：「筐不可以持屋，馬不可以服重，牛不可以追速，鈆不可以為刀，銅不可以為弩，鐵不可以為舟，木不可以為釜，各用之於其所適，施之於其所宜。」

按：《淮南子》「鐵不可以為舟」，《御覽》卷 813、《記纂淵海》卷 57 引同，《御覽》卷 346、348 引「舟」並作「弓」。「木不可以為釜」，《御覽》

卷 348、757、《記纂淵海》卷 57 引同，《御覽》卷 346 引「釜」作「斧」。蓋古人自有二說。奇，讀爲掎，執持也。《說文》：「掎，偏引也。」《文選・西都賦》：「掎僄狡。」李周翰註：「掎，執也。」字或作敧，《廣韻》：「敧，持去也。」

(28)（《老子》）又云：「因（周）王據道德之城，誰其敢入；殷帝橫仁義之劍，莫與爭峰（鋒）。」

　　王箋：《御覽》卷 403 引《鹽鐵論》曰：「以道德爲城，文王是也；以道德爲胄，湯武是也。」

按：《鹽鐵論・論勇》：「所謂金城者，非謂築壤而高土、鑿地而深池也。所謂利兵者，非謂吳越之鋋、干將之劍也。言以道德爲城，以仁義爲郭，莫之敢攻，莫之敢入，文王是也。以道德爲軸，以仁義爲劍，莫之敢當，莫之敢御，湯武是也。」「軸」同「胄」。

(29)古人云：「鉛刀木斧，終無斷剖之用；銅弩鐵弓，莫有貫穿之期。」

　　王箋：參見上條。

按：王氏上條所引，未及《御覽》作「弓」、作「斧」之異文。猶未帖切。

(30)《析言》曰：「鐸以聲自毀，燭以明自銷。」

　　王箋：《淮南子・繆稱篇》云：「鐸以聲自毀，膏燭以明自鑠。」《類聚》卷 80 引文出《文子》，《意林》卷 1 引《文子》同。

按：《隋書・經籍志三》：「《析言論》二十卷，晉議郎張顯撰。」《御覽》卷 80、922、《路史》卷 18 皆曾引張顯《析言》之語。宋・洪邁《容齋續筆》卷 16 謂「《意林》所引書，如……《析言》……《符子》……諸書，今皆不傳於世」。則此書宋代已失傳。《莊子・人間世》：「山木自寇也，膏火自煎也。」《文子・上德》：「老子曰：『鳴鐸以聲自毀，膏燭以明自煎。』」〔註 40〕《御覽》卷 238 引「煎」作「消」，又卷 870 引「煎」作「銷」；《意林》卷 1 引無「鳴」、「燭」二字。《御覽》

〔註40〕　《意林》卷 1 引作「鐸以聲自毀，膏以明自煎。」《類聚》卷 80 引作「鳴鐸以聲自毀，蘭膏以明自銷。」《書鈔》卷 121、《御覽》卷 338 引作「鳴鐸以聲自毀，膏燭以明自消。」《御覽》卷 870 引作「鳴鐸以聲自毀，膏燭以明自銷。」

卷 459 引《韓子》：「吳鐸以聲自毀，膏燭以明自鑠。」又卷 983 引《蘇子》：「蘭以芳自燒，膏以肥（明）自焫。」〔註41〕《古文苑》卷 4 揚雄《太玄賦》：「薰以芳而致燒兮，膏含肥而見焫。」《漢書‧龔勝傳》：「薰以香自燒，膏以明自銷。」〔註42〕

（31）（《析言》曰：）「周賞於朝，殷伐（罰）於市，一則勸君子，一則榮（策）小人。」

　　王箋：《御覽》卷 827 引《司馬法》曰：「殷戮於市，威不善也；周賞於朝、戮於市，勸君子、懼小人也。」

　　郝校：伐，當作「罰」。榮，當作「策」。《敦煌類書》據文義校改。

　按：《司馬法‧天子之義》：「夏賞於朝，貴善也；殷戮於市，威不善也；周賞於朝、戮於市，勸君子、懼小人也。」〔註43〕《太白陰經‧誓眾軍令篇》：「夏賞於朝，賞善也；殷戮於市，戮不善也；周賞於朝、戮〔於〕市，兼質文也。」「伐」、「罰」古字通。

（32）（《才府》）又云：「聶政避仇，鼓刀屠肉；趙岐去難，依市賣餅。」

　　王箋：《史記‧刺客列傳》：「聶政者，軹深井里人也，殺人避仇，與母姊如齊，以屠為事。」《後漢書》卷 64 云：「（岐）自匿姓名，賣餅北海市中。」

　按：《史記》無「鼓刀」之文，當引《戰國策‧韓策二》：「或言軹深井里聶政，勇敢士也，避仇隱於屠者之間……聶政曰：『嗟乎！政乃市井之人，鼓刀以屠。』」《類聚》卷 72 引《三輔決錄》、《御覽》卷 442 引《魏略》與《後漢書‧趙岐傳》略同。

（33）（《才府》）又云：「魏文侯猶癈酒而赴期，周武王尚冒雨而存信……軒轅膝行，謁廣成於崆峒；周王趨拜，揖尚父于磻磎。」

　　王箋：魏文侯癈酒事待考。《呂氏春秋》曰：「武王伐紂，至鮪水，使膠鬲候周師，問武王曰：『西伯何時至？』曰：『將以甲子日至。』膠鬲行矣。大雨日夜不休。武王疾行不輟，軍吏諫，武王曰：『吾疾行，以救膠鬲之死也。』」《莊子‧在宥》：「黃帝立為天子十九年，令行天下，聞廣成子在

〔註41〕《困學紀聞》卷 10 引「肥」作「明」，「焫」作「焫」。並是也。
〔註42〕《白帖》卷 22 引「銷」作「煎」，皇甫謐《高士傳》卷中同。
〔註43〕《御覽》卷 633 引作「殷戮於市，周賞於朝，勸君子、懼小人也」。

於空同之上，故往見之……廣成子南首而臥，黃帝順下風，膝行而進，再拜稽首而問。」《史記・齊太公世家》：「呂尚蓋嘗窮困，年老矣，以魚釣周西伯。西伯將出獵……載與俱歸，立爲師。」

按：（a）癈酒事。癈，讀爲廢。《戰國策・魏策一》：「文侯與虞人期獵，是日飲酒，樂，天雨，文侯將出，左右曰：『今日飲酒，樂，天又雨，公將焉之？』文侯曰：『吾與虞人期獵，雖樂，豈可不一會期哉？』乃往，身自罷之。」（b）冒雨事。王考是也。但王氏所引《呂氏春秋》爲改寫，並非原文，茲重引如下。《呂氏春秋・貴因》：「武王至鮪水，殷使膠鬲候周師，武王見之。膠鬲曰：『西伯將何之，無欺我也。』武王曰：『不子欺，將之殷也。』膠鬲曰：『曷至？』武王曰：『將以甲子至殷郊，子以是報矣。』膠鬲行。天雨，日夜不休。武王疾行不輟。軍師皆諫曰：『卒病，請休之。』武王曰：『吾已令膠鬲以甲子之期報其主矣。今甲子不至，是令膠鬲不信也。膠鬲不信也，其主必殺之。吾疾行，以救膠鬲之死也。』武王果以甲子至殷郊。」〔註44〕（c）軒轅膝行事。軒轅，即「黃帝」。王考是也。《莊子》作「空同」，此卷作「崆峒」者，《類聚》卷 78、《書鈔》卷 85、《御覽》卷 79、372 引《莊子》並作「崆峒」，《神仙傳》卷 1 亦作「崆峒」。（d）周王趨拜事。王考未切。磻蹊，原卷作「磻磎」，王錄不誤。《文選・爲鄭沖勸晉王牋》李善注引《尚書中候》：「王即迴駕水畔，至磻磎之水，呂尚釣於崖。」字或作「磻谿」、「磻溪」，《唐開元占經》卷 114 引《尚書大傳》：「周文至磻溪，見呂尚釣魚，文王拜尚。」《類聚》卷 83 引《尚書中候》：「文王至磻谿，呂尚釣，王趨，稱曰。」

（34）古人云：「還家織網，獲魚之日非遙；龍（壟）野而耕，得穀之秋不遠。」豈虛言哉！

王箋：《漢書・董仲舒傳》《賢良對策》引古人曰：「臨淵羨魚，不如退而結網。」本則乃自此引出。

郝校：龍，當作「壟」，《敦煌類書》據文義校改。

〔註44〕 高誘注：「曷，何也。言以何日來至殷也。」《御覽》卷 10 引「曷至」作「何時至」。鄺氏曰：「曷，忽也。忽與曷同韻，不惟其義通，其音亦近矣。」此說失之。鄺說轉引自方以智《通雅》卷 4，收入《方以智全書》第 1 冊，上海古籍出版社 1988 年版，第 194 頁。

按：《文子・上德》：「臨河欲魚，不若歸而織網。」《御覽》卷834引《文
子》「歸」作「退」。《淮南子・說林篇》：「臨河而羨魚，不如歸家織
網。」《漢書・揚雄傳》《甘泉賦》：「雄以爲臨川羨魚，不如歸而結罔。」
〔註45〕《漢書・禮樂志》引古人語：「臨淵羨魚，不如歸而結網。」
「歸」、「退」義同，「羨」、「欲」義亦同。

（35）夫蚌含珠而不剖，則不能發曜幽之明；金蘊石而未斷，則不能有
利物之用

王箋：本則出處待考。

按：據文例，「金蘊石」當乙作「石蘊金」。《御覽》卷803引盛弘之《荊州
記》：「石蘊玉以潤其堀，漢含珠而清其域。」〔註46〕晉・陸機《文賦》：
「石韞玉而山輝，水懷珠而川媚。」文例皆同。《劉子・崇學》：「海蚌
未剖，則明珠不顯……山抱玉而草木潤焉，川貯珠而岸不枯。」此卷
義近。

（36）又云：「廊廟之材，出於山林；璧玉之珍，資于荊石。」

王箋：《文選・藉田賦》：「似夜光之剖荊璞兮，若茂松之倚山顛也。」《晉
書・戴邈傳》：「又貴遊之子……不及盛年，講肆道義，使明珠加磨瑩之功，
荊璞發採琢之榮，不亦良可惜乎？」義近。

按：王氏所引不切。《漢書・敘傳上》《答賓戲》：「賓又不聞鰯氏之璧，韞於
荊石；隋侯之珠，臧於蚌蛤虖？」顏師古注：「鰯，古『和』字也。韞，
亦藏也。蚌，即『蚌』字也。」《淮南子・說山篇》：「明月之珠出於蠪
蜄，周之簡圭生於垢石。」高誘注：「簡圭，大圭，美玉。出於石中，
故曰生垢石。」

（37）夫以此不閑，遣彼所習，猛虎浮河，不如鼊雁

王箋：本則俟考。

按：《御覽》卷919引《新言》：「譬猛虎浮水，不如鼊鴨；騏驥登木，不如
猿猴。」

〔註45〕 《類聚》卷39引「罔」作「網」。
〔註46〕 《御覽》卷62引「石」作「荊」，「堀」作「區」。

（38）古之交也求賢，今之交也求利

　　　　王箋：本則俟考。

　按：漢・徐幹《中論・譴交》：「古之交也近，今之交也遠；古之交也寡，今
　　　之交也眾；古之交也爲求賢，今之交也爲名利而已矣。」

（39）《晏子》曰：「非其義者不受其利，非其道者不踐其土。」

　　　　王箋：此則今本《晏子》未見，俟考。

　按：踐，原卷作「賤」，爲「踐」借字〔註47〕。《莊子・讓王》：「務光辭曰：
　　　『吾聞之曰：非其義者不受其祿，無道之世不踐其土。』」《呂氏春秋・
　　　離俗》「祿」作「利」，與寫卷合。

（40）《管子》曰：「夫朋友之道有四，近則正之，遠則稱之，樂則思之，
　　　　患則救之。」

　　　　王箋：本則《御覽》卷 406 引《白虎通》。

　按：見今本《白虎通義・諫諍》，「救」作「死」。

（41）《傅子》曰：「人皆知滌其外器，莫知洗其內心。」

　　　　王箋：嚴輯《全晉文》卷 49 傅玄文同，惟無「外」字。又《意林》、《御
　　　覽》卷 376 並引此文，亦無「外」字，蓋因下文「內」字而衍。

　按：《意林》卷 5 引梁・楊泉《物理論》、《御覽》卷 376 引《傅子》並作「人
　　　皆知滌其器，莫知洗其心」，彼文無「外」、「內」二字。此卷增「外」、
　　　「內」二字對舉，於文亦通。《意林》卷 5 引梁・楊泉《物理論》：「君
　　　子內洗其心，以虛受人；外設法度，立不易方。」亦可參證。

（42）夫以信佲（接）人則天下順；以不信交人則鄰里疏

　　　　郝校：佲，當作「接」，據文義改，《敦煌類書》徑釋作「接」。

　按：《意林》卷 5 引梁・楊泉《物理論》：「以信接人，天下信之；不以信接
　　　人，妻子疑之。」

（43）夫孝子之道，思父母之顏，不忘於目；念父母之聲，不忘於耳

　按：《禮記・祭義》：「是故先王之孝也，色不忘乎目，聲不絕乎耳，心志嗜

〔註47〕 銀雀山漢簡《孫臏兵法・官一》：「賤令以采章。」賤亦讀爲踐。

欲不忘乎心，致愛則存，致愨則著，著存不忘乎心，夫安得不敬乎？」

（44）夫家貧親老，不擇官而仕；負重涉遠，不擇地而息

按：《家語・致思》：「負重涉遠，不擇地而休；家貧親老，不擇祿而仕。」
《韓詩外傳》卷 1：「任重道遠者，不擇地而息；家貧親老者，不擇官而仕。」〔註48〕

（45）以孝事君則忠，以敬事長則順

按：二語見《孝經・士章》。又《孝經・廣揚名章》：「子曰：『君子之事親孝，故忠可移於君；事兄悌，故順可移於長。』」

（46）《典言》曰：「孝子之養父母，必須冬溫夏清，寒暑不失其宜；昏定晨省，朝夕不離其側。」

王箋：《禮記》曰：「夫爲人子之禮，冬溫夏清。」與本則義近。

按：《禮記・曲禮上》：「凡爲人子之禮，冬溫而夏清，昏定而晨省。」王氏失引一句。清，讀爲清，字或作凊。汪東《吳語》：「《說文》：『凊，冷寒也。清，寒也。』並七正切。古書或假清爲之。《莊子・人間世》曰：『吾食也執粗而不臧，爨無欲清之人。』《素問・五臟生成篇》曰：『得之寒濕腰痛足清。』」〔註49〕字或作淸，吳方言音與鄭相近〔註50〕。

（47）彥（諺）曰：「黃金累千，不如一賢。」

王箋：晉・楊泉《物理論》曰：「故語曰：『黃金累千，不如一賢。』」又《御覽》第 402 卷、《類聚・人部》亦曾引及。

按：《意林》卷 5 引《傅子》、《帝範》卷 1 引《語林》亦有此語，蓋六朝諺語。《呂氏春秋・贊能》：「得地千里，不若得一賢人。」是其所本。

（48）《魏文子》曰：「甘蔗雖甘，終不可杖；佞（佞）言雖美，卒不可養。」

王箋：劉向《杖銘》云：「都蔗雖甘，殆不可杖；佞人悅己，亦不可相。」

〔註48〕《說苑・建本》「息」作「休」，「官」作「祿」。
〔註49〕汪東《吳語》，《制言》1935 年第 6 期；又收入《章太炎全集（七）》附錄，上海人民出版社 1999 年版，第 151 頁。
〔註50〕參見蕭旭《〈世說新語〉吳方言例釋》，收入《群書校補》，廣陵書社 2011 年版，第 1382～1383 頁。

曹子建《矯志詩》云：「都蔗雖甘，杖之必折；巧言雖美，用之必滅。」義近。

按：《書鈔》卷 133 引崔瑗《杖銘》：「諸蔗雖美，猶不可杖；溺人悅己，亦不可相。」〔註51〕《御覽》卷 974 引馮植《竹杖銘》：「都蔗雖甘，猶不可杖；佞人悅己，亦不可相。」周‧庾信《卭竹杖賦》：「諸蔗雖甘，不可以倚。」並從劉向《杖銘》化出。

(49)《尸子》曰：「無功之貴，不義之富，禍之基也。」

　　王箋：《新集文詞九經鈔》：「孔子曰：『無義而生，無功而賞，不仁而富，禍之基。』」

按：《新序‧義勇》：「無義而生，不仁而富，不如有義而烹。」〔註 52〕《後漢書‧折像傳》：「不仁而富，謂之不幸。」

(50) 彥（諺）曰：「猛虎捕鼠，不如貓兒；麒麟緣木，不如猨猴。各有其用，非可一乎。」

按：《莊子‧秋水》：「騏驥驊騮，一日而馳千里，捕鼠不如狸狌，言殊技也。」《說苑‧雜言》：「騏驥騄駬，倚衡負軛而趨，一日千里，此至疾也，然使捕鼠，曾不如百錢之狸。」又「騏驥騄駬，足及千里，置之宮室，使之捕鼠，曾不如小狸。」《御覽》卷 912 引《尹子》：「使牛捕鼠，不如貓狌之捷。」〔註53〕《淮南子‧原道篇》：「夫釋大道而任小數，無以異於使蟹捕鼠，蟾蜍捕蚤，不足以禁姦塞邪，亂乃逾滋。」又《主術篇》：「譬猶狸之不可使搏牛，虎之不可使搏鼠也。」《御覽》卷 919 引《新言》：「譬猛虎浮水，不如梟鴨；騏驥登木，不如猿猴。」

(51)《史記》曰：「分財不爭，方知其廉；臨事能決，方知其勇。」

按：《禮記‧樂記》：「臨事而屢斷，勇也；見利而讓，義也。」《史記‧樂書》同。鄭注：「斷，猶決也。」

(52) 夫鳥同翼者聚飛，獸同足者俱行

按：《戰國策‧齊策三》：「夫鳥同翼者而聚居，獸同足者而俱行。」《御覽》

〔註51〕　《御覽》卷 710 引「諸」作「甘」，「溺」作「佞」。
〔註52〕　《御覽》卷 645 引「烹」作「死」。
〔註53〕　「狌」同「鼪」。

卷993引「居」作「飛」。吳師道《補注》引《後語》：「鳥同翼者聚飛，獸同足者俱行。」〔註54〕《文子·上德》：「獸同足者相從遊，鳥同翼者相從翔。」《淮南子·說林篇》同。

（53）夫士之立行也，嚴刑不足以易其採（操），財利不足以變其心

郝校：採，當作「操」，據文義改，《敦煌類書》徑釋作「操」。

按：《戰國策·趙策二》：「威嚴不足以易於位，重利不足以變其心。」

（54）（《顏子》）又云：「父子不和，則室家〔不興〕；兄弟不和，則外有惡名。」又云：「夫婦不和，內無恩情；朋友不和，怨憎立生。」

王箋：本則出處待考。

郝校：不興，《敦煌類書》據文義校補。

按：《說苑·敬慎》：「是故四馬不和，取道不長；父子不和，其世破亡；兄弟不和，不能久同；夫妻不和，家室大凶。」

（55）夫國有道，以義卒身；國無道，以身卒義

按：《意林》卷1引《子思子》：「國有道，以義率身；無道，以身率義。荀息是也。」「率」爲「卒」字形誤，當據唐寫本訂正。卒，猶終也。

（56）子思曰：「以狐爲狸者，非直不知狐，亦不知狸也。」

王箋：《子思子外篇·逸篇》：「謂狐爲狸者，非直不知狸也，忽得狐，復失狸者也。」

按：《子思子》「非直不知狸」之「狸」，《御覽》卷912引作「貍」，當據唐寫本訂作「狐」。考《淮南子·繆稱篇》：「今謂狐〔爲〕狸，則必不知狐，又不知狸。」《意林》卷3引桓譚《新論》：「譚曰：『人有以狐爲狸，以瑟爲箜篌，此非徒不知瑟、狐，又不知狸與箜篌。』」〔註55〕亦作「狐」字。宋·晁補之《治通小序》：「謂狐爲狸，則不知狐，又不知狸，謂之胥失。」亦其旁證。《子思子》「忽」字，《御覽》卷912引同，當作「勿」。

〔註54〕《御覽》卷914引《春秋後語》作「夫鳥同翼者聚飛，而獸同足者俱行，各有儔也」。

〔註55〕《類聚》卷44所引略同。

「勿得狐」即「不知狐」也。

（57）子張曰：「金石有聲，不觸不鳴；簫管有音，不吹不吟。」

　　王箋：此出《文子·上德篇》，文字小異。

　按：簫，原卷作「蕭」，借字。《莊子·天地》：「故金石有聲，不考不鳴。」
　　　是其所本。《文子·上德篇》：「金石有聲，不動不鳴；管簫有音，不吹
　　　無聲。」《意林》卷 1 引「動」作「扣」。《淮南子·詮言篇》：「金石有
　　　聲，弗叩弗鳴；管簫有音，弗吹無聲。」

（58）古人云：「妒婦不慮破家，佞（佞）臣不憂破國。」

　按：《意林》卷 2 引《申子》：「妒妻不難破家，亂臣不難破國。」〔註56〕與
　　　此卷相近。《金樓子·后妃篇》：「且妬婦不憚破家，況復甚於此者也。」
　　　《易林·觀之隨》：「躓馬破車，惡婦破家。」又《賁之乾》：「八口九頭，
　　　長舌破家。」又《大過之大有》：「馬躓車傷，長舌破家。」又《革之解》：
　　　「馬蹄躓車，婦惡破家。」〔註57〕P.3833《王梵志詩》：「讒臣亂人國，
　　　妒婦破人家。」胡適藏卷《降魔變文》：「臣聞『佞臣破六國，佞婦鬭
　　　六亲』。」此「妒婦破家」之說也。考《逸周書·武稱解》：「美男破
　　　老，美女破舌。」《戰國策·秦策一》引《周書》：「美女破舌……美
　　　男破老。」鮑彪註：「破壞其事，舌指諫臣。老，老成人。」此說未
　　　得。吳師道補注：「《汲塚周書》：『美男破老，美女破舌，武之毀也。』
　　　注云：『所以毀敵也。』《修文御覽》引《周書》作：『美男破產，美
　　　女破車。』」段玉裁、王念孫謂「舌」為「后」形誤，朱駿聲、孫詒
　　　讓、金正煒、何建章、范祥雍並從之〔註58〕。劉師培曰：「舌、車音
　　　殊，奚克通叚？蓋『舌』本作『居』，《修文御覽》『車』則同音借字……
　　　破居，猶云毀室。今本訛『舌』，《雜志》易『后』，似非。」〔註59〕

〔註56〕《治要》卷 36、《長短經》卷 3 引《申子》同。
〔註57〕尚秉和曰：「蹄音弟，與躓同，躓也。馬躓，故車躓。」尚秉和《焦氏易林注》，
　　　　光明日報出版社 2006 年版，第 202 頁。
〔註58〕段、王、朱、孫四說並轉引自黃懷信主編《逸周書彙校集注（修訂本）》，上
　　　　海古籍出版社 2007 年版，第 87～88 頁。金說轉引自范祥雍《戰國策箋證》，
　　　　上海古籍出版社 2006 年版，第 219 頁。何建章《戰國策注釋》，中華書局 1990
　　　　年版，第 110 頁。
〔註59〕劉師培《周書補正》，收入《劉申叔遺書》，江蘇古籍出版社 1997 年版，第 729

劉說是也，四部叢刊本影印元至正年間刊刻的鮑注吳校本正作「美女破居」〔註60〕，《御覽》卷379引《十二國史》亦作「美男破老，美女破居」。《逸周書·史記解》：「美女破國。」〔註61〕「破居」、「破家」，與「破國」相類。傳世本《周書》有訛誤，當校正。

（59）夫寒則利短褐，飢者嗜糟糠

王箋：《太平廣記》卷8引《神仙傳》：「三十餘年，名山之側，寒不遑衣，饑不暇食，思不敢歸，勞不敢息。」又《三國志·陳思王傳》：「雖有餱糧，饑不遑食。」

按：王氏所引未切。《賈子·過秦中》：「夫寒者利短褐，而飢者甘糟糠。」此從建本，潭本作「裋褐」〔註62〕。《漢書·循吏朱邑傳》：「猶饑者甘糟糠，穰歲餘粱肉。」

（60）夫影不能為曲物直，響不能為濁音清

王箋：《說苑·談叢》云：「響不能獨為聲，影不能倍曲為直物，必以其類及。」出典及文字各有小異。

按：此條承上，引《淮南子》語。當引《淮南子·兵略篇》：「夫景不為曲物直，響不為清音濁。」考《管子·宙合》：「景不為曲物直，響不為惡聲美。」為《淮南子》、《說苑》所本。依文例，寫卷作「為濁音清」為長，亦即「為惡聲美」也。

（61）夫內無其質，而外學其文，畫脂鏤冰，費日損功，終無效也

王箋：《鹽鐵論·殊略》云：「故內無其質而外學其文，雖有賢師良友，若畫脂鏤冰，費日損功。」

按：《鹽鐵論》篇名為《殊路》，王氏引誤。《古今事文類聚》別集卷5引「畫」作「雕」，蓋臆改。《意林》卷3引桓譚《新論》：「畫水鏤冰，與時消釋。」

頁。
〔註60〕《戰國策》，上海古籍出版社1985年版，第126頁。
〔註61〕敦煌寫卷P.3454《六韜》亦有此語。
〔註62〕《史記·秦始皇本紀》、《意林》卷2引作「裋褐」。《集解》引徐廣曰：「裋，一作短，小襦也。」

（62）凡與富貴者交，上有祿譽之響，下有財貨之益；與貧賤交，大有
　　　賑恤之費，小有假欲之損

　按：寫卷「貧賤」下當補「者」字。《潛夫論・交際》：「夫與富貴交者，上
　　　有稱譽之用，下有貨財之益；與貧賤交者，大有賑貸之費，小有假借之
　　　損。」〔註63〕欲，讀爲與。

（63）應劭曰：「百里不同風，千里不相俗。」

　按：應劭《風俗通義序》：「百里不同風，千里不同俗。」《漢書・王吉傳》、
　　　《漢紀》卷17亦有此語。此蓋漢代成語。

（64）夫耳爲心聽，目爲心視，凡人之於視聽，不可不審

　按：《白虎通義・情性》：「目爲心視，口爲心談，耳爲心聽，鼻爲心嗅，是
　　　其支體主也。」《國語・鄭語》：「正七體以役心。」韋昭注：「役，營也。
　　　目爲心視，耳爲心聽，口爲心談，鼻爲心芳也。」考《逸周書・武順解》：
　　　「人道尚中，耳目役心。」孔晁注：「言耳目爲心所役也。」此其所本
　　　也。

（65）《陸子》曰：「敬一賢而眾賢悅，誅一惡而眾惡懼。」

　按：《白虎通義・諫諍》：「賞一善而眾臣勸，罰一惡而眾臣懼。」《意林》卷
　　　5引梁・楊泉《物理論》：「善賞者，賞一善而天下之善皆勸；善罰者，
　　　罰一惡而天下之惡皆除矣。」

（66）俗彥（諺）云：「拙匠多棄木，良匠無遺材。」

　按：《劉子・適才》：「是以君子善能拔士，故無棄人；良匠善能運斤，故無
　　　棄材。」唐太宗《帝範・審官》：「故良匠無棄材，明主無棄士。」

（67）（俗諺）又云：「構大廈者，先擇匠而後簡材；治國者，先擇士而
　　　後定民。」

　按：晉・傅玄《傅子・授職篇》：「構大廈者，先擇匠然後簡材；治國家者，
　　　先擇佐然後定民。」《意林》卷5引梁・楊泉《物理論》、《御覽》卷591

〔註63〕《意林》卷3引「譽」作「舉」。《御覽》卷836引「貨財」作「貲財」，「假
　　　借」作「假貸」。

引唐太宗《金鏡述》引古人語同，當亦本《傅子》。簡，讀爲揀，實爲束。

（68）夫鴻不學飛，飛則冲天；驥不學行，行則千里

王箋：首二句出《呂氏春秋・重言》，《韓非子・喻老》、《史記・楚世家》、《新序・雜事》、《吳越春秋・王僚使公子光傳》等並引。

按：四句《御覽》卷 916、《記纂淵海》卷 42 引《傅子》全同。考《呂氏春秋・重言》：「是鳥雖無飛，飛將冲天。」《韓非子・喻老》：「雖無飛，飛必冲天。」《吳越春秋・王僚使公子光傳》：「此鳥不飛，飛則冲天。」王氏引《呂氏》等書，並不貼切。

（69）夫虎至猛，尚可威而伏之；鹿至麤，亦可教而使之，其況人乎

按：《傅子・貴教篇》：「虎至猛也，可威而服；鹿至麤也，可教而使。」

（70）《說苑》曰：「匡衡以善詩爲宰相，張禹以善論爲帝師，豈非儒學之榮乎？」

按：《意林》卷 5 引梁・楊泉《物理論》：「或云：『玄衡以善詩至宰相，張禹以善論作帝師，豈非儒學之榮乎？』」

（71）夫聖人之心似鏡，小大俱彰；賢人之心如水，澄之則清，攬之則濁。清則方始有見，濁則無物可觀

按：《莊子・應帝王》：「至人之用心若鏡，不將不逆，應而不藏。」《六韜・武韜・文啓》：「天下之人如流水，障之則止，啓之則行，靜之則清。」《鶡冠子・泰鴻》：「自若則清，動之則濁。」並其所本。《類聚》卷 4 晉・孫綽《三日蘭亭詩序》：「古人以水喻性，有旨哉。斯談非以停之則清、混之則濁耶？」《意林》卷 5 引梁・楊泉《物理論》：「人之性如水焉，置之圓則圓，置之方則方，澄之則淳而清，動之則流而濁。」〔註64〕亦自《六韜》、《鶡冠子》化出。攬，疑當作「攪」，與上引諸例之「動」、「混」字同義。《初學記》卷 14 漢・張衡《髑髏賦》：「澄之不清，混之不濁。」《後漢書・黃憲傳》：「澄之不清，淆之不濁。」其「淆」字，《後漢書・郭太傳》、《御覽》卷 444 引《郭林宗別傳》、又卷 446 引《郭泰

別傳》作「撓」，《類聚》卷 22 引《郭泰別傳》作「混」，《世說・德行》
作「擾」。《隋書・牛弘傳》：「澂之不清，混之不濁。」「淆」、「撓」、「混」、
「擾」並與「攪」同義。雖係反面之筆，然可證此卷「攬」當作「攪」。
《雲笈七籤》卷 72：「澄之不清，攪之不濁。」正作「攪」字。

（72）《新語》曰：「刑（形）之正，不求影之直；聲之平，不求響之和。」

　　王箋：「形正影直」本見《續古文苑》14 晉傅玄《太子少傅箴》，《意林》
　　5 魏朗《魏子》作「形端影直」。

　按：《意林》卷 5 引梁・楊泉《物理論》：「形自正，不求影之直而影自直；
　　聲之平，不求響之和而響自和。」考《文子・上德篇》：「使影曲者形也，
　　使響濁者聲也。」是其所本。《弘明集》卷 13 晉・郗超《奉法要》：「猶
　　形正則影直，聲和而響順。」《廣弘明集》卷 27 南齊・王融《淨住子淨
　　行法門》：「故知形端則影直，聲調則響和。」亦自《文子》化出。又考
　　《御覽》卷 244 引傅玄《太子少傅箴》：「聲和則響清，形正則影直。」
　　《意林》卷 5 引《魏子》：「源靜則流清，本正則末茂，內修則外理，形
　　端則影直。」是王氏所引，並不貼切。

（73）夫天之為歲也，必先春而後夏；國之為道也，必先賞而後罰

　按：《類聚》卷 54 引魏・丁儀《刑禮論》：「天之為歲也，先春而後秋；君之
　　為治也，先禮而後刑。」〔註65〕《意林》卷 5 引梁・楊泉《物理論》：「天
　　地成歲也，先春而後秋；人君之治也，先禮而後刑。」《御覽》卷 77 引
　　《春秋運斗樞》：「《易》稱天先春而後秋，地先生而後凋，日月先光而
　　後幽，是以王者則之，亦先教而後刑。」考《法言・先知篇》：「或曰：
　　『為政先殺後教。』曰：『嗚呼！天先秋而後春乎？將先春而後秋乎？』」
　　是其所本。

（74）《唐子》曰：「目短於自見，故以鏡視之；心短於自治，故以禮約
　　　之。」

　　王箋：《意林》卷 5 引《唐子》云：「古人目短於自見，故以鏡觀形；心短
　　於自治，故以禮自防。」《唐子》十卷，吳唐滂撰，原書佚。

〔註65〕 《御覽》卷 25 引「君之為治也」作「官之為理」。

按：考《韓子・說林下》：「古之人目短於自見，故以鏡觀面；智短於自知，故以道正己。」〔註66〕是其所本。《傅子・鏡總敘篇》全同《韓子》，《劉子・貴言》：「人目短於自見，故借鏡以觀形；髮拙於自理，必假櫛以修束；心闇於自炤，則假言以策行。」亦化自《韓子》。

（75）（《唐子》）又云：「明鏡舉則傾冠現，華光則曲影彰。」

按：「華光」下疑脫「照」字。《抱朴子外篇・交際》：「明鏡舉則傾冠見矣，羲和照則曲影覺矣。」《文選・陸機・君子行》：「朗鑒豈遠假，取之在傾冠。」李善註引荀悅《申鑒》：「側弁垢顏，不鑒於明鏡矣。」又引《抱朴子》此文，李氏云：「以其遞相祖述，故引之。」「朗鑒」猶言明鏡也。蓋此語爲漢晉諺語也。

（76）夫流无源則絕路，條離枝則枯萃（悴）

郝校：萃，當作「悴」，據文義改，《敦煌類書》徑釋作「悴」，「萃」爲「悴」之借字。

按：《御覽》卷602引《抱朴子》：「流无源則乾，條離株則悴。」

（77）《燕丹子》曰：「探鷟巢而求鳳卵，披井底而覓鯨魚，雖加至勤，無由可得。」

按：原卷「巢」作「窠」。《抱朴子內篇・釋滯》：「是探燕巢而求鳳卵，搜井底而捕鱔魚，雖加至勤，非其所有也。」《御覽》卷936引「探」作「採」，「巢」作「窠」，「鱔」作「鮪」。「採」爲「探」形誤。「鱔」當作「鱓」〔註67〕，亦鮪也。

（78）夫害賢曰嫉，害色曰妒

按：《楚辭・離騷》：「各興心而嫉妒。」王逸注：「害賢爲嫉，害色爲妒。」《廣韻》「嫉」字條引二「爲」作「曰」字。「妒」、「妒」同。

（79）《符子》曰：「荊山不貴玉，蛟人不愛珠，以其饒故也。」

王箋：本句《永樂大典戲文三種・張協狀元》曾引。

〔註66〕 《後漢書・呂強傳》李賢注引「知」作「規」，《長短經》卷3引「短」作「疑」。蓋皆臆改。
〔註67〕 參見王明《抱朴子內篇校釋》，中華書局1985年版，第158頁。

按：《御覽》卷 805、《記纂淵海》卷 57 引《符子》：「荊山不貴玉，鮫人不貴珠。」

（80）（《厲成子》）又云：「縱盜飲酒，非息惡之源；絕纓加賜，非防邪之萌。」

按：厲，當作「廣」。上句指秦穆公赦盜馬事，典出《呂氏春秋・愛士》。下句指楚莊王掩絕纓之罪，典出《韓詩外傳》卷 7、《列女傳》卷 6、《說苑・復恩》。《三國志・任城威王彰傳》：「絕纓盜馬之臣赦，楚趙以濟其難。」亦用此二典。

（81）古人云：「右手撞鍾，左手掩耳，何所免乎！」

按：典出《呂氏春秋・自知》：「范氏之亡也，百姓有得鍾者，欲負而走。則鍾大不可負，以椎毀之，鍾況然有音。恐人聞之而奪己也，遽揜其耳。」

（82）古人云：「梁之所以折，始於一塵；石之所以穿，兆於一滴。」

按：上句出典待考。下句典出《說苑・正諫》：「泰山之溜穿石，引繩久之，乃以盭木，水非石之鑽，繩非木之鋸也，而漸靡使之然。」《漢書・枚乘傳》：「泰山之霤穿石，單極之綆斷幹，水非石之鑽，索非木之鋸，漸靡使之然也。」〔註68〕《玉篇》：「穿，穴也。」《廣韻》：「穿，孔也。」

（83）夫干雲之枝，不產丘垤；徑寸之寶，豈出於埕

按：《梁書・武帝本紀》：「詔曰：『徑寸之寶，或隱沙泥。』」

（84）夫築屋泮冰之上，立巢幃幕之下，恐非久居之處

按：《左傳・襄公二十九年》：「夫子之在此也，猶燕之巢於幕上。」幃，讀爲帷。《說文》：「帷，在旁曰帷。幕，帷在上曰幕。」

（85）彥（諺）曰：「夫刑（形）倮（裸）憎明燭之光，體曲者惡繩墨之用。」

王箋：《鹽鐵論・申韓》：「明理正法，姦邪之所惡，而良民之福也。故曲

〔註68〕《御覽》卷 456 引「綆」作「練」，「靡」作「摩」，正字。

木惡直繩，姦邪惡正法。」又見《潛夫論·考績》作「諺曰」。

按：《潛夫論》作「諺曰：『曲木惡直繩，重罰惡明證。』」王氏所引皆未切。「形倮」下當補「者」字。《抱朴子外篇·擢才》：「體曲者忌繩墨之容，夜裸者憎明燭之來。」容，讀爲用。《釋名》：「容，用也。」

（86）夫才子崇院（琬）琰於懷抱之內，吐琳瑯於笔墨之端

郝校：院，當作「琬」，《敦煌類書》據文義校改。

按：端，原卷作「耑」，借字。《抱朴子外篇·任命》：「崇琬琰於懷抱之內，吐琳瑯於毛墨之端。」〔註69〕

（87）古人云：「君子者盤桓如山崎，小人者蓬飛似浮荷。」

按：《抱朴子外篇·名實》：「夫智大量遠者盤桓以山崎，器小志近者蓬飛而萍浮。」

（88）夫戢勁翮於鷦鷯之群，藏逸足於跛驢之類，何可識哉

按：《抱朴子內篇序》：「戢勁翮於鷦鷯之群，藏逸跡於跛驢之伍。」〔註70〕

（89）《神仙傳》曰：「入淵不濕，踐刃不傷者，道術之士也。」

按：《抱朴子內篇·對俗》：「入淵不沒，就刃不傷。」《意林》卷4引作「入淵不溺，蹴刃不傷」。就，讀爲蹴，與「踐」字同義。

（90）夫高鳥相木而集，智士擇君而士（仕）

按：《意林》卷4引《阮子》：「高鳥相木而集，智士擇土而翔。」〔註71〕考《左傳·哀公十一年》：「鳥則擇木，木豈能擇鳥？」是其所本也。

（91）尋木起于牙萌蘗，洪波出于涓流

郝校：「牙」字衍，當刪。

按：當衍「萌」字。《文選·東京賦》：「堅冰作於履霜，尋木起於蘗栽。」薛綜注：「言事皆從微至著，不可不愼之于初。所以尋木起于牙蘗，洪

〔註69〕 舊寫本「毛」作「毫」，是也。
〔註70〕 《晉書·葛洪傳》「鷦鷯」作「鷦鶹」。
〔註71〕 《御覽》卷914引「土」作「主」，是也。

波出于涓泉。」李善註:「枚乘《上書》:『十圍之木,始生而蘖。』」《後漢書‧丁鴻傳》:「夫壞崖破巖之水,源自涓涓;干雲蔽日之木,起於蔥青。」〔註72〕亦此意。

（92）《魏志》曰:「質勝文,石建也;文勝質,葵（蔡）邕也;文質斌斌,然其唯徐幹乎!」

按:《意林》卷 4 引《通語》:「質勝文,石建;文勝質,蔡邕;文質彬彬,徐幹庶幾也。」

（93）忿虱燒衣,嗔癢割肉,所快無多,所損殊大,亦當思之

按:《意林》卷 5 引梁‧楊泉《物理論》:「忿颸焚衣,其損多矣;忿爨之〔未〕熟,推甑而棄之,損益多。」〔註73〕「颸」當據唐寫卷校作「虱」。

（94）夫螢火見明而滅,朝露見日而乾

按:《金樓子‧自序篇》:「螢覩朝而滅,露見日而消。」

（95）夫見虎一毛,詎知其斑?嘗食一糝,寧識其味

按:《金樓子‧雜記篇上》:「見虎一毛,不知其斑。」〔註74〕

（96）若必待北崑之玉而為寶者,則荊山無夜光之美;若必須南海之珠而為珍者,則隨（隋）侯無明月之稱

按:《意林》卷 5 引梁‧楊泉《物理論》:「必得崑山之玉而後寶,則荊璞無夜光之美;必須南國之珠而後珍,則隋侯無明月之稱。」得,讀為待〔註75〕,與「須」同義對舉。

（97）《論衡》曰:「夫採寶者,必破石而收玉;選士者,必棄惡而取善。」

王箋:《論衡‧累害》云:「夫采玉者,破石拔玉;選士者,棄惡取善。」

〔註72〕《後漢紀》卷 13 作「夫疏巖絕崖之水,由於涓涓;干雲蔽日之木,起於毫末。」《御覽》卷 58 引作「夫壞崖破岩之水,源由涓涓;干雲蔽日之木,起於萌蘖」。
〔註73〕《御覽》卷 850 引作「忿爨之未熟,覆甑而棄之,所害亦多矣」。據補「未」字。
〔註74〕《意林》卷 5 引梁‧楊泉《物理論》亦有此語。
〔註75〕參見蕭旭《古書虛詞旁釋》,廣陵書社 2007 年版,第 194～195 頁。

文字小異。

按：《意林》卷3引《論衡》「拔」作「取」。

（98）（《論衡》）又云：「馬有千里，不必騏驥之駒；鳥備五彩，豈獨鳳
皇之鶵？」

王箋：《論衡·案書》云：「故馬效千里，不必驥騄；人期賢知，不必孔墨。」
後半句與本則不同。

按：當引《論衡·講瑞篇》：「馬有千里，不必麒麟之駒；鳥有仁聖，不必鳳
皇之鶵。」獨，猶定也、必也〔註76〕。考《呂氏春秋·察今》：「良劍期
乎斷，不期乎鏌鋣；良馬期乎千里，不期乎驥騖。」是其所本也。

（99）太公曰：「鷙鳥將擊，必卑飛斂翼；虎狼將擊，必弭毛誅伏。」

王箋：《風后握奇經》：「鷙鳥擊搏，必先翺翔。勢淩霄漢，飛禽伏藏。審
而下之，下必有傷。一夫突擊，三軍莫當。」〔註77〕又「天地前衝，變
爲虎翼。伏虎將搏，盛其威力。淮陰用之，變化無極。垓下之會，魯公莫
測。」本則乃據此文義檃括成文。

按：王氏所引未切。銀雀山漢簡《六韜》：「執（鷙）鳥將執，庫（卑）鴜（飛）
翁翼；虎狼將狹，弭（弭）耳固伏」〔註78〕宋本《六韜》作「鷙鳥將
擊，卑飛斂翼；猛獸將搏，弭耳俯伏」。《子略》卷1引《鬻子》作「鷙
鳥將擊，卑飛翩翼；虎狼將擊，弭耳俯伏」，《長短經》卷7作「鷙鳥將
擊，卑身翁翼；猛獸將搏，俛身俯伏」，《資治通鑑外紀》卷2同，惟「身」
作「耳」。考《吳越春秋·勾踐歸國外傳》：「扶同曰：『臣聞……『猛獸
將擊，必餌毛帖伏，鷙鳥將搏，必卑飛戢翼，聖人將動，必順辭和眾。』」
〔註79〕扶同所述，當本《六韜》。原卷「誅」作「**誅**」，不知何字之誤，
作「固」、「俯」、「帖」皆通〔註80〕。

〔註76〕參見裴學海《古書虛字集釋》，中華書局1954年版，第461頁。蕭旭《古書
虛詞旁釋》有補證，廣陵書社2007年版，第206頁。

〔註77〕王引「淩」誤作「援」，徑正。

〔註78〕《銀雀山漢墓竹簡〔壹〕》，文物出版社1985年出版，第114頁。

〔註79〕徐天祐注：「餌，當作弭。」《記纂淵海》卷60引正作「弭毛」。

〔註80〕參見蕭旭《銀雀山漢簡〈六韜〉校補》，《文津學誌》第4輯，北京圖書館出
版社2011年11月出版，第37~38頁。

（100）彥（諺）曰：「貪如狼，很似羊，不足以語是非。」

按：《史記·項羽本紀》：「猛如虎，很如羊，貪如狼。」《漢書》、《通鑑》卷
8 並作「狼」。「很」、「狼」並爲「很」俗字。

（101）夫亡國之臣，不可以圖存；敗軍之將，不可以語勇

按：《說苑·說叢》：「敗軍之將，不可言勇；亡國之臣，不可言智。」《史記·
淮陰侯傳》：「臣聞敗軍之將，不可以言勇；亡國之大夫，不可以圖存。」
《漢書》、《漢紀》卷 2「言」作「語」。《漢書》二句順序顛倒，與寫卷
合。

（102）夫地之美者，善養禾；主之仁者，善養士

按：《漢書·賈山傳》《至言》：「故地之美者，善養禾；君之仁者，善養士。」
又《李尋傳》：「《傳》曰：『土之美者善養禾；君之明善養士。』」

（103）夫女無美惡，入室見妒；士無賢不肖，入朝見嫉

按：《史記·外戚世家》：「《傳》曰：『女無美惡，入室見妒；士無賢不肖，
入朝見嫉。』」又《鄒陽傳》《上書梁王》「室」作「宮」〔註81〕，又《扁
鵲倉公傳》「入室」作「居宮」，「嫉」作「疑」。

（104）彥（諺）曰：「偏聽生姦，獨任招亂。」

按：《史記·鄒陽傳》《上書梁王》：「故偏聽生姦，獨任成亂。」《梁書·賀
琛傳》引古人語「偏」作「專」。

（105）又云：「眾口鑠金，積毀消（銷）骨。」

郝校：消，當作「銷」，據文義改，《敦煌類書》逕釋作「銷」。

按：「消」字不煩改作。《風俗通義·正失》：「眾口鑠金，積毀消骨。」正
作「消」字。《史記·張儀傳》、《鄒陽傳》《上書梁王》並有「眾口鑠
金，積毀銷骨」二語。考《國語·周語下》：「故諺曰：『眾心成城，
眾口鑠金。』」《戰國策·魏策一》：「臣聞積羽沈舟，群輕折軸，眾口
鑠金。」《晏子春秋·內篇諫上》：「臣聞之，近臣嘿，遠臣瘖，眾口
鑠金。」《鄧析子·轉辭篇》：「古人有言，眾口鑠金，三人成虎。」《楚

〔註81〕《新序·雜事三》同。

辭・九章・惜誦》：「故眾口其鑠金兮，初若是而逢殆。」是「眾口鑠金」為先秦古成語也。

（106）夫意合則胡越為兄弟，不合則骨肉為讎敵

按：《新序・雜事三》：「故意合則胡越爲兄弟，由余、子臧是也；不合則骨肉爲仇讐，朱、象、管、蔡是也。」《漢書・鄒陽傳》「仇讐」作「讎敵」，與寫卷合。

（107）夫言出於口不可塞，行發於身不可掩

按：《漢書・董仲舒傳》：「言出於己不可塞也，行發於身不可掩也。」考《文子・微明》：「言出於口不可禁於人，行發於近不可禁於遠。」《淮南子・人間篇》上「禁」字作「止」，「近」作「邇」。《說苑・說叢》：「言出於己不可止於人，行發於邇不可止於遠。」是其所本也。

（108）夫善積而名顯，德積而身尊

按：《漢書・董仲舒傳》：「善積而名顯，德章而身尊。」

（109）山有猛獸，則桓柘為之不伐；園有蝮蛇，則藜藿為之不採

按：《文子・上德》：「山有猛獸，林木爲之不斬；園有螫蟲，葵藿爲之不採；國有賢臣，折衝千里。」《淮南子・說山篇》「葵」作「藜」，與寫卷合。考《漢書・蓋寬饒傳》：「鄭昌上書頌蓋寬饒曰：『臣聞山有猛獸，藜藿爲之不采；國有忠臣，姦邪爲之不起。』」《鹽鐵論・崇禮》：「故《春秋》曰：『山有虎豹，葵藿爲之不採；國有賢士，邊境爲之不害也。』」皆自《文子》化出。

（110）夫腐木不可以為才，卑人不可以為主

按：《漢書・劉輔傳》：「里語曰：『腐木不可以爲柱，卑人不可以爲主。』」〔註82〕《帝範》卷2引黃石公曰：「腐木不可以爲柱，庸人不可以爲主。」

〔註82〕　《通鑑》卷31「卑人」作「人婢」，宋・司馬光《通鑑考異》卷1云：「荀《紀》『柱』作『珪』，『卑人』作『人婢』。」今《漢紀》卷26同《漢書》。宋・孫奕《示兒編》卷8引荀《紀》作「柱」、「人婢」。則司馬光所見本作「珪」爲誤本。

（111）夫滿堂飲酒，一人向隅，滿室謂（為）之不樂

　按：《說苑·貴德》：「譬猶一堂之上也，今有滿堂飲酒者，有一人獨索然向
　　　隅而泣，則一堂之人皆不樂矣。」《漢書·刑法志》：「古人有言，滿堂
　　　而飲酒，有一人鄉隅而悲泣，則一堂皆爲之不樂。」

（112）夫鳥巢不厭高，魚潛不厭深。

　　　王箋：《莊子·庚桑楚》云：「故鳥獸不厭高，魚鼈不厭深。」

　按：《御覽》卷935引《莊子》作「故鳥飛不厭高，魚沈不厭深」，與寫卷尤
　　　合。

（113）貯小者不可容大，綆短者不可以汲深

　　　王箋：出《莊子·至樂》，又見《荀子·榮辱》、《說苑·政理》、《淮南子·
　　　說林》，文字各有小異。

　按：《莊子·至樂》：「褚小者不可以懷大，綆短者不可以汲深。」《荀子·榮
　　　辱》：「故曰短綆不可以汲深井之泉。」《說苑·政理》：「夫短綆不可以
　　　汲深井。」《淮南子·說林篇》：「短綆不可以汲深，器小不可以盛大。」
　　　貯，讀爲褚，衣橐也，布袋也。

（114）夫天不能無晝夜，人不能無死生

　按：《莊子·大宗師》晉·郭象註：「天不能無晝夜，我安得無死生而惡之
　　　哉？」

（115）夫陽春自和，生長者未必俱忻；陰秋自淒，凋落者未必盡恐

　按：《莊子·大宗師》：「淒然似秋，煖然似春。」晉·郭象註：「故聖人之在
　　　天下，煖然若陽春之自和，故蒙澤者不謝；淒乎若秋霜之自降，故凋落
　　　者不怨。」

（116）夫其生也若寄，其死也若休，何為畏死而貪生

　　　王箋：「人生如寄」語本《尸子》。

　按：《莊子·刻意》：「其生若浮，其死若休。」又《大宗師》：「夫大塊載我
　　　以形，勞我以生，佚我以老，息我以死。」《淮南子·俶眞篇》「息」作
　　　「休」。

（117）道者，聽之不聞其聲，視之不見其刑（形）

　　　　王箋：《莊子・知北遊》云：「夫體道者……視之無形，聽之無聲。」

　　按：當引《莊子・天運》：「聽之不聞其聲，視之不見其形。」

（118）君子日哀無德，不哀無位

　　按：《國語・晉語九》：「竇犫曰：『臣聞之，君子哀無人，不哀無賄；哀無德，
　　　　不哀無寵；哀名之不令，不哀年之不登。』」《南齊書・王僧虔傳》：「君
　　　　子所憂無德，不憂無寵。」

（119）將上堂，聲必揚

　　按：出《禮記・曲禮上》。

（120）為人之子，出必辭，返必面

　　按：《禮記・曲禮上》：「夫為人子者，出必告，反必面。」《儀禮・既夕》鄭
　　　　注：「將出，必辭尊者。」

（121）父命之，手執業則投之，食在口則吐之

　　按：《禮記・玉藻》：「父命呼，唯而不諾，手執業則投之，食在口則吐之，
　　　　走而不趨。」

（122）未有入室者不由於戶，涉水不因於橋船

　　按：「涉水」下脫「者」字。《禮記・禮器》：「未有入室而不由戶者。」考《論
　　　　語・雍也》：「子曰：『誰能出不由戶，何莫由斯道也？』」亦此意。

（123）欲知人病，不嗜食；欲知國敗，不重賢。治國不得大賢，治病
　　　　不得好藥

　　按：《潛夫論・思賢》：「何以知人且病也，以其不嗜食也；何以知國之將亂
　　　　也，以其不嗜賢也。……夫治世不得真賢，譬猶治疾不得良醫也。」《意
　　　　林》卷 3 引作「欲知人將病，不嗜食；欲知國將亡，不嗜賢也……理世
　　　　不得真賢，猶治病不得真藥」，與寫卷相近。《御覽》卷 849 引作「欲知
　　　　人且疾，不嗜食；欲知國將亡，不嗜賢」。

（124）彥（諺）曰：「病不著身，令忍之；財不出己，勸與之。」

　　按：《潛夫論・救邊》：「痛不著身，言忍之；錢不出家，言與之。」言，猶

使也、令也〔註83〕。

（125）水之為性，靜之則流清，動之則波濁

按：已詳上「賢人之心如水，澄之則清，攪之則濁」條。

（126）夫人見貧賤，輕之如沙礫；見富貴者，重之如珠玉

按：《尹文子・大道下》：「眾人見貧賤，則慢而疎之；見富貴，則敬而親
之。」是其所本。《魏書・楊椿傳》：「見貴勝，則敬重之；見貧賤，
則慢易之。」

（127）彥（諺）曰：「割人利己，天下讎之；損己利人，天下歸之。」

王箋：《新序・雜事三》：「諺曰：『厚者不損人以自益，仁者不危軀以要
名。』」《貞觀政要・慎終》：「陛下貞觀之初，損己以利物；至於今日，
縱欲以勞人。」

按：《新序》本《戰國策・燕策三》：「諺曰：『厚者不毀人以自益也，仁者不
危人以要名。』」王氏所引與此卷皆不切。《意林》卷 5 引梁・楊泉《物
理論》：「割地利己，天下讎之；推心及物，天下歸之。」

（128）廉誨（悔）不為貪，清者恐而思濁

按：出典待考。「廉」字下當補一「者」字。

（129）夫以刑求安者，猶逢火止沸；以獄濟亂者，如懷冰救寒

按：《抱朴子外篇・博喻》：「猶懷冰以遣冷，重鑪以卻暑。」《類聚》卷 25
梁・蕭綸《與元帝書》：「可謂吞冰療寒，揚湯止沸。」逢，讀為熢。《集
韻》：「熢，熢㶿，煙鬱貌。」又「熢，熢㶿，火氣。」此用如使動，熢
火，猶言使火熢㶿也。

（130）夫人君之道，明耳目以採風聲，進直言而求得失

按：《鬻子》唐・逢行珪注：「人主總群謀以觀眾知，明以探風聲，察於下言
以求得失，取賢人以宣政化。」與此卷相近。彼文「明」下脫「耳目」
二字，「探」當作「採」。

〔註83〕 參見蕭旭《古書虛詞旁釋》，廣陵書社 2007 年版，第 186 頁。

（131）絆騏驥之足，則武步之間，不能發其蹈；斷鴻雁之翮，令尺寸
之中，不能奮其羽

按：上句典出《楚辭·嚴忌·哀時命》：「駟騏驥於中庭兮，焉能極夫遠道？
置猿狄於欄檻兮，夫何以責其捷巧？」《淮南子·俶眞篇》：「是猶兩
絆騏驥而求其致千里也，置猨檻中，則與豚同，非不巧捷也，無所肆
其能也。」是漢代有此諺語也。《文選·吳季重·答東阿王書》：「今
處此而求大功，猶絆良驥之足，而責以千里之任；檻猿猴之勢，而望
其巧捷之能者也。」唐·盧照鄰《釋疾文》：「鸞鳳之翮已鎩兮，徒奮
迅於籠檻；騏驥之足已蹇兮，空悵望於廷衢。」亦用此典。《國語·
周語下》：「不過步武尺寸之間。」韋注：「六尺爲步，賈君以半步爲
武。」《華嚴經音義中》注引何承天《纂要》：「三尺曰武。」與賈君
以半步爲武相合〔註84〕。

（132）逸足難相，騏驥所以垂耳於鹽車；逸士難成，韓信所以困辱於
跨（胯）下

王箋：「騏驥所以垂耳於鹽車」事見《戰國策·燕二》，又「胯下之辱」
見《史記·淮陰侯傳》。

按：《戰國策》見《楚策四》：「（驥）服鹽車而上太行，蹄申膝折，尾湛胕潰，
漉汁灑地，白汗交流，中阪遷延負轅不能上，伯樂遭之，下車攀而哭之。」
王氏失檢。「垂耳」二字見《史記·賈誼傳》《弔屈原賦》：「驥垂兩耳兮
服鹽車。」

（133）春氣暖而玄鳥至，秋風扇而寒蟬吟，時使之然

王箋：《禮記·月令》云：「仲春之月，玄鳥至。」又云：「孟秋之月，涼
風至，白露降，寒蟬鳴。」

按：《埤雅》卷11引鍾會《蒭蕘論》：「秋風至而寒蟬吟。」《劉子·惜時》：
「歲之秋也，涼風鳴條，清露變葉，則寒蟬抱樹而長叫，吟烈聲悲，酸
瑟於落日之際，何也？」

〔註84〕《文選·吳季重·答東阿王書》「步武之間，不足以騁跡。」李善註：「《司馬
法》曰：『六尺曰步。』《禮記》曰：『堂上接武。』鄭玄注曰：『武，跡也。』」
李氏武訓跡，非也。

（134）又風雨可得障蔽者，以其有刑（形），寒暑不可關塞者，以其無
　　　體也

　按：依文例，「又」下當脫「云」字。《淮南子・兵略》：「是以聖人藏形於無
　　　而遊心於虛，風雨可障蔽，而寒暑不可開閉，以其無形故也。」「開」
　　　當作「關」。《書鈔》卷115引《兵法》：「風雨可郭者，有象也；寒暑不
　　　可塞者，無形也。」

（135）雖有離婁之目，不能兩視；雖有夔曠之耳，不能兩聽

　按：夔，原卷作「聶」。夔爲聶俗字，見《廣韻》。《大戴禮記・勸學》：「目
　　　不能兩視而明，耳不能兩聽而聰。」

（136）《管子》曰：「吾畏事，故不敢爲事；吾畏言，故不敢爲言。豈
　　　非慎哉？」

　按：《管子・樞言》：「吾畏事，不欲爲事；吾畏言，不欲爲言。」《白帖》
　　　卷30、《御覽》卷464引作「吾畏事，不敢事；畏言，不爲言」，《御
　　　覽》卷740引作「吾畏事，不敢爲事；畏言，不敢爲言」，與寫卷相
　　　近。

（137）彥（諺）曰：「歲在申酉，乞漿得酒；歲在辰巳，嫁妻賣子。」

　　　王箋：《意林》引晉・袁准《正書》云：「太歲在酉，乞漿得酒；太歲在
　　　巳，販妻鬻子。」〔註85〕與本則文字小異。

　按：《書鈔》卷144、《御覽》卷17、861、《類說》卷35引《袁子》與寫卷
　　　全同，《書鈔》卷156、《御覽》卷35引「申酉」作「辛酉」。《史通・
　　　書志》：「語曰：『太歲在丑，乞漿得酒；太歲在巳，販妻鬻子。』」「丑」
　　　爲「酉」誤。《靈棋經》卷上晉・顏幼明注：「大梁諺曰：『太歲在酉，
　　　乞漿得酒。』言其豐也。」是此語爲晉代諺語也。

（138）《院（阮）子》曰：「君子暇預則思道義，小人暇預則思商利。」

　按：預，讀爲豫。《意林》卷4引《阮子》：「君子暇豫則思義，小人暇豫則
　　　思邪。」寫卷下文引《阮子》與《意林》同，唯二「豫」字作「預」。

〔註85〕王氏引「巳」誤作「己」，徑正。

（139）（《阮子》）又云：「知進於道，則成君子；行違於禮，則為小人。」

　按：《意林》卷4引《正部》：「進於道，則成君子；非於禮，則曰小人。」
　　　《說文》：「非，違也。」

（140）（《阮子》）又云：「清醪芳醴，則亂人性；紅華嘉質，則伐人命。」

　按：《抱朴子內篇・暢玄》：「宴安逸豫、清醪芳醴，亂性者也；冶容媚姿、
　　　鉛華素質，伐命者也。」《意林》卷4引「鉛」作「紅」。

（141）（《阮子》）又〔云〕：「披尋仞之隴，責以干天之木；漉牛跡之水，
　　　　索以吞舟之魚。安可得乎？」

　按：《抱朴子內篇・勤求》：「夫搜尋仞之壟，求干天之木；漉牛跡之中，索
　　　吞舟之鱗。用日雖久，安能得乎？」《金樓子・立言篇下》：「搜尋仞之
　　　隴，求干天之木；望牛跡之水，求吞舟之魚，未可得也。」

（142）古人云：「春陽不能榮枯朽，上智不能移下愚。」

　按：《抱朴子內篇・金丹》：「盛陽不能榮枯朽，上知不能移下愚。」

（143）夫脂非火種，水非魚屬，然〔脂〕竭則火滅，水涸則魚死

　　　郝校：脂，據文義補。

　按：《抱朴子內篇・對俗》：「脂非火種，水非魚屬，然脂竭則火滅，水竭則
　　　魚死。」《御覽》卷869引作「暗非火積，水非魚屬，然暗竭則火滅，
　　　水涸則魚死」。「暗」為「脂」字形誤，「積」為「種」字形誤。「涸」字
　　　則與寫卷相合。

（144）彥（諺）曰：「日月麗天，瞻之不墜；仁義在躬，用之不匱。」

　按：二句出《文選・袁宏・三國名臣序贊》，文字全同。

（145）司馬虎（彪）曰：「人而不學，譬之曰視肉；學而不行，謂之曰
　　　　撮囊。」

　　　王箋：《御覽》607引《莊子》曰：「人而不學，謂之視肉；學而不行，
　　　命之曰撮囊。」又704作「人而不學，命之曰視皮；學而不行，命之曰
　　　輒囊。」唯今本《莊子》不見，或為佚文。

　按：《御覽》607有注：「撮，擊者也。」唐・道世《法苑珠林》卷54引《莊

子》同《御覽》卷607，宋・王應麟《困學紀聞》卷10引《莊子逸篇》
與《御覽》卷704引同，有注：「皮，一作肉。輒，繫者也，一作撮。」
作「視肉」、「撮囊」爲是。《山海經・海外南經》：「爰有熊羆、文虎、蜼
豹、離朱、視肉。」郭璞注：「聚肉，形如牛肝，有兩目也，食之無盡，
尋復更生如故。」郭璞《山海經圖讚》：「視肉有眼，而無腸胃。」《史記・
李斯傳》：「處卑賤之位而計不爲者，此禽鹿、視肉，人面而能彊行者也。」
《索隱》：「禽鹿，猶禽獸也，言禽獸但知視肉而食之。」《索隱》說誤，
徐文靖指出：「視肉自是一物」〔註86〕。唐・張鷟《龍筋鳳髓判》卷1：
「祇如視肉之輩，篋瑟莫分。」是唐人所見本作「視肉」也。又考《孟
子・離婁上》：「孟子謂樂正子曰：『子之從於子敖來，徒餔啜也。我不意
子學古之道，而以餔啜也。』」趙注：「學而不行其道，徒食飲而已，謂
之餔啜也。」「撮囊」猶言餔啜，今言酒囊飯袋是也。據唐寫卷，此二語
爲《莊子》司馬彪注語佚文，王應麟謂《莊子逸篇》，非也。

（146）**魏文侯曰**：「法者主之柄，吏者人之命。法欲簡而明，吏欲公而
平。」

按：二語見《意林》卷5引《典論》，唯「人」作「民」。

（147）**馬廖曰**：「吳王好劍客，百姓多瘡瘢（瘢）；楚王好細腰，宮中
多餓死；城中好高髻，四方高一尺；城中好廣眉，四方闊半額；
城中好長袖，四方用匹帛。」

王箋：逯輯《漢詩》據《後漢書・馬廖傳》、《玉臺新詠》、《類聚》43、《御
覽》495、364、818、《樂府詩集》87、《文選補遺》35、《詩紀》8，皆僅
錄後六句，故本則前四句可以作輯佚之用。又本典出《荀子》。

郝校：瘢，當作「瘢」，《敦煌類書》徑釋作「瘢」。

按：《後漢書・馬廖傳》：「廖上疏長樂宮以勸成德政曰：《傳》曰：『吳王
好劍客，百姓多創瘢；楚王好細腰，宮中多餓死。』長安語曰：『城
中好高髻，四方高一尺；城中好廣眉，四方且半額；城中好大袖，四
方全匹帛。』」可知前四句是《傳》語而非當時諺語，逯輯甚是，不
可作輯佚用。有幾處異文，分疏如下：（a）髻，《通鑑》卷46作「結」。

〔註86〕徐文靖《管城碩記》卷18，中華書局1954年版，第315頁。

胡三省註：「結，讀曰髻。」（b）下「高」字，《御覽》卷 495 引謝承《後漢書》作「且」。（c）廣，《玉臺新詠》卷 1、《類聚》卷 43 作「大」。義既兩通，不必輕改也。（d）闊，《東觀漢記》卷 12、《後漢書・馬廖傳》、《類聚》卷 43、《樂府詩集》卷 87、《通鑑》卷 46 並作「且」，《玉臺新詠》卷 1 作「眉」，《御覽》卷 495 引謝承《後漢書》作「盡」，《御覽》卷 364 引《東觀漢記》作「過」。「且」字是。《文苑英華》卷 613 唐・薛昇《代崔大夫進銅燈樹表》：「城中好高髻，四方高一尺；城中好廣眉，四方且半額。」是唐人所見，固作「且」字。「眉」為「且」字之誤。且，猶並也、皆也〔註 87〕，與「盡」同義，與「過」字義亦相會。《意林》卷 4 引《風俗通》：「趙王好大眉，人間皆半額。」《抱朴子外篇・譏惑》：「京輦貴大眉，遠方皆半額。」《玉臺新詠》卷 6 費昶《詠照鏡》：「城中皆半額，非妄畫眉長。」正作「皆」字。（e）長，《東觀漢記》卷 12、《玉臺新詠》卷 1、《類聚》卷 43 作「廣」，《後漢書・馬廖傳》、《御覽》卷 495 引謝承《後漢書》、《樂府詩集》卷 87、《通鑑》卷 46 並作「大」。（f）用，《東觀漢記》卷 12、《玉臺新詠》卷 1、《類聚》卷 43 同，《後漢書・馬廖傳》、《御覽》卷 495 引謝承《後漢書》、《樂府詩集》卷 87、《通鑑》卷 46 並作「全」。謝承《後漢書》此諺語作「城中好高髻，四方且一尺；城中好廣眉，四方盡半額；城中好大袖，四方全疋帛。」「且」、「盡」、「全」三字同義對舉，文法一致。

（148）班彪曰：「與善人居，不能〔不〕為善，猶生長於齊，不能不齊言；與惡人居，不能〔不〕為惡，猶生長于楚，不〔能不〕楚語。」

郝校：（缺字）《敦煌類書》據文義校補。

按：《大戴禮記・保傅》：「夫習與正人居，不能毋正也，猶生長于齊，不能不齊言也；習與不正人居，不能毋不正也，猶生長于楚，不能不楚言也。」〔註 88〕

〔註 87〕 參見蕭旭《古書虛詞旁釋》，廣陵書社 2007 年版，第 288～289 頁。
〔註 88〕 《賈子・保傅》同。

（149）陸賈曰：「君子以義相褒，小人以利相欺；愚者以力相亂，賢者以德相治。」

按：《新語・道基》：「君子以義相褒，小人以利相欺；愚者以力相亂，賢者以義相治。」下「義」字與上犯複，當據寫卷作「德」。

（150）《淮南子》曰：「天下有至貴，而非爵位；有至富，而非金玉；有至壽，而非千載。德備則貴，知知則富，明死生之分則壽。」

按：知知，原卷作「知足」。《淮南子・繆稱篇》：「天下有至貴，而非勢位也；有至富，而非金玉也；有至壽，而非千歲也。原心反性，則貴矣。適情知足，則富矣。明死生之分，則壽矣。」〔註 89〕

（151）諸葛亮曰：「勢力之交，易以傾移；意氣之交，難以經遠。」

按：《御覽》卷 406 引《要覽》：「諸葛亮曰：『勢利之交，難以經遠。士之相知，溫不增華，寒不改葉，能貫四時而不衰，歷夷險而益固。』」〔註 90〕

（152）《晏子》曰：「君子居必擇鄰，遊必就士。」

按：《類聚》卷 23、《御覽》卷 459 引《晏子》與寫卷同，今本《晏子春秋・內篇襍上》「鄰」作「居」。《家語・六本》：「君子居必擇處，遊必擇方。」《荀子・勸學篇》：「君子居必擇鄉，遊必就士。」〔註 91〕則此語蓋先秦諺語也。

（153）范曄曰：「貴者莫負勢而驕士，才者莫〔負〕能而遺行。」

郝校：負，《敦煌類書》據文義校補。

按：《後漢書・馮衍傳》：「論曰：『夫貴者負埶而驕人，才士負能而遺行。』」李賢注：「負，恃也。」

（154）司馬曰：「能（？）閑習禮度，不如式瞻軌儀；諷味遺言，不如親承辭旨。」

郝校：能，此字《敦煌類書》未錄。

〔註 89〕《類聚》卷 23 引《淮南子》、《御覽》卷 459 引《韓子》「原心」並作「願恕」。
〔註 90〕《類聚》卷 21 引《要覽》同，但無「諸葛亮曰」四字。
〔註 91〕《意林》卷 1 引「就」作「擇」。

按：司馬，指晉東海王司馬越。王錄作「司馬法」，臆增一「法」字，非也。「閑習」上一字原卷不可辨識。《世說・賞譽》：「（太傅東海王越）敕世子毗曰：『夫學之所益者淺，體之所安者深，閑習禮度，不如式瞻儀形；諷味遺言，不如親承音旨。」〔註92〕劉孝標注引太傅越《與穆及王承阮瞻鄧攸書》「益」作「受」，「儀形」作「軌儀」，「音旨」作「辭旨」，與寫卷相合。

（155）《韓詩》：「子貢曰：『終日戴天，而不能度天之高；終身履地，而不能測地之厚。若臣之事仲尼，猶渴飲於東海，腹滿而去，安知海之深淺哉？」

按：《韓詩外傳》卷8：「子貢曰：『臣終身戴天，不知天之高也；終身踐地，不知地之厚也。若臣之事仲尼，譬猶渴操壺杓就江海而飲之，腹滿而去，又安知江海之深乎？』」《抱朴子內篇・論僊》：「詣老戴天，而不知其上；終身履地，而莫識其下。」亦用此典。

（156）《周書》曰：「天子見怪則修德，諸侯見怪則修政，卿大夫見怪則修職，士見怪則修身。」

按：《後漢書・楊賜傳》：「《周書》曰：『天子見怪則修德，諸侯見怪則修政，卿大夫見怪則修職，士庶人見怪則修身。』」《長短經》卷3引同，句末又多出「神不能傷道，妖不能害德」二句，是《長短經》所引並非轉引自《後漢書》，唐代《周書》猶存。《通鑑》卷57胡三省註：「此逸書也。」則宋代《周書》已佚矣。

Ⅲ. 後 記

朱起鳳丹九先生在光緒21年（1895）任海寧安瀾書院講席，以不知「首施」與「首鼠」為一詞之音轉，把學生課卷中的「首施」改作「首鼠」，學生竟至「貽書嫚罵」，譏其沒讀《後漢書》〔註93〕。丹九先生大慚，憤而讀書，

〔註92〕　《文選・齊竟陵文宣王行狀》李善注、《御覽》卷249引何法盛《晉中興書》、《晉書・王承傳》所載同。唯《御覽》「閑」作「嫻」。
〔註93〕　參見朱起鳳《〈辭通〉自序》、吳文祺《〈辭通〉重印前言》，上海古籍出版社1982年版。

歷 34 年，易稿十餘次，而著成《辭通》，章太炎、胡適、錢玄同、劉大白等先生都爲它作序，對其學術價值作了很高的評價。後來此著與《辭源》、《辭海》並稱「三辭」，不朽於世矣。

前年秋，有大博士承担國家級的大課題，編成《大字典》一部，煌煌 60 餘萬言。承彼不棄，讓我先過目，讓我提提修改意見。我不曉得深淺，竟應允了。我寫了 4 萬字的意見，幸承採擇數條。我見《大字典》所引唐寫卷 S.5454《千字文》有「恬筆（筆）倫紙」四字，想也沒想，批曰：「讀作『舔筆掄紙』」。我不但《後漢書》不熟，連古代學童的啓蒙讀物《千字文》也沒讀過，犯了極其低級的錯誤，妄說通假，貽笑於大方之家。

我早年治學，只重文字訓詁，輕忽典章制度，輕於文義涵詠。經此教訓，錐心自痛。聖人云：「知恥近乎勇，好學近乎知，力行近乎仁。」新羅漢聖崔致遠的《桂苑筆耕集》，用典繁富。今人所考，多不確切。因取崔集，作典故考證之練習。後分心旁騖，未畢其役，僅得半之。然亦因此摸索出考證典故的一點門道。近得王三慶《敦煌類書》，見王著考證繁博，有足多者。但囿於當時條件，很多內容還待完善。便取其中我饒有興趣的《應機抄》，重作考訂，歷十餘日，草成此稿。其中「文字校正」部分，自謂尚有心得；「典故考證」部分，只是我的再次練習而已。

十多年前，我作了二文，妄以「研究」爲題〔註 94〕。那是少不更事，追悔不及。自此以後，我不敢再作什麼「研究」、「綜述」、「導論」、「總論」之類的文章，不用大而無當的理論浩浩蕩蕩地鋪排文墨，去裝門面，去立世。我如今只會，也只能做這些老老實實的，一條一條的札記。學問之道，貴在切磋。博雅君子，諟正爲幸。

作者謹記於 2010 年 8 月 12 日
（此文第 1 節刊於《敦煌學研究》2009 年第 2 期，總第 8 輯，首爾出版社
2010 年 8 月）

〔註 94〕《上古漢語「N 是 V」結構再研究》，收入《語言研究集刊〔六〕》，江蘇教育出版社 1999 年版。《《詩經》「于 V」式研究》，《文史》2000 年第 4 期。

敦煌寫卷Φ367《妙法蓮華經音義》校補

　　俄藏敦煌寫卷Φ367 收錄於《俄羅斯科學院東方研究所聖彼德堡分所藏敦煌文獻》第 17 冊〔註1〕，寫卷Φ367 抄錄玄應《一切經音義》卷 6《妙法蓮華經音義》，殘缺開頭 16 條，其餘則基本完整。此寫本是今存《玄應音義》的最早版本，其文獻價值自然不言而喻。

　　本稿以俄藏敦煌寫卷Φ367 爲底本，校以高麗本、道光二十五年海山仙館叢書本、磧砂大藏經本、金藏廣勝寺本、永樂南藏本〔註2〕。《慧琳音義》卷27 轉錄了《玄應音義》此卷，亦取以參校。《玄應音義》、《慧琳音義》分別簡稱爲《玄應》、《慧琳》。《玄應》高麗本、海山仙館叢書本、磧砂大藏經本、金藏廣勝寺本、永樂南藏本分別簡稱爲《麗》、《海》、《磧》、《金》、《永》。《慧琳》據徐時儀《一切經音義三種校本合刊》所依據的高麗本。同時取臺北中華佛教電子協會的《大正藏》2006 年電子版（英文簡稱 CBETA）核查藏經原文，如有異文，一併出校。

　　徐時儀撰有《敦煌吐魯番寫本〈玄應音義〉考補》〔註3〕，曾對俄藏敦煌

〔註1〕　《俄羅斯科學院東方研究所聖彼德堡分所藏敦煌文獻》第 17 冊，上海古籍出版社 2001 年版，第 344～352 頁。

〔註2〕　高麗本據徐時儀《一切經音義三種校本合刊》，上海古籍出版社 2008 年版。清道光二十五年海山仙館叢書本收入《續修四庫全書》第 198 冊，上海古籍出版社 1996 年影印。磧砂大藏經本收入《大藏經》第 97 冊，上海古籍出版社 1991 年影印。金藏廣勝寺本、永樂南藏本分別收入《中華大藏經》（漢文部分）第 56、57 冊，中華書局 1993 年版。

〔註3〕　徐時儀《敦煌吐魯番寫本〈玄應音義〉考補》，《敦煌學研究》（創刊號）2006 年第 1 期，韓國首爾出版社 2006 年 4 月。

寫卷Φ367作過校補，茲補徐校所未及、未盡者。

（1）修行：施之名行，即造修也。

按：施之名行，《慧琳》倒作「施之名，即行造修也」。

（2）舍利：《處胎經》云並在金剄剎際。

按：剄，各本作「剛」。《廣韻》：「剛，強也。剄，俗。」

（3）寶塔：正言窣都波。

按：窣都波，《麗》作「宰都波」，《永》、《海》、《磧》作「窣覩波」，《慧琳》作「窣堵波」。

（4）以偈：違照《漢書音義》：「其逝反。」又音竭。《詩》云：「匪車偈兮。」

按：違照，當從各本作「韋昭」。偈，《海》、《磧》同，《麗》作「揭」，今《毛詩》《匪風》作「偈」。《韓詩外傳》卷2引作「揭」，宋·王應麟《詩考》引《韓詩》作「揭」。《漢書·王吉傳》引《詩》亦作「揭」，王吉治《韓詩》。本字為朅，《白帖》卷11正作「匪車朅兮」，有注：「疾車。」《說文》：「朅，去也。」

（5）柔耎：《廣雅》：「柔、耎，弱也。」或作㬉，乃本反。《說文》：「㬉，湯也。」二形並非經義。

按：耎，《金》、《磧》、《永》作「㝜」。《可洪音義》卷3：「柔㝜，音軟。」《龍龕手鑑》：「㝜，柔也，弱也。」「㝜」當作「耎」，亦作「偄」、「輭」，俗作「軟」。《麗》引《廣雅》脫「耎」字。㬉，《麗》作「㬉」，同。《可洪音義》卷3：「㬉音：上音軟。」亦作此形。

（6）車乘：齒邪反。古音〔居〕。《釋名》云：「古者車〔聲〕如居，言行所以居人也。今曰車。車，舍也。言行者所處如舍也。」

按：齒邪反，《麗》作「齒耶反」，《慧琳》作「昌耶反」。「居」字據各本補。今本《釋名》：「車，古者曰車，聲如居，言行所以居人也。」則此卷「如居」上脫「聲」字。《詩·何彼襛矣》《釋文》引《釋名》亦有「聲」字。《慧琳》亦脫「聲」字。「今曰車。車，舍也」，《慧琳》作「今曰居，

舍也」，有脫誤。

（7）輦輿：《說文》：「輓車。」

按：《麗》引《說文》「輓」上衍「人」字，今本《說文》無。

（8）軒飾：《聲類》云：「案車也。」《說文》：「典輢轓車也。」飾謂以皮物莊飾車也。

按：案，當從各本作「安」。典，當從各本作「曲」。轓，今本《說文》作「藩」，《繫傳》作「轓」，徐鍇曰：「轓，兩旁壁也。」

（9）宴默：《石經》為古文燕，一見反。

按：宴，《麗》作「晏」。為，《麗》誤作「與」。一見反，《慧琳》作「煙見反」。此條為《妙法蓮華經》卷1《音義》，檢經文作「寂然宴默」。

（10）塔廟：塔婆或義譯為廟，古文廣。

按：廣，《磧》、《永》作「庮」，《麗》、《金》作「廟」。「廣」、「庮」當為「庿」形誤，《海》、石山寺寫本正作「庿」。《玉篇》：「廟，宗廟也。庿，古文。」《廣韻》：「廟，亦作庿。」

（11）從廣：《韓詩傳》曰「南北曰從，東西曰橫」是也。

按：從，各本作「縱」。

（12）露幔：在傍曰帷，在上曰幕。幕，覆也。覆露也。

按：各本作「露，覆露也」。唐寫本脫一「露」字。「覆露」同義連文，露讀為絡〔註4〕。

（13）頗梨：力私反。

按：力私反，《麗》、《金》同，《海》、《磧》、《永》作「力知反」。

（14）適從：《三蒼》古文作這，同。之赤反。

按：這，各本同，《慧琳》卷27作「適」，徐時儀曰：「適，據文義似當作『這』。」〔註5〕未得。當據此卷校作這。《玄應》卷3「適生」條引

〔註4〕 參見蕭旭《國語校補（三）》，《東亞文獻研究》總第5輯，2009年12月。
〔註5〕 徐時儀《一切經音義三種校本合刊》，上海古籍出版社2008年版，第992頁。

《三蒼》亦謂古文作這。之赤反，《麗》、《金》同，《永》、《海》、《磧》並誤作「尸亦反」，《慧琳》作「聲赤反」。此條爲《妙法蓮華經》卷1《音義》，檢經文作「天人所奉尊，適從三昧起」，博本「適」誤作「釋」。

（15）**石礙：古文硋，同。經文作閡，亦古文礙字也。《說文》：「外閇也。」**

按：石，當從各本作「無」。閇，各本作「閉」，與今本《說文》同；《麗》、《金》誤作「閡」。《玉篇》：「閉，闔門也，塞也。閇，同上，俗。」《干祿字書》：「閉、閇：上俗下正。」

（16）**猶豫：猶性多豫在人前，故凡不決者謂之猶豫也。**

按：《慧琳》「多」下衍「疑」字。唐·段成式《酉陽雜俎》卷12：「狐性多疑，鼬性多豫。」「鼬」同「猶」。

（17）**此輩：補妹反。《廣雅》：「等、䓣、輩，亦類也。」**

按：補妹反，《慧琳》作「補配反」。所引《廣雅》，《慧琳》引同。今本《廣雅》作「等、比，輩也」。考《玉篇》：「等，類也，輩也。」《廣韻》：「等，齊也，類也，比也，輩也。」「䓣」字今本《廣雅》脫，《類篇》引《博雅》：「䓣，輩也。」《集韻》作「𧒒」，引《博雅》同。據上所考，則此卷及《慧琳》「輩」下脫「也」字，「亦類也」非《廣雅》文，當爲玄應的解釋語。《慧琳》又引《玉篇》：「輩，部比類也。」今本作「輩，類也，比也」，則當補作「輩，部〔也〕，比〔也〕，類也」。

（18）**嫉妬：古文諔、嫉、㑵三形，同。茨栗反，下丹故反。《楚辭》云：「故興心而嫉嫉。」王逸曰：「害賢曰嫉，〔害〕色曰妬。」**

按：妬，當從《磧》、《永》作「妬」。《海》、《慧琳》「妬」作「妒」，「妒」同「妬」。㑵，《麗》作「㤺」。《海》、《永》作「古文諔、㑵、㤺三形」。孫星衍曰：「《說文》但有嫉字，《玉篇》：『諔，毒苦也。』又作㤺，秦栗切，毒也。㑵，秦栗切。」〔註6〕《集韻》：「㑵、嫉、㥛，《說文》：『妎也。』一曰毒也。或从女、从心，亦書作㥛。」二音《慧琳》作「上

〔註6〕清道光二十五年海山仙館叢書本，收入《續修四庫全書》第198冊，上海古籍出版社1996年影印，第68頁。

秦悉反，秦入聲。《玉篇》辭栗反。下當故反」。嫉嫉，當從《磧》作「嫉
妬（妒)」。「色」字上當據各本補「害」字。此條爲《妙法蓮華經》卷
1《音義》，檢經文作「慳貪嫉妬」，博、敦本「妬」誤作「姤」。

（19）諂曲：諂，佞也。莊周云：「希其意，道其〔言〕，謂之諂。」

按：佞，《麗》作「佞」，《永》、《海》、《磧》、《慧琳》並作「佞」。「佞」、
「佞」爲「佞」訛字，唐・張參《五經文字》卷下：「妖佞：乃定反，
從仁。作佞訛。」明・焦竑《俗書刊誤》卷3：「佞，從仁從女，俗作
佞，非。」亦訛作「佞」，《龍龕手鑑》：「佞，諂媚僞善也。」「道其」
下當據各本補「言」字。今本《莊子・漁父》無二「其」字。

（20）木蜜：字體作樒。《字林》：「亡一反。」其樹形似槐而香，極大，
伐之五年始用。

按：《慧琳》作「《字苑》：『民一反』」。《麗》、《金》脫「形」字。此條爲《妙
法蓮華經》卷1《音義》，檢經文作「木樒并餘材，塼瓦泥土等」，博、
敦本「樒」作「蜜」。

（21）作樂：五角反。《世本》云：「黃帝世冷倫作樂。」《禮記》：「比
音而樂之。干戚羽毛謂之樂。」

按：五角反，《慧琳》作「五覺反」。冷，各本作「伶」。「冷」當作「泠」，
「泠」同「伶」。《左傳・成公九年》：「泠人也。」《釋文》：「依字作
伶。」《正義》：「泠氏世掌樂官而善，故後世名樂官爲伶官。」又《昭
公二十一年》《釋文》：「泠州鳩，字或作伶，樂官也。或作冷字，非。」
「伶倫」見《呂氏春秋・古樂》：「昔黃帝令伶倫作爲律。」又作「泠
綸」，《漢書・律曆志》：「黃帝使泠綸。」顏師古曰：「泠音零，綸音
倫也。」又作「泠倫」，《路史》卷29：「泠倫國，衛之泠邑，近魯。
作冷非。」方以智曰：「因黃帝使泠倫取竹爲古樂師，故後世號樂官
爲泠。既以泠爲官，故別作伶。」〔註7〕則「泠」爲本字，「伶」爲專
字。徐時儀曰：「泠爲伶之誤。」〔註8〕失考。比，今本《禮記・樂記》

〔註7〕 方以智《通雅》卷30，收入《方以智全書》第1冊，上海古籍出版社1988
年版，第943頁。
〔註8〕 徐時儀《敦煌吐魯番寫本〈玄應音義〉考補》，《敦煌學研究》（創刊號）2006
年第1期，韓國首爾出版社2006年4月。

同，《慧琳》引誤作「此」。毛，今本《禮記》作「旄」。

（22）深奧：《說文》：「奧，究也。」亦藏也。

按：《慧琳》同，並誤。今本《說文》「究」作「宛」。唐寫本引《玄應》此卷「歌唄」條「清婉」作「清婉」，可以例比。

（23）叵思：反正為之，反可）為〕叵，皆字意也。

按：之，當從《麗》作「乏」。下「叵」字上當從各本補「爲」字。《磧》作「反正爲之，可爲叵」，亦有脫誤。

（24）聚落：《廣雅》：「聚、落，居也。」案聚也，謂人所聚居也。

按：今本《廣雅》「居」作「尻」，同。聚也，石山寺寫本同，《麗》、《金》作「聚，聚也」，《磧》、《海》、《永》作「聚，眾也」。

（25）僮僕：下古文𨽻，同。《說文》：「男有罪為奴曰童。」《廣雅》：「童、僕、役，使也。」今皆作僮。又僕亦附也，謂〔附〕著人也。

按：𨽻，《慧琳》誤作「蹼」，《玉篇》：「僕，馭車也。𨽻，古文。」役，《慧琳》同，「役」同「役」。二「童」字，《麗》同，《永》、《海》、《磧》、《慧琳》並作「僮」。「謂」下各本有「附」字。今皆作僮，《麗》、《金》同，《永》、《海》、《磧》「僮」並誤作「僕」。今本《說文》作「童，男有辠曰奴，奴曰童，女曰妾」。

（26）欻然：呼勿反。《蒼頡篇》：「欻，猝起也。」

按：呼勿反，《永》、《海》同，《麗》作「吁勿反」，《慧琳》作「許物反」。猝，《磧》、《金》同，《麗》作「卒」。「猝起也」下《磧》、《海》、《永》有「欻忽也」三字。

（27）焚燒：古文炏、煩二形，同。

按：煩，當據各本作「燌」。

（28）適其：尸亦反。

按：尸亦反，各本同，當從《慧琳》卷27作「尸赤反」。

（29）綩綖：《字〔林〕》一遠反，下《三〔蒼〕》以旃反。相承云坐蓐
也，未〔詳〕何語立名耳。

按：「林」、「蒼」、「詳」三字據《磧》、《海》、《永》補。蓐，《磧》、《海》、《永》
作「褥」，《麗》、《金》作「縟」。《金》脫「三蒼」二字。此條爲《妙法
蓮華經》卷 2《音義》，檢經文作「重敷綩綖，安置丹枕。」宋、元本
作「綩莚」，明本作「婉莚」，宮本作「綩綖」，並同〔註9〕。

（30）姝好：古文娛，同。充朱反。《〔字〕林》：「姝，好兒也。」《詩》
云：「靜女其姝。」《傳》曰：「姝，色美也。」

按：娛，當據各本作「孍」。「字」字據各本補。充朱反，《慧琳》作「倡珠
反」。所引《詩》，今本毛詩《靜女》同，宋・王應麟《詩攷》引《魯詩》
作「孍」，《說文》三引，「袾」字、「襃」字條引並作「袾」，訓「好佳
也」；「孍」字條引作「孍」，訓「好也」。《集韻》：「袾，或作袬、孍、
姝。」莊炘曰：「《說文》姝、孍俱好也，但同義耳。」〔註10〕莊氏失考。
色美也，《磧》、《海》、《永》作「美色也」，與今本毛傳合。

（31）保任：《說文》：「保，當也。」任，保也。言可保〔信〕也。

按：「信」字據各本補。

（32）穨毀：古文磧、墳二形，今作隤，同。《說文》：「隤，隧下也。」
字從冗貴聲。

按：磧，當據各本作「穨」。隧，各本作「墜」，同。貴，《磧》誤作「頁」。
此條爲《妙法蓮華經》卷 2《音義》，檢經文作「梁棟傾斜，基陛隤毀」，
博本「隤」作「穨」。《集韻》：「隤，《說文》：『下墜也。』或作穨。穨、
墳，通作磧。」《六書故》：「隤，與穨通用。」

（33）圮坼：《字林》父美、恥挌反。

按：《永》、《海》、《磧》「父」作「疋」，「挌」作「格」。徐時儀曰：「圮，據
文意當作圮。」〔註11〕《慧琳》正作「圮」，又「挌」作「格」。此條爲
《妙法蓮華經》卷 2《音義》，檢經文作「牆壁圮坼」。

〔註 9〕 參見蕭旭《「綩綖」考》。
〔註10〕 清道光二十五年海山仙館叢書本，收入《續修四庫全書》第 198 冊，上海古
籍出版社 1995 年影印，第 69 頁。
〔註11〕 徐時儀《一切經音義三種校本合刊》，上海古籍出版社 2008 年版，第 142 頁。

（34）橡栺：力語反。《方言》：「屋栺謂之檐。」郭璞曰：「即屋檐也。」亦呼為連緜，亦名槾。《說文》：「栺，楣。」通語也。

按：緜，《麗》作綿，同。《永》、《海》、《磧》「緜」並誤作「縣」。《慧琳》作「力舉反」，又「綿」作「緜」，「楣」作「梅」。徐時儀曰：「今傳本《說文》：『栺，楣也。』」〔註12〕今本《方言》卷13作「屋栺謂之櫺」，郭璞注：「雀栺即屋檐也，亦呼為連緜。」則「緜」為「綿」形誤。

（35）周障：《通俗文》：「籓隔曰障也。」

按：籓，《麗》、《金》同，《永》、《海》、《磧》、《慧琳》卷27作「蕃」。《玉篇》：「藩，蔽也。籓，同上。」「蕃」為「藩」省，亦借為「籓」。

（36）鴅鴢：師曠云「南方有鳥，名曰羌鴢。黃頭，赤咽，五色皆俻」是也。

按：南方，《海》、《磧》同，《麗》、《金》作「南山」。考《說文》「鴢」字條引師曠曰作「南方」，《麗》、《金》誤。俻，各本作「備」。「俻」同「備」，見《玉篇》。唐寫本多作「俻」字，下不再出。

（37）蚖蛇：《漢書》「玄蚖」，韋昭曰：「玄，黑色。蚖，蜥蜴也。」

按：各本無「色」字。今本《漢書・五行志》作「玄黿」，韋注無「色」字。

（38）蝮蠍：匹六反。孫炎曰：「〔江〕淮以南謂虺為蝮，有牙，最毒。」《音義》曰：「說者云令蝮蛇鼻上有針。」

按：「江」字據各本補，「令」當據各本作「今」。匹六反，《麗》作「缶六反」，《永》、《海》、《磧》作「芳六反」，《慧琳》作「妨陸反」。

（39）守宮：東方朔言「非守宮即蝎蜥」是也。

按：蝎蜥，《麗》同，《永》、《海》、《磧》、《慧琳》作「蜥蝎」。考《漢書・東方朔傳》、《漢紀》卷10並作「蜥蝎」。

（40）狖貍：古文蜼。《字林》：「余繡反。江東名也。又音余秀反，建平名也。」《山海經》：「羭山多蜼。」郭璞曰：「似獼猴而大，蒼黑色，尾長四五尺，似獺，尾頭有兩歧，天雨即自倒懸於樹，以

尾塞鼻。江東養之捕鼠，為物捷健。」《爾雅》「蜼，仰鼻而長尾」
是也。

按：余季反，《慧琳》同；各本作「余秀反」，則與「余繡反」同音，非也。
《玉篇》：「蜼，余季、余救二切。」或作「餘季反」，《爾雅》《釋文》：
「蜼音誄，《字林》：『余繡反，或餘季、餘水二反。』」又考《後漢書·
馬融傳》李賢注引郭璞曰：「零陵南康人呼之，音餘；建平人呼之，
音『相贈遺』之遺也。又音余救反，皆土俗輕重不同耳。」音「遺」，
正「余季反」也，可相印證。今本《山海經·中山經》作「鬲山……
多猨蜼」，郭注與此略異，此卷所引，當是《爾雅》郭注：「蜼似獼猴
而大，黃黑色，尾長數尺，似獺，尾末有岐，鼻露向上，雨即自縣於
樹，以尾塞鼻，或以兩指。江東人亦取養之，爲物捷健。」捷，《慧
琳》同，當從各本作「捷」。《爾雅》郭注正作「捷」，《御覽》卷 913
引《異物志》：「獑，鼠屬，捷勇於猨。」「獑」同「蜼」，亦作「捷」
字。仰，《玉篇》同，《慧琳》作「昂」，今本《爾雅》、《說文》作「卬」，
「卬」爲本字。所引《山海經》，《永》、《海》、《磧》無「五」、「自」
二字。此條爲《妙法蓮華經》卷 2《音義》，檢經文作「狖狸鼪鼠」，
博本作「狖狸」，宋本「狖」作「鼬」，元、明、宮本「狖」作「貁」。
「狖」同「鼬」，涉「狸」而從犬旁。「貁」爲「狖」形誤。「鼬」爲
「狖」同音借字，「狖」同「狖」。

(41) 齫齛：相承在計反。謂沒齒也。

按：《慧琳》作「在詣反」，「沒齒」下有「皵」字。《龍龕手鑑》：「齫，齫齛，
沒齒皵也。」蓋本《慧琳》。此條爲《妙法蓮華經》卷 2《音義》，檢經
文作「齫齛死屍」，元、明、宮本「齫」作「嚌」。「嚌」爲「齫」同音
借字。

(42) 搏撮：《釋名》：「撮，卒也。謂暫卒取之也。」

按：暫，《金》同，《永》、《海》、《磧》並誤作「擊」。卒，《慧琳》引同，
當從今本《釋名》作「捽」。《廣韻》：「捽，手捽。」

(43) 攄掣：又作抯。《釋名》云：「攄，叉也。謂五指俱往叉取也。」
《字林》：「掣，拽也。」《字書》：「掣，牽也。」《釋名》云：「掣，

制〔也〕。〔制〕頓之使順已也。」

按：攎，《慧琳》作「櫨」，今本《釋名》亦作「櫨」。攎、櫨正借字。扽，各本誤作「拔」，《慧琳》引作「拽」。考《爾雅》：「掣，曳也。」郭注：「謂牽挽。」「曳」同「拽」，義同「扽」。「也」、「制」二字據今本《釋名》、《麗》《金》補。《永》、《海》、《磧》、《慧琳》亦脫「制」。「已」當據今本《釋名》作「己」。「頓」同「扽」，拉引也，今吳語猶存此音義。此條爲《妙法蓮華經》卷 2《音義》，檢經文作「鬪諍䶥掣」，宋、元、明、宮、博本「䶥」作「攎」。又尋《阿毘達磨俱舍論》卷 11：「有烏駮狗攎掣食之。」宋、元、明、宮本「攎」作「䶥」。《瑜伽師地論》卷 4：「攎掣脊肥而噉食之。」宋、元、宮、聖本「攎」作「楂」。《法華義疏》卷 6：「鬪諍攎掣者。」聖、聖乙本「攎」作「齟」。諸字並爲「挸」之異體或借字。《說文》：「挸，挹也。」《方言》卷 10：「挸，取也。」

（44）魑魅：《說文》作离，《三蒼》諸書作螭，近作魑，同。下古文魅、𩲡二形，今作鬽，同。《說文》：「老物精也。」

按：《麗》「离」作「离」，「𩲡」作「𩲡」。《磧》、《永》作「𩲡」。「𩲡」同「鬽」、「魅」，「𩲡」誤。《金》亦誤作「𩲡」。《龍龕手鑑》：「𩲡，古。鬽、魅，二正。」字或作魆，《正法華經》卷 10：「鬼神諸魅溷廁眾鬼突鬼厭鬼餓鬼。」宋、元、明、宮本「魅」作「魆」。今本《說文》作「离」，云：「离，山神獸也」，又「物精」作「精物」，云：「鬽，老精物也。魅，或從未聲。」

（45）土埵：《字林》：「丁果反。坐土也。」（P134）

按：坐，各本作「聚」。考《說文》：「埵，堅土也。」「坐」爲「堅」誤。

（46）爆聲：方孝反。《說文》：「爆，灼也。」謂皮散起也。

按：方孝反，《慧琳》作「博教反」。散，《慧琳》同。蔣禮鴻曰：「散當作皵。」〔註 13〕蔣說是也。《慧琳》卷 81「皴裂」條引《埤蒼》：「皴，皮散起也。」散亦當作皵，皵、皴同義互訓。《玉篇》：「皴，皵也。」《慧琳》卷 33

〔註 13〕蔣禮鴻《玄應〈一切經音義〉校錄》，收入《蔣禮鴻集》卷 3，浙江教育出版社 2001 年版，第 167 頁。

「皺蹙」條引郭注《山海經》:「皵，謂皮皴也。」〔註 14〕卷 41、62、69、83 並引《埤蒼》:「皴，皵也。」明·焦竑《俗書刊誤》卷 11《俗用雜字》:「皮皴曰皵。」此「散」當作「皵」之塙證。《慧琳》卷 49「爆火」條引《山海經》郭璞注:「爆，皮散起也。」尋今本《山海經·西山經》:「可以已瀑。」郭璞注:「謂皮皴起也。」「皴」、「皵」義同。

(47) **蔓莚:西京〔賦〕云:「其形蔓莚。」李洪範音亡怨、餘戰反。《廣雅》:「蔓，長也。延，遍也。」王延壽云:「軒檻蔓莚。」謂長不絕也。**

按:亡，《麗》、《金》同，《永》、《海》、《磧》作「忘」。《慧琳》作「《西京賦》云:『其形蔓莚。』《洪範》:『上音萬，下餘戰反」。各本無「賦」字，考《文選·張衡·西京賦》:「巨獸百尋，是爲曼延。」《類聚》卷 61 引作「蔓延」，《樂書》卷 186 引作「漫衍」。則《玄應》脫「賦」字。今本《廣雅》作「曼曼、延延，長也」，又「延，徧也」。又考《文選·王延壽·魯靈光殿賦》:「長塗升降，軒檻蔓延。」呂延濟注:「蔓延，言長而不絕。」此條爲《妙法蓮華經》卷 2《音義》，檢經文作「災火蔓延」，《添品妙法蓮華經》卷 2 作「蔓莚」。

(48) **躭湎:都含反。亡善反。《說文》:「沈於酒也。」**

按:躭，《永》、《海》、《磧》作「耽」。《玉篇》:「躭，俗耽字。」《慧琳》作「丁含反」、「緜善反」。沈，《海》、《磧》同，《麗》、《金》作「沉」，《慧琳》作「妉」，今本《說文》作「沈」。此條爲《妙法蓮華經》卷 2《音義》，檢經文作「耽湎嬉戲，不受我教」，元本「耽」作「妉」。諸字並爲「媅」、「酖」之借字，《說文》:「媅，樂也。酖，樂酒也。」

(49) **頒瘦:《廣〔雅〕》:「頒、〔鬐」，禿也。」**

按:「雅」字據各本補，「鬐」據今本《廣雅》補。《麗》作「頒髮禿也」，《金》、《永》、《海》、《磧》、《慧琳》並作「頒鬐禿也」。考今本《廣雅》:「鬐、頒，禿也。」字或作鬊，《集韻》:「鬐，《博雅》:『禿也。』或作鬊。」

〔註 14〕今本《山海經》郭璞注無此語。

「髮」爲「鬊」之誤；「鬊」同「䰂」，爲「鬊」音轉〔註15〕。

（50）梨黮：經文有作黧，力兮反。《通俗文》：「班黑曰黧。」黮，《說文》：「杜感反。」一音敕感反。桑甚之黑也。甚音食甚反。

按：力兮反，《慧琳》作「力奚反」。班，各本作「斑」，同。杜，《永》、《海》、《磧》作「土」。，甚，各本作「葚」字。甚音食甚反，各本作「葚音甚」。此條爲《妙法蓮華經》卷2《音義》，檢經文作「黧黮疥癩」。字亦作黎，《玉篇》：「黧，黑也，亦作黎。」

（51）觸嬈：《三蒼》：「嬈。」《廣雅》：「嫽、誂、㰥，嬈也。」嫽，嬈也。嫽音遼。

按：所引《三蒼》，《麗》作「嬈，亂也」。《金》、《永》、《海》、《磧》、《慧琳》引亦脫「亂也」二字。各本無「嫽，嬈也」三字。

（52）惡賤：於路反。《禮記》：「吾惡用吾情。」惡，猶憎也。《詩》云「〔惡〕無禮」皆是也。

按：《慧琳》引「惡用」下有「襄」字，誤。《禮記·檀弓下》：「自吾母而不得吾情，吾惡乎用吾情？」注：「惡乎，猶於何也。」玄應引證失誤。「惡」字據各本補。

（53）馲駝：郭璞云：「日行三百里，負重千斤，知水泉所出也。」性別水脉，以足掊地則泉出也。經文作駱，馬色也，白馬黑髦曰駱，駱非今義。

按：各本無「重」字。千斤，《慧琳》作「三千斤」，衍「三」字。《山海經·北山經》：「虢山……其獸多橐駝。」郭璞注：「有肉鞍，善行流沙中，日行三百里，其負千斤，知水泉所在也。」爲玄應所本。則泉出也，《永》、《海》、《磧》「泉」上有「水」字。髦，《海》、《磧》作「鬣」，《麗》、《金》誤作「䰄」。此條爲《妙法蓮華經》卷2《音義》，檢經文作「若作馲駝」，博本「馲」作「駱」。《集韻》：「馲，馲駞，畜名，通作駱。」

（54）矬陋：《廣雅》：「矬，短也。」《通俗文》：「侏儒曰短。」

按：所引《通俗文》，《金》同，《麗》、《海》、《磧》「短」作「矬」。此條

〔註15〕「齰」同「齰」，亦即「齘」，是其比。

爲《妙法蓮華經》卷 2《音義》，檢經文作「矬陋攣躄」，博本「矬」
作「痤」，宋、元、明本「攣」作「癴」。「矬」、「痤」正借字。「攣」
同「癴」，《爾雅》《釋文》：「癴，郭作拘攣，同。」字亦作癴、癴、
癴，《玉篇》：「癴，體癴曲也。癴，同上。」《集韻》：「癴，病體拘曲
也，或作癴、癴、癴，通作攣。」

（55）背傴：《通俗文》：「曲脊謂之傴僂。」杜預曰：「俯恭於傴，傴恭
於僂，身俞曲，恭益加也。」經文作膒。《字林》：「一侯反。幽
脂也。」非今所取，又作瘟，未見所出，疑傳寫誤也。

按：俞，各本作「逾」，同。脂，當從《麗》作「暗」，《金》、《永》、《海》、
《磧》並誤作「脂」。膒，《慧琳》同。徐時儀曰：「膒，據文意似當作
膒。」〔註 16〕考《集韻》「膒」訓煖，亦與玄應所引《字林》訓幽暗不
合，待考。此卷爲《妙法蓮華經》卷 2《音義》，檢經文：「矬陋攣躄，
盲聾背傴。」作「傴」字。

（56）醫道：《說文》：「治病工也。醫之性得酒而使，故字從酉殹聲。」
酒一以治病者，藥非酒不散也。

按：《慧琳》「使」下有「藥」字。今本《說文》作「治病工也，殹，惡姿也，
醫之性然，得酒而使。從酉」。一以，各本作「所以」。

（57）慶幸：字從前從夭。

按：前，當從各本作「羊」。

（58）逃逝：是世反。亦也。

按：是世反，《慧琳》作「時世反」。亦也，《海》、《永》作「亦去也」，《麗》、
《金》作「逝亦逮也」。「逮」字無義，疑當作「逡」，《廣雅》：「逡，
行也。」

（59）虎魄：按《博物志》云：「松脂入地千年化爲伏苓，〔伏苓〕千年
化爲虎魄。一名江珠。」《廣志》云：「虎魄生地中，其上及旁不
生草木。深者八九尺，大如斛，削去上皮，中成虎魄，有汁。初

〔註16〕 徐時儀《一切經音義三種校本合刊》，上海古籍出版社2008年版，第142頁。

如桃膠，凝堅乃成。其人用以為甀也。」

按：《永》、《海》、《磧》「千年」上又重「伏苓」二字。《麗》作「茯苓」，
不重。考今本《博物志》卷4引《神仙傳》重「茯苓」二字，《御覽》
卷808引亦脫，《御覽》卷989、《法苑珠林》卷43引不脫。江珠，《慧
琳》作「紅珠」。考今本《博物志》作「江珠」，《慧琳》誤也。虎魄，
今本《博物志》作「琥珀」，《御覽》卷99、989引作「琥魄」。甀，《麗》、
《海》、《金》同，《慧琳》作「罃」，同。其人，《海》、《磧》作「其
方人」，並有脫字。當從《慧琳》作「其西方人」。凝堅乃成，《御覽》
卷808引《廣雅》同，《通典》卷188、《通志》卷198並誤倒作「凝
成乃堅」。今本《廣雅》無，「廣雅」當作「廣志」。此條為《妙法蓮
華經》卷2《音義》，檢經文作「金、銀、琉璃、珊瑚、虎珀、頗梨珠」，
宋、元、明、宮本「虎」作「琥」。

（60）商估：《說文》：「柯雅反。坐賣也。」

按：柯雅反，《海》、《磧》、《永》同，《麗》、《金》作「柯戶反」，《慧琳》
作「加雅反」。今本《說文》作「賈，一曰坐賣售也，公戶切」。

（61）傭任：與恭、女鳩反。

按：任，當從各本作「賃」。與恭，《慧琳》作「勇恭」。

（62）灑地：《通俗文》：「以水撿塵曰灑也。」

按：撿，《金》同，《麗》作「斂」，《永》、《海》、《磧》、《慧琳》並作「掩」。

（63）豪貴：《淮南子》曰：「智出百人謂之豪。」

按：《玄應》卷9「豪傑」條引《淮南子》同，今本《淮南子·泰族篇》：「故
智過萬人者謂之英，千人者謂之俊，百人者謂之豪，十人者謂之傑。」
「過」、「出」義同。

（64）躃地：或作僻，雅僻也。僻非此用。

按：雅，當從各本作「邪」。

（65）憔悴：《廣雅》：「憔悴、愁患，憂也。」

按：《麗》、《金》同此，《海》、《磧》、《永》作「燋悴」，又引《廣雅》作「燋
卒、愁患，憂也」；《慧琳》作「憔悴，愁憂也」。今本《廣雅》作「醮

悴、愁慼，憂也」。則「患」爲「慼」誤，《慧琳》脫「慼」字。「燋」
爲「憔」誤。

（66）恠之：恠，異也。驚，恠也。凡奇異非常皆曰恠。字從左，音口
瓦反。

按：左，《海》作「圣」。口瓦反，各本作「口兀反」。「驚恠也」當連讀，爲
玄應申釋之語。

（67）污穢：《字林》〔於〕故反。

按：「於」字據各本補，《慧琳》卷 27 作「烏故反」。

（68）伶俜：歷丁、正丁反。《三蒼》云：「伶俜猶聯嗣也。」經文多作
跉蹁。（P136）

按：歷丁，《慧琳》作「郎丁反」。正，當從各本作「匹」。嗣，當從各本作
「翩」。《字彙補》：「嗣，音嗣，義同。」

（69）眇目：亡了反。《釋名》云：「目匡陷急曰眇。」

按：亡，《金》同，《永》、《海》、《磧》作「忙」，《慧琳》作「彌」。《慧琳》
「匡」作「眶」，今本《釋名》作「匡」。

（70）何負：古文柯。《謂文》：「胡歌反。」何，儋也。諸書故可反。

按：各本「柯」作「抲」，「謂」作「說」。「故」作「胡」，今本是也。此條
爲《妙法蓮華經》卷 2《音義》，檢經文作「兩肩荷負」。「何」、「荷」
正借字。

（71）谿谷：苦奚、古木反。《爾雅》：「水注川曰谿，注谿曰〔谷〕。」

按：《慧琳》作「上啓奚反，下公木反」。「谷」字據各本補。

（72）等注：之喻、上句二反。《說文》：「上古時雨所以澍生萬物者
也。」

按：注，當從各本作「澍」，上，《海》、《磧》、《金》、《永》同，《麗》作「止」。
澍生，今本《說文》同，《慧琳》倒作「生澍」。孫星衍曰：「今《說文》
無『上古所以』四字，此云『上古』，義亦不通，疑誤也。」〔註17〕

──────────
〔註17〕清道光二十五年海山仙館叢書本，收入《續修四庫全書》第 198 冊，上海古

（73）普洽：又作雽，同。胡夾反。《蒼頡篇》：「洽，遍徹也。」

按：《永》、《海》、《磧》同，《麗》、《金》作「普雽：又作洽，同」。胡夾反，《慧琳》作「咸夾反」，《慧琳》引《蒼頡篇》「遍徹」誤作「適散」。此條爲《妙法蓮華經》卷3《音義》，檢經文作「一時等澍，其澤普洽」。

（74）不務：《說文》：「務，趣疾也。」《廣雅》：「務，遽也。」

按：今本《說文》作「務，趣也。趣，疾也」。今本《廣雅》無「務，遽也」之訓，王念孫《疏證》據此卷及《廣韻》補〔註18〕。

（75）苗稼：稼，《說文》：「禾之秀實爲稼，莖節爲禾。」

按：莭，各本作「節」。《干祿字書》：「莭、節：上俗下正。」《慧琳》脫作「即」字。

（76）甘蔗：案諸書或作竿蔗，或作藷柘，或作甘柘，同一種也。

按：甘柘，《麗》、《金》同，《永》、《海》、《磧》作「甘蔗」。《慧琳》作「或云藉柘，或作柘」，「藉」爲「藷」形誤，又脫「甘」字。此條爲《妙法蓮華經》卷3《音義》，檢經文作「甘蔗蒲萄」，敦本「甘」作「苷」。

（77）蒲桃：《博物志》曰「張騫使西域，還，得安石榴、蒲桃、胡桃」是也。《廣志》云：「蒲陶有白、黑、黃三種。」

按：蒲桃，《慧琳》並作「蒲萄」。廣志，《麗》、《金》同，《海》、《磧》、《永》《慧琳》作「廣雅」，今本《廣雅》無此文，「廣雅」當作「廣志」。此條爲《妙法蓮華經》卷3《音義》，檢經文作「甘蔗蒲萄」，敦本「萄」作「桃」。

（78）一渧：音力計反、丁計反。

按：《麗》「丁計反」上衍「力計反」三字。此條爲《妙法蓮華經》卷3《音義》，檢經文作「於佛智慧，如海一渧」，宮本「渧」作「滴」。《龍龕手鑑》：「渧：俗。滴：今。滴、渧：二正。音的，水滴也。」

籍出版社1995年影印，第72頁。

〔註18〕參見王念孫《廣雅疏證》，收入徐復主編《廣雅詁林》，江蘇古籍出版社1992年版，第76頁。

（79）長表：按西域僧徒死者或遺諸禽獸，收骨燒之埋於地下，於上立
表，累軝石等，頗似宰覩波，但形而卑小也。

按：軝，當從各本作「甎」。

（80）憺怕：怕，又作泊。《說文》：「亡白反。無為也。」

按：亡，當從各本作「匹」。此條爲《妙法蓮華經》卷 3《音義》，檢經文
作「其心常憺怕」，宋、元、明本「憺」作「憺」。「憺」、「憺」正借字，
字或作倓，《說文》：「倓，安也。憺，安也。」《廣雅》：「倓，靜也。」

（81）勉出：《小爾雅》：「勤、勉、事，力也。」

按：所引《小爾雅》與今本同；《永》、《海》、《磧》引作「勸、勉，力也」，
《麗》、《金》作「勉、事，力也」。「勸」爲「勤」形誤，《廣雅》：「勤，
仂也。」「仂」同「力」。《玄應》卷7「勤仂」條、卷8「以仂」條並
引《字書》：「仂，勤也。」並云：「今皆爲力字。」此條爲《妙法蓮
華經》卷3《音義》，檢經文作「能於三界獄，勉出諸眾生」，博本「勉」
作「免」。「勉」、「免」正借字。

（82）諷誦：不鳳反。《周禮》：「教國子興道諷誦。」鄭玄曰：「倍文曰
諷，以聲莭之曰誦。」

按：莭，各本作「節」。《慧琳》「不」作「風」，「興」作「無」，「倍」作
「背」。今本《周禮・春官・宗伯》作「興」、「倍」。「倍」同「背」。

（83）億姟：《風俗通》曰：「十千曰萬，十萬曰億，十億曰兆，十兆曰
經，十經曰姟。」

按：《集韻》、《類篇》：「姟，數也，十兆曰經，十經曰姟。」《龍龕手鑑》：
「姟，數也，十經曰姟也。」並與《玄應》所引相合。《國語・鄭語》：
「出千品，具萬方，計億事，材兆物，收經入，行姟極。」亦作「經」、
「姟」。「姟」字或作「垓」，《玉篇》「垓」字條引《風俗通》：「十千謂
之萬，十萬謂之億，十億謂之兆，十兆謂之經，十經謂之垓。」〔註19〕
《集韻》、《類篇》：「補，一曰數也，十兆曰經，十經曰垓，十垓曰補。」
字或作畡，《國語・鄭語》：「故王者居九畡之田，收經入，以食兆民。」

〔註19〕《御覽》卷 750 引同。

《說文》「垓」字條引作「九垓」〔註20〕，《集韻》：「垓、畡，或从田。」宋庠《國語補音》云：「畡，本或作垓，通。」《慧琳》卷27「經」作「京」，漢・徐岳《數術記遺》：「十兆曰京。」方以智曰：「京垓，亦曰『經畡』……智謂垓、姟、畡一字也。」〔註21〕孫星衍曰：「姟當爲垓，《玉篇》引《風俗通》作垓……姟俗字，非古文。」〔註22〕孫氏拘矣，未達通假之誼。

（84）城郭：《世本》：「鮌作城郭。」《公羊傳》曰：「郭者何，恢郭也。」鮌音古本反。

　按：《慧琳》「鮌」作「鯀」，「恢郭」作「恢廓」。「鮌」同「鯀」，《意林》卷4引《世本》：「鮌作城郭。城，盛也。郭，大也。」《集韻》：「鯀，人名，禹父也。或作鮌，通作鯀。」錢坫曰：「唐人作鯀字，或作鮌，或作鮌，皆譌也。《說文》惟有鯀字。」〔註23〕今本《公羊傳・文公十五年》作「郭者何？恢郭也」，《玄應》、《慧琳》並誤「郭」爲「郭」。

（85）貿易：字從貝從夘，音西。

　按：各本無「音西」二字。

（86）蹈七：《說文》：「蹈，踐履也。」

　按：所引《說文》，當從各本作「蹈，踐也。踐，履也」，與今本合。

（87）肴饌：又作饡，同。

　按：饡，《金》、《永》、《磧》同，俗字，《麗》、《海》作「籑」。《可洪音義》卷25：「作饡：與饌同也。」亦作此形。此條爲《妙法蓮華經》卷4《音義》，檢經文作「繒蓋、幢幡，衣服、餚饌」。

〔註20〕《玉篇》、《說文繫傳》、《集韻》、《類篇》、《附釋文互註禮部韻略》「垓」字條引亦並作「九垓」。

〔註21〕方以智《通雅》卷40，收入《方以智全書》第1冊，上海古籍出版社1988年版，第1210頁。

〔註22〕清道光二十五年海山仙館叢書本，收入《續修四庫全書》第198冊，上海古籍出版社1995年影印，第72頁。

〔註23〕清道光二十五年海山仙館叢書本，收入《續修四庫全書》第198冊，上海古籍出版社1995年影印，第72頁。

（88）句豆：《字書》:「豆，留也。」

按：句豆，《金》同，《麗》、《海》、《永》作「句逗」。留，《慧琳》作「遛」。
《玉篇》:「遛，逗遛。」《集韻》:「遛，豆遛，不進。通作留。」此條
爲《妙法蓮華經》卷4《音義》，檢經文作「若於此經忘失句逗」，明本
作「句讀」。

（89）罣礙：本作罫罣，同。《字書》:「網，礙也。」

按：罣，當從各本作「罫」。

（90）林藪：散木為〔林〕，澤無水曰藪。

按：「林」字據各本補。

（91）無央：於良反。梵言阿僧祇，此言無央盡。央，盡也。經文作鞅。
《說文》:「頸靼。」非此義。靼音之列反。

按：無央盡，《金》同，當從《麗》、《海》、《磧》、《永》作「無央數」。靼，
《慧琳》同，《麗》、《金》、《海》、《磧》作「鞅」。《慧琳》「於良反」作
「約良反」。今本《說文》作「鞅」。「之列反」正「靼」字音。此條爲
《添品妙法蓮華經》卷4《音義》，檢經文作「此佛滅度，無央數劫」，
博本「央」作「鞅」。則敦煌寫本誤也。《注維摩詰經》卷7:「謂爲眾
生無鞅數劫。」乙本作「央」。《法苑珠林》卷35引《海龍王經》:「而
分作無鞅數百千萬段。」元、明本作「央」。《放光般若經》卷20:「無
央數劫都不以爲勞。」宋、元、宮本作「鞅」。《摩訶般若波羅蜜經》卷
7:「我當得壽命無央數劫。」聖本作「鞅」。「央」、「鞅」正借字，字或
作映，《廣韻》:「映，無貲量，謂無限極也。」《集韻》:「映，無貲也。」

（92）委政：《國語》:「棄政役，非任也。」

按：《永》、《海》、《磧》引誤作「棄所役，非任政」，《慧琳》無「役」字。
今本《國語·晉語一》作「棄政而役，非其任也」。此條爲《妙法蓮華
經》卷4《音義》，檢經文作「捐捨國位，委政太子」，宋、元、明、宮、
博本「政」作「正」。

（93）椎鍾：經文作槌。關東謂之槌，關西謂之桙。槌，摘也。二形並
非字義。桙音竹革反。

按：桙，《永》、《磧》同，《麗》作「榑」，字同。《金》、《永》誤作「持」《說

文》：「關東謂之槌，關西謂之柺。」《玉篇》：「柺，槌橫木也，關西謂之柺。拐，同上。」《慧琳》作「關東謂之蠶槌」，衍「蠶」字。擿，《麗》、《金》作摘。柺音竹革反，《麗》作「擿音知革反」，《海》、《永》作「擿，竹革反」，《金》作「持音篗」。此條爲《妙法蓮華經》卷4《音義》，檢經文作「搥鍾告四方，誰有大法者」，宋、元、明、宮本作「椎鐘」。

（94）芥子：加邁反。

　按：加，《海》、《磧》、《永》同，《麗》、《金》作「迦」。

（95）誹謗：《字林》：「方味反。」誹，謗也。廣，毀也。

　按：方味反，《慧琳》作「非味反」。廣，當從各本作「謗」。

（96）罵詈：《蒼頡篇》：「罵，詈也。」

　按：「罵，詈也」，《磧》、《永》同，《金》作「詈，罵也」，《慧琳》引作「詈亦罵也」。

（97）旃陀羅：謂屠煞者種類之總名也。其人若行則搖鈴自標，或扙破頭之竹。

　按：扙，《麗》同，《金》、《永》、《海》、《磧》、《慧琳》作「杖」。《集韻》：「扙，傷也。」非其誼也。扙當作杖，《說文》：「杖，持也。」字或作仗，《廣韻》：「仗，憑仗。」《集韻》：「仗，一日憑也。」《永》、《海》、《磧》脫「破」字。

（98）漁捕：言居反。

　按：言，《海》、《磧》、《金》、《永》同，《麗》作「語」。此條爲《妙法蓮華經》卷5《音義》，檢經文作「畋獵漁捕」，博本「漁」作「魚」。「漁」、「魚」正借字。

（99）屠兒：達明反。

　按：明，當從各本作「胡」。

（100）魁膾：苦回，古文外反。魁，帥也。

　按：「文」字衍。帥，《海》同，即「帥」俗字，《磧》、《永》正作「帥」，

《麗》、《金》誤作「師」。《可洪音義》卷3「將師」條、卷15「吏師」條並作此形。

（101）屏處：《禮記》：「左右屏而待。」《詩》云：「萬邦之屏。」《傳》曰：「屏，蔽也。」

按：待，《海》、《慧琳》誤作「侍」。今本《禮記・曲禮上》作「待」。《慧琳》脫5字，作「《詩》云：『萬邦之蔽』」。此條爲《妙法蓮華經》卷5《音義》，檢經文作「莫獨屏處，爲女說法」，博本「屏」作「併」。「屏」、「併」正借字。

（102）入里：《釋名》云：「五鄰爲里，方居一里之〔中〕也。」

按：「中」字據各本補。

（103）澡浴：祖老反。《說文》：「澡，灑手也。浴，灑身也。」

按：祖，當從各本作「祖」。《慧琳》脫4字，作「澡，洒身也」。

（104）輕蔑：字體作懱，同。《說文》：「相輕傷也。」

按：相輕傷，《慧琳》作「相輕侮」，今本《說文》作「懱，輕易也」。「易」借爲「傷」。

（105）討伐：古討，同。《禮記》：「叛者居討。」誅也伐。經文作罪。《廣雅》：「罰，折伏也。」罪非此義。

按：古討，當從各本作「古文訐」。居，當從各本作「君」。罪，當從各本作「罰」。誅也伐，當從各本作「鄭玄曰：『討，誅也、伐也。』」《慧琳》引《廣雅》同，今本《廣雅》作「罰，折也」。疑當點作「《廣雅》：『罰，折〔也〕。』伏也。」「伏也」二字爲玄應申釋之語。此條爲《妙法蓮華經》卷5《音義》，檢經文作「時轉輪王起種種兵而往討罰」，宋、元、明、宮、博本「罰」作「伐」。

（106）巨身：《說文》巨大作鉅。

按：巨大作鉅，《海》、《磧》、《金》、《永》同，意謂《說文》「巨大」字作「鉅」。《說文》：「鉅，大剛也。」《麗》作「巨，又作鉅」。「又」爲「大」之誤。

（107）頭陀：或云紛彈，言去其塵穢也。

　按：紛，當從《慧琳》作「糾」。

（108）擣篩：《聲類》作籭，同。

　按：聲類，《慧琳》誤作「集類」。此條爲《妙法蓮華經》卷 5《音義》，檢
　　　經文作「擣篩和合，與子令服」，宮、博、敦、敦丙本「篩」作「籭」；
　　　《添品妙法蓮華經》卷 5 作「擣籭」，宋、元、明本「籭」作「篩」。《干
　　　祿字書》：「篩、籭：上俗下正。」

（109）億載：按《筭經》：「皇帝為法，數有十等，謂億、兆、京、垓、
　　　　壤、秭、溝、澗、正、載。」

　按：《慧琳》作「黃帝爲數，法有十等，謂億、兆、京、姟、壤、秭、溝、
　　　澗、正、載」，作「黃帝」是也。「垓」同「姟」，「秭」同「秭」。《慧琳》
　　　「法」、「數」二字誤倒。漢・徐岳《數術記遺》、周・甄鸞《五經算術》
　　　卷上：「按黃帝爲法，數有十等……十等者謂億、兆、京、垓、秭、壤、
　　　溝、澗、正、載也。」

（110）繽紛：《廣雅》：「繽繽，眾也。紛紛，亂也。」謂眾多亂下也。

　按：《慧琳》引《廣雅》同，「下」上脫「亂」字。今本《廣雅》：「繽繽、紛
　　　紛，眾也。」又「䬟䬟，亂也。」「䬟䬟」同「紛紛」。

（111）僧坊：《字林》：「坊，別室也。」

　按：室，各本作「屋」。

（112）多羅樹：形如椶櫚，極高，長七八十尺。花如黃米，子大如針，
　　　　人多食之。

　按：《永》、《海》、《磧》脫「七」字。針，各本同，當從《慧琳》作「鉢」。

（113）瘡胗：籒文作疹。《說文》同。居忍、章忍二反。唇瘍也。
　　　　　《三蒼》云：「風腫也。」

　按：唇瘍也，今本《說文》同，《慧琳》作「脣上瘍也」。風腫也，《麗》、《金》
　　　同，《永》、《海》、《磧》作「胗，腫也」，《慧琳》作「風也，腫也」，《慧
　　　琳》又云：「有作緊，緊縵義，非瘡胗」，考《廣韻》：「胗，又音緊。」

作「緊」即讀居忍反之音，爲同音借字。字或作瘕、胈，見《集韻》。此條爲《妙法蓮華經》卷6《音義》，檢經文作「脣不下垂，亦不褰縮、不麁澀、不瘡胗，亦不缺壞，亦不喎斜」，博本「胗」作「緊」。

（114）咼斜：字從口咼聲。咼音古瓦反。

按：咼斜，《麗》、《金》同，《永》、《海》、《磧》作「喎斜」。釋語中二「咼」字，《永》、《海》、《磧》、《慧琳》作「吕」，是也。古瓦反，《麗》同，《永》、《海》、《磧》作「古瓜反」。此條爲《妙法蓮華經》卷6《音義》，檢經文作「喎斜」，宮、博本作「咼斜」。《玉篇》：「咼，口戾也。喎，同上。」

（115）聲欬：口泠反。

按：泠，《磧》、《永》同，《麗》、《海》、《金》誤作「冷」。

（116）我適：《三蒼》：「古文作商，同。」《正法華》云「我往昔供養」是也。

按：商，《金》、《永》、《磧》誤作「商」。《慧琳》引《三蒼》謂古文作「適」，徐時儀曰：「適，據文意似當作『適』。」〔註24〕據此卷，則當作「商」，或當作「這」。《慧琳》引《正法華》脫「往」字。

（117）動搖：《說文》餘照反。樹動也。字從木䚻聲。

按：照，各本作「昭」。解釋語《慧琳》卷27同此卷，徐時儀曰：「木，據文意似當作『才』。」〔註25〕按作「從木」不誤，「搖」當作「榣」，爲「動搖」義之本字。《說文》：「榣，樹動也。」

（118）漂墮：案漂猶流也。《正法華經》作「流墮」是也。

按：墮，《慧琳》並作「𡐦」。「𡐦」爲「墮」俗字。此條爲《妙法蓮華經》卷7《音義》，檢經文作「飄墮羅刹鬼國」，博本「飄」作「漂」。

（119）撿繫：《廣雅》：「撿，甲也。」撿，括也。謂括束之也。《釋名》：「撿，禁也，謂禁閉誨物使不得開露也。」字從木。

按：《永》、《海》、《磧》「撿」作「檢」。《慧琳》「撿」作「檢」，「括」作「栝」，

〔註24〕徐時儀《一切經音義三種校本合刊》，上海古籍出版社2008年版，第993頁。
〔註25〕徐時儀《一切經音義三種校本合刊》，上海古籍出版社2008年版，第993頁。

同。今本《廣雅》、《釋名》作「檢」字。此條爲《妙法蓮華經》卷7《音義》，檢經文作「檢繫」，《添品妙法蓮華經》作「撿繫」。謂括束之也，《麗》作「謂括束也」，《永》、《海》、《磧》作「謂束之也」，各有脱字。閈，各本作「閉」。誨，當從各本作「諸」。字從木，《海》、《磧》、《慧琳》同，《麗》誤作「《字林》從木」。

（120）掣電：昌掣反。陰陽激耀也。關中名覢電，今吳人名礦磹。音息念反、大念反。

按：昌掣反，當從各本作「昌制反」。息念反，《永》、《海》、《磧》、《慧琳》同，《麗》作「先念反」。覢電、礦磹，俗作「閃電」。《廣韻》：「礦，礦磹，電光也。」吳語又稱電光爲「矅睒」，「睒」同「覢」。《說文》：「矅，大視也。睒，暫視也。」故「矅睒」用以狀電光之疾。俗作「霍閃」，唐·顧雲《天威行》：「金蛇飛狀霍閃過，白日倒掛銀繩長。」吳方言稱電光爲矅睒，清·胡文英《吳下方言考》卷8：「矅睒，音霍顯。矅睒，電光閃爍也。吳中稱電爲矅睒。」〔註26〕清·范寅《越諺》卷上：「眼睛如矅睒，筷頭像雨點。」又卷中：「矅睒娘娘：『耆扇』。電也。」〔註27〕四川官話亦同，黃侃《蘄春語》：「今吾鄉電曰矅，謂雲中出電，曰掣矅；四川謂電爲矅睒，揚州謂電曰睒。」〔註28〕元·顧瑛《草堂雅集》卷4張翥《泛湖遇雨》：「忽雷矅睒奔雨急，山靈晝藏水仙泣。」方以智《通雅》卷9引王邵曰：「忽雷矅睒，今謂電也。」〔註29〕

（121）降雹：鄭玄注《禮記》云：「陽爲雨，陰起脅之，凝而爲雹。」

按：脅，《永》、《海》作「脅」，脅、脅正假字。《磧》作「脅」，形誤。起，《慧琳》誤作「氣」。今本《禮記·月令》鄭注作「起」。

（122）壓油：經文作押（柙），古文匣字。

按：押，《永》、《海》、《磧》、《慧琳》作「柙」，是。壓，《海》作「壓」，同。

〔註26〕胡文英《吳下方言考》卷8，乾隆四十八年留芝堂刻本，第2～3頁。
〔註27〕范寅《越諺》（侯友蘭等點注），人民出版社2006年版，第70、125頁。「耆扇」爲「矅睒」直音。
〔註28〕黃侃《蘄春語》，收入《黃侃國學文集》，中華書局2006年版，第326頁。
〔註29〕方以智《通雅》卷9，收入《方以智全書》第1冊，上海古籍出版社1988年版，第363頁。